本书系作者主持的上海市哲学社会科学规划中青班课题"应对气候变化的低碳金融法律制度研究"（2013FFX001）的研究成果。

绿色经济法律制度丛书

碳金融

法律制度的创新与发展

李传轩 著

知识产权出版社
全国百佳图书出版单位
—北京—

图书在版编目（CIP）数据

碳金融法律制度的创新与发展 / 李传轩著 . —北京：知识产权出版社，2023.3
（绿色经济法律制度丛书）
ISBN 978-7-5130-8711-7

Ⅰ.①碳… Ⅱ.①李… Ⅲ.①二氧化碳—排污交易—金融法—研究 Ⅳ.① D912.280.4

中国国家版本馆 CIP 数据核字（2023）第 054105 号

责任编辑：雷春丽　　　　　　　　　　责任校对：谷　洋
封面设计：杨杨工作室 · 张冀　　　　　责任印制：刘译文

绿色经济法律制度丛书
碳金融法律制度的创新与发展
TANJINRONG FALÜ ZHIDU DE CHUANGXIN YU FAZHAN

李传轩　著

出版发行	知识产权出版社 有限责任公司	网　　址	http://www.ipph.cn
社　　址	北京市海淀区气象路50号院	邮　　编	100081
责编电话	010-82000860转8004	责编邮箱	leichunli@cnipr.com
发行电话	010-82000860转8101/8102	发行传真	010-82000893 / 82005070 / 82000270
印　　刷	天津嘉恒印务有限公司	经　　销	新华书店、各大网上书店及相关专业书店
开　　本	720mm×1000mm　1/16	印　　张	16
版　　次	2023年3月第1版	印　　次	2023年3月第1次印刷
字　　数	230千字	定　　价	88.00元

ISBN 978-7-5130-8711-7

出版权专有　　侵权必究
如有印装质量问题，本社负责调换。

序 言

自20世纪90年代开始,气候变化危机就成为人类社会所面临的重大威胁和挑战。联合国政府间气候变化专门委员会(Intergovernmental Panel on Climate Change,以下简称IPCC)1990年以来编制的六次系列评估报告,不断揭示气候问题的持续恶化和巨大风险。从整个人类社会来看,在气候变化危机日益严峻的背景下,如何应对气候变化事关人类社会的生存和发展之根本。从我国社会经济发展来看,无论是构建人类命运共同体、承担国际气候变化应对责任,还是实现绿色发展、建设生态文明,都需要积极发展低碳经济、创建低碳社会。基于此,我国于2020年9月正式提出了碳达峰碳中和的"30·60"目标,即2030年前二氧化碳排放达到峰值,2060年前实现碳中和。这必将深远地影响和改变我国社会经济发展走向。习近平总书记在党的二十大报告中进一步提出:"积极稳妥推进碳达峰碳中和。实现碳达峰碳中和是一场广泛而深刻的经济社会系统性变革。"[1]这一重要而宏伟目标的实现,需要全方位、多维度的制度推进和实施,其中碳金融就是最为重要的维度和机制。作为一个全新的领域,碳金融的发展实

---

[1] 习近平:《高举中国特色社会主义伟大旗帜 为全面建设社会主义现代化国家而团结奋斗:在中国共产党第二十次全国代表大会上的报告》,人民出版社,2022,第51页。

践迫切需要法律制度的引领、促进、规范和保障。党的二十大报告提出了"坚持全面依法治国，推进法治中国建设"的战略任务，要求"更好发挥法治固根本、稳预期、利长远的保障作用，在法治轨道上全面建设社会主义现代化国家"[1]。这必然需要我们在法治轨道上发展碳金融、推进"双碳"目标实现，而如何构建和实施碳金融法律制度，已然成为我国迫切需要研究和解决的问题。

然而，从目前的理论研究状况看，这恰恰是最为稀缺甚至是处于严重空白状态的部分。我国目前已有的研究成果（特别是已出版的书籍）绝大部分都不是从法学角度展开研究，而是从金融学、管理学或公共政策角度展开的；同时，碳达峰碳中和目标（以下简称"双碳"目标）提出后，其未来重大影响将日益呈现，目前尚未有研究成果对此进行充分和深入的分析，并聚焦研究其中十分重要的部分——碳金融法律制度的未来实践发展。与此同时，现有的一些研究成果对碳金融的理解还比较粗放，对碳金融法律制度的调整对象并没有一个清晰准确的梳理和界定，把碳排放权交易、碳税费、碳技术及碳标识问题等都纳入，许多人甚至把碳排放权交易简单等同于碳金融，这显然很不严谨甚至是不科学的，十分不利于碳金融及其法律制度的研究和发展。

本书以气候变化应对和低碳经济发展为基础背景，以实现"双碳"目标为任务方向，以法学为主视角，辅以金融学、管理学和气候科学视角，全面、系统地对碳金融及其法律制度进行系统、深入研究。碳排放权交易活动及其市场发展是碳金融产生的重要基础，也是碳金融市场发展及其法治建设的重要支撑。本书首先对我国近期正式上线的全国碳排放权交易市场及其相关制度建设加以考察评析，在此基础上对碳金融发展及其法制要求进行研究分析，并从碳信贷法律制度、碳证券法律制度和碳保险法律制度三个基本方面展开，比较和借鉴国际相关经验，针对我国现实问题和发

---

[1] 习近平：《高举中国特色社会主义伟大旗帜　为全面建设社会主义现代化国家而团结奋斗：在中国共产党第二十次全国代表大会上的报告》，人民出版社，2022，第50页。

展需求，全面构建我国碳金融法律制度体系，以期为我国"双碳"目标的顺利实现以及我国生态文明建设保驾护航。

李传轩

2023 年 3 月 6 日

目 录

第一章 气候变化应对、"双碳"目标与碳金融的提出 …………… 001

第一节 气候变化问题及其重大影响 …………… 002
一、气候变化的概念与成因 …………… 002
二、气候变化的具体表现 …………… 003
三、气候变化的重大影响 …………… 008

第二节 应对气候变化的策略方案与立法进程 …………… 010
一、减缓性路径及其策略方案 …………… 010
二、适应性路径及其策略方案 …………… 012
三、应对气候变化的国际立法进程 …………… 013
四、应对气候变化的典型国家国内立法行动 …………… 015

第三节 "双碳"目标的提出与实现路径 …………… 017
一、"双碳"目标的提出 …………… 017
二、"双碳"目标的实现路径 …………… 019

第四节 碳金融的提出 …………… 021
一、碳金融的概念辨析与厘定 …………… 021
二、应对气候变化的资金需求：碳金融的提出背景 …………… 026

三、碳排放权交易的资金支持：碳金融的直接基础 …………… 027

四、低碳经济发展的金融机制：碳金融的主体功能 …………… 028

第二章 碳排放权交易及其市场发展……………………031

第一节 碳排放权交易概述 …………………………………… 032
一、碳排放权交易的相关概念 ………………………………… 032
二、碳排放权交易的初步尝试 ………………………………… 033

第二节 碳排放权交易市场的发展检视 ……………………… 035
一、国际碳市场的发展实践考察与评析 ……………………… 036
二、典型国家碳市场的发展实践考察与评析 ………………… 042
三、我国碳市场的发展实践状况与评析 ……………………… 048
四、困境突破与机制创新：我国未来碳市场的发展走向 …… 051

第三章 碳排放权交易的基础制度与交易规则………………055

第一节 碳排放权交易的基础制度 …………………………… 055
一、碳排放权交易的权利基础：碳权利 ……………………… 055
二、碳排放总量控制制度 ……………………………………… 065
三、碳排放配额分配制度 ……………………………………… 068

第二节 碳排放权交易的市场规则 …………………………… 071
一、交易主体 …………………………………………………… 071
二、交易对象与交易范围 ……………………………………… 074
三、交易平台与支持体系 ……………………………………… 075
四、交易形式与登记结算 ……………………………………… 077
五、监测核查、配额清缴与信息披露 ………………………… 079

第四章 碳金融法律制度的发展需求、理论基础与内容框架……083

第一节 碳金融的发展及其法制需求 ………………… 084
一、碳金融的国际发展历程 ……………………… 084
二、碳金融的国内实践尝试 ……………………… 089
三、碳金融的法制需求 …………………………… 092

第二节 碳金融法律制度的理论基础 ………………… 093
一、气候责任理论 ………………………………… 094
二、绿色治理理论 ………………………………… 096
三、碳金融宏观调控理论 ………………………… 097
四、碳金融市场监管理论 ………………………… 100

第三节 碳金融法律制度的内容框架 ………………… 102
一、碳信贷法律制度 ……………………………… 103
二、碳证券法律制度 ……………………………… 104
三、碳保险法律制度 ……………………………… 104
四、碳基金法律制度 ……………………………… 105
五、碳金融衍生品法律制度 ……………………… 106

第五章 碳信贷法律制度 …………………………………… 107

第一节 碳信贷法律制度概述 ………………………… 107
一、碳信贷的相关概念与表现形式 ……………… 107
二、我国碳信贷的发展现状考察 ………………… 110
三、我国碳信贷相关制度政策评析 ……………… 113

第二节 赤道原则中的碳信贷规则及借鉴 …………… 123
一、赤道原则的提出、发展及影响 ……………… 124
二、赤道原则的基本内容及评析 ………………… 126
三、赤道原则中的碳信贷规则 …………………… 139

四、赤道原则下碳信贷规则之借鉴 …………………………… 142
第三节　我国碳信贷法律制度的改进与完善 …………………… 144
　　一、制度理念的革新 …………………………………………… 144
　　二、业务管理制度的创新 ……………………………………… 145
　　三、宏观调控制度的更新 ……………………………………… 147
　　四、市场监管制度的维新 ……………………………………… 148

第六章　碳证券法律制度 …………………………………………… 151

第一节　碳证券法律制度概述 …………………………………… 151
　　一、碳证券的基本概念与表现形式 …………………………… 151
　　二、我国碳证券市场的发展现状 ……………………………… 153
　　三、我国碳证券相关制度政策评析 …………………………… 156
第二节　碳证券法律制度的国际经验及借鉴 …………………… 169
　　一、《气候债券标准》的内容及借鉴 …………………………… 169
　　二、《绿色债券原则》的内容及借鉴 …………………………… 175
　　三、《负责任投资原则》的内容及借鉴 ………………………… 179
第三节　我国碳证券法律制度的构建与完善 …………………… 183
　　一、碳证券法律制度的制定与完善 …………………………… 184
　　二、碳证券相关标准的整合统一 ……………………………… 185
　　三、碳证券评估认证与评级制度的有效构建 ………………… 187
　　四、信息披露制度的进一步加强 ……………………………… 188
　　五、公司绿色治理制度的创新发展 …………………………… 190
　　六、市场监管机制的协调构建 ………………………………… 192

第七章　碳保险法律制度 …………………………………………… 195

第一节　碳保险法律制度概述 …………………………………… 195

一、碳保险的基本概念 …………………………………… 196
　　二、碳保险的重要功能 …………………………………… 197
　　三、我国碳保险市场的发展现状 ………………………… 199
　　四、我国碳保险相关制度政策评析 ……………………… 200
　第二节　碳保险法律制度的国际经验及借鉴 ……………… 206
　　一、部分发达国家的碳保险产品创新发展及借鉴 ……… 206
　　二、联合国《可持续保险原则》及借鉴 ………………… 208
　　三、国际保险业气候相关风险监管规则及借鉴 ………… 212
　第三节　我国碳保险法律制度的构建与完善 ……………… 217
　　一、碳保险法律制度的制定与完善 ……………………… 217
　　二、碳保险产品服务创新的支持机制 …………………… 218
　　三、保险公司气候风险治理与管理的制度创新 ………… 219
　　四、碳保险相关市场监管体系的协调 …………………… 221

参考文献 …………………………………………………… 223

后　记 ……………………………………………………… 235

第一章

气候变化应对、"双碳"目标与碳金融的提出

作为近三十年来最为重要的生态环境问题之一,气候变化问题已经成为人类社会的重大挑战,并呈现出日益严峻的趋势。如何应对气候危机、适应气候变化,是人类社会乃至整个地球生命系统的生存和发展之根本,已成为国际社会和世界各国的重要议程。我国目前是世界上碳排放总量较多的国家,也是气候危机下十分脆弱的国家,而且随着经济的快速增长还在不断推高碳排放量。基于此,尽管作为发展中国家,我国并不必承担强行性碳减排义务,但必须高度重视和认真应对气候变化问题,并积极作出应有的自主贡献。从我国社会经济发展来看,无论是构建人类命运共同体、承担国际气候变化应对责任,还是实现绿色发展、建设生态文明,都需要积极发展低碳经济、创建低碳社会,把自身的发展与碳脱钩。基于上述背景与充分考量,我国于2020年9月正式提出了"双碳"目标,即我国力争2030年前实现二氧化碳排放达到峰值,2060年前实现碳中和。习近平总书记在党的二十大报告中指出:"积极稳妥推进碳达峰碳中和。实现

碳达峰碳中和是一场广泛而深刻的经济社会系统性变革。"❶ 毫无疑问，这将深远地影响和改变我国社会经济发展的走向。相应地，这一重要而伟大的目标的实现，需要全方位、多维度地推进实施和制度保障，发展低碳经济是最为重要的方向和路径，其中碳金融则是最为重要的维度和机制。作为一个全新的领域，低碳经济、碳金融的发展实践迫切需要法律制度的引领、促进、规范和保障。

第一节　气候变化问题及其重大影响

一、气候变化的概念与成因

气候是一个十分复杂的环境科学概念，一般可以理解为一个地区较长时间内的天气状况。气候系统的构成十分复杂，包括了大气圈、水圈、冰雪圈、地圈和生物圈，各个系统之间互相影响、互相作用，共同形成了气候生态环境。气候总是在发生变化，气候变化在不同的语境下可能有着不同的含义。IPCC使用的气候变化是指气候状态的变化，而这种变化可以通过其特征的平均值和/或变率的变化予以判别（如利用统计检验），气候变化具有一段延伸期，通常为几十年或更长时间。气候变化指随时间发生任何变化，无论是自然变率，还是人类活动引起的变化。❷ 具有更大影响力，也更有现实意义的是联合国1992年制定的《联合国气候变化框架公约》中的定义："气候变化"是指除在类似时期内所观测的气候的自然变异之外，由于直接或间接的人类活动改变了地球大气的组成而造成的气候变

---

❶ 习近平：《高举中国特色社会主义伟大旗帜　为全面建设社会主义现代化国家而团结奋斗：在中国共产党第二十次全国代表大会上的报告》，人民出版社，2022，第51页。

❷ 政府间气候变化专门委员会：《气候变化2007：综合报告》，第30页，https://www.ipcc.ch/site/assets/uploads/2018/02/ar4_syr_cn.pdf，访问日期：2021年12月16日。

化。❶ 这一定义把气候变化限定在人类活动直接或间接带来的变化。时至今日，气候变化已经成为一个特定的概念，用来指代那些会对地球和人类社会带来不利影响的气候生态环境问题。在这个意义上，气候变化是人类社会环境问题的重要而突出的构成部分，应当得到高度重视和认真应对。

关于气候变化的形成原因，长期以来存在一些争论。气候变化到底是自然演进的结果，还是人为影响的结果，曾经引发广泛争议，也给人类社会如何应对气候变化问题造成了困扰。经过几十年来的深入观察研究，特别是 IPCC 长期开展的监测研究，并从 1990 年开始先后发布了六次评估报告，其中第六次评估报告还没有全部完成和发布，只发布了三个工作组报告和一些特别报告，最为重要的综合报告预计将于 2023 年 3 月中下旬正式发布。IPCC 发布的系列报告对气候变化的成因、表现和影响等进行了持续的客观而充分的研究和评估。应当说，我们目前对气候变化的形成原因已经形成更为广泛的共识。那就是既有自然演化因素，也有人为影响原因，特别是考虑到人类对自然环境的介入、干预越来越多，人类活动对气候变化的影响越来越大。在人为影响因素中，主要是自工业革命以来人类大规模的生产活动特别是发达国家工业化过程的经济活动引起的。随着工业化大生产的快速推进，煤炭、石油、天然气等化石能源的开采燃烧，对森林资源大量的砍伐利用，以及对土地、水资源的高强度开发利用等人类活动所排放的温室气体越来越多，导致大气温室气体浓度大幅增加，温室效应增强，从而引起全球气候变暖、极端气候事件日益频发。

二、气候变化的具体表现

气候变化主要表现为气候变暖、气温上升，并伴之以一些极端、异常的气候现象。关于气候变化的具体表现，可以说人类社会真正进行认真细致的观测和科学系统的研究，开始于 20 世纪 80 年代末，具体是由 IPCC

---

❶ 《联合国气候变化框架公约》第 1 条 "定义" 中的相关规定。

来组织开展并向全世界公开发布的。IPCC成立于1988年,是由世界气象组织(WMO)与联合国环境规划署(UNEP)联合建立的政府间机构,定期评估气候变化的科学依据、影响和未来风险,以及适应和减缓的备选办法。IPCC分为三个工作组和一个工作队。第一工作组处理气候变化的物理科学基础,第二工作组处理气候变化的影响、适应和脆弱性,第三工作组处理减缓气候变化。一个工作队是国家温室气体清单工作队,其主要职责是制定和完善计算和报告国家温室气体排放量和清除量的方法。除工作组和工作队以外,专门委员会可在一定时期内设立其他工作队,以审议某一具体议题或问题。[1]为了更好地了解气候变化的具体表现及其发展演进,我们有必要对这些报告内容进行相应的梳理和分析。

(一)第一次评估报告中的气候变化表现

IPCC第一次评估报告完成于1990年8月,包括综述、气候变化科学评价、气候变化潜在影响、制定响应对策、IPCC发展中国家参与特别委员会决策者概要等五个部分。根据报告内容可以知道,人类活动产生的各种排放正在使大气中的温室气体浓度显著增加。这些温室气体包括二氧化碳、甲烷、氯氟烃和氧化亚氮。这将使温室效应增强,平均来说就是使地表更加变暖。在人为排放开始之前,自然交换率基本上是均衡的;人为排放不断进入大气,这是对自然碳循环的重大干扰。[2]在过去100年中,全球地面平均气温上升了0.3℃~0.6℃。[3]

---

[1] IPCC, About the IPCC, https://www.ipcc.ch/about/, last visited at January 16th, 2022.

[2] 世界气象组织、联合国环境规划署、政府间气候变化专门委员会:《气候变化:政府间气候变化专门委员会1990和1992年的评估》,第52页,https://www.ipcc.ch/site/assets/uploads/2018/02/ipcc_90_92_assessments_far_full_report_zh.pdf,2021年12月1日。

[3] 世界气象组织、联合国环境规划署、政府间气候变化专门委员会:《气候变化:政府间气候变化专门委员会1990和1992年的评估》,第6页,https://www.ipcc.ch/site/assets/uploads/2018/02/ipcc_90_92_assessments_far_full_report_zh.pdf,访问日期:2021年12月1日。

（二）第二次评估报告中的气候变化表现

IPCC第二次评估报告发布于1995年，包括四个部分：评估综述，第一工作组的气候变化科学报告，第二工作组的气候变化影响、适应和减缓科学技术分析报告，第三工作组的气候变化的经济和社会方面报告。该报告对气候变化的最新认识主要体现在以下几个方面：一是温室气体浓度继续增长，已经导致气候辐射强迫的增长，趋向于使地表升温并产生其他的气候变化；二是人为的气溶胶趋向产生负的气候辐射强迫；三是20世纪气候发生了变化，例如，在过去的100年中全球海平面上升了10厘米～25厘米；四是各种证据的对比表明了人类对全球气候有明显的影响；五是预计将来气候会继续变化；六是仍然有许多的不确定性。❶

（三）第三次评估报告中的气候变化表现

IPCC第三次报告发布于2001年，同样包括四个部分：综合报告，第一工作组的科学基础报告，第二工作组的影响、适应和脆弱性报告，第三工作组的减缓报告。相关报告对气候变化表现的描述更加丰富。前工业化时期以来，地球气候系统在全球和区域尺度上出现了可以证实的变化，其中部分变化可归咎于人类活动。在该时期，人类活动增加了大气中温室气体和气溶胶的浓度。20世纪90年代，大气中主要人为温室气体（如二氧化碳、甲烷、氧化氮）和对流层臭氧的浓度达到有记录以来的最高水平，这主要是由化石燃料燃烧、农业和土地利用的变化引起的。人为温室气体造成的辐射强迫是正的，其不确定性范围较小。气溶胶直接影响的辐射强迫是负的而且较小，但气溶胶对间接影响的负辐射强迫却较大，而且不好量化。不断增加的观测勾画了一幅关于正在变暖的世界和气候系统其他方面变化的综合图景。从全球看，在仪器记录时期（1861—2000年），

---

❶ 政府间气候变化专门委员会：《IPCC第二次评估报告 气候变化1995》，第21—24页，https://www.ipcc.ch/site/assets/uploads/2018/05/2nd-assessment-cn.pdf，访问日期：2021年12月5日。

20世纪90年代很可能是最暖的十年，1998年很可能是最热的一年。在过去1000年中，20世纪北半球表面温度增暖可能比其他任何一个世纪都快。全球的温度变化不是均匀的，它随地区而变化，大气下部的不同水平也不一样。新的、更强的证据表明，过去50年观察到的大部分增暖可以归咎于人类活动。海平面、雪盖、冰面积和降水的变化与地球表面正在变暖的气候是一致的。近来的区域性气候变化，特别是温度的升高，已经给世界上许多地区的水文系统、陆地和海洋生态系统造成了影响。❶

（四）第四次评估报告中的气候变化表现

IPCC第四次评估报告发布于2007年，也包括四个部分：综合报告，第一工作组的科学基础报告，第二工作组的影响、适应和脆弱性报告，第三工作组的气候变化减缓报告。根据报告内容，气候变化主要表现为以下几个方面：1995—2006年，有11年位列最暖的12个年份之中。1906—2005年的温度线性趋势为0.74°C（0.56°C～0.92°C），这一趋势大于《第三次评估报告》给出的1901—2000年0.6°C（0.4°C～0.8°C）的相应趋势。1956—2005年的线性变暖趋势［每十年0.13°C（0.10°C～0.16°C）］几乎是1906—2005年的两倍。1961—2003年，全球平均海平面已以每年1.8（1.3～2.3）毫米的平均速率上升；1993—2003年，全球平均海平面已以每年大约3.1（2.4～3.8）毫米的速率上升。1978年以来的卫星资料显示，北极年平均海冰面积已经以每十年2.7%（2.1%～3.3%）的速率退缩，夏季的海冰退缩率较大，为每十年退缩7.4%（5.0%～9.8%）。在南北半球，山地冰川和积雪平均面积已呈退缩趋势。自1900年以来，北半球季节性冻土最大面积减少了大约7%，春季冻土面积的减幅高达15%。自20世纪80年代以来，北极多年冻土层上层温度普遍升高达3°C。❷

---

❶ 世界银行、Robert T. Watson、核心写作组：《气候变化2001：综合报告》，第4—7页，https://www.ipcc.ch/site/assets/uploads/2018/08/TAR_syrfull_zh.pdf，访问日期：2021年12月10日。

❷ 核心撰写组、Rajendra K. Pachauri、Andy Reisinger：《气候变化2007：综合报告》，第30页，https://www.ipcc.ch/site/assets/uploads/2018/02/ar4_syr_cn.pdf，访问日期：2021年12月16日。

（五）第五次评估报告中的气候变化表现

IPCC第五次评估报告发布于2014年，同样包括四个部分：综合报告，第一工作组的科学基础报告，第二工作组的影响、适应和脆弱性报告，第三工作组的气候减缓报告。根据报告内容，气候变化主要表现为以下几个方面：过去三个十年的地表温度依次升高，比1850年以来的任何一个十年都偏暖。1983—2012年这段时期在北半球有此项评估的地方很可能是过去800年里最暖的30年，甚至可能是过去1400年里最暖的30年。在全球范围内，海洋表层温度升幅最大，1971—2010年海洋上层75米以上深度的海水温度升幅为每十年0.11（0.09～0.13）℃。几乎可以确定的是，海洋上层（0～700米）在1971—2010年已经变暖，而且可能是在19世纪70年代至1971年期间变暖的。还有可能的是，1957—2009年，海洋在700米和2000米深度之间已经变暖；1992—2005年，在3000米到海底之间已经变暖。过去20年以来，格陵兰和南极冰盖一直在损失冰量。几乎全球范围内的冰川继续退缩。北半球春季积雪面积继续缩小，具有高信度的是，南极海冰范围的趋势有很强的区域差异，其总范围很可能出现上升。1901—2010年，全球平均海平面上升了0.19（0.17～0.21）米。19世纪中叶以来的海平面上升速率比过去2000年来的平均速率高。[1] 自1950年以来，已观测到许多极端天气和气候事件的变化。其中一些变化与人类的影响是有关的，包括低温极端事件减少、高温极端事件增多、极高海平面增多以及一些区域强降水事件数量增加。[2]

---

[1] 核心撰写组、Rajendra K. Pachauri、Leo Mayer：《气候变化2014：综合报告》，第40—42页，https://www.ipcc.ch/site/assets/uploads/2018/02/SYR_AR5_FINAL_full_zh.pdf，访问日期：2021年12月20日。

[2] 核心撰写组、Rajendra K. Pachauri、Leo Mayer：《气候变化2014：综合报告》，第53页，https://www.ipcc.ch/site/assets/uploads/2018/02/SYR_AR5_FINAL_full_zh.pdf，访问日期：2021年12月20日。

（六）第六次评估报告中的气候变化表现

尽管 IPCC 第六次评估报告尚未全部发布，最为重要的综合报告预计要到 2023 年 3 月中下旬才能发布。但三个工作组的报告已经发布，包括第一工作组的科学基础报告，第二工作组的影响、适应和脆弱性报告以及第三工作组的气候变化减缓报告。从已经发布的部分报告特别是第一工作组的科学基础报告中，也可以了解到最新的气候变化表现。当今全球大气碳浓度——二氧化碳的含量至少比过去 200 万年中任何时候都高。自 1850—1900 年以来，人类活动产生的温室气体排放造成了约 1.1℃ 的升温，从未来 20 年的平均温度来看，全球温度预计将达到或超过 1.5℃ 的升温。就年平均值和夏末值以及过去 1000 年夏末值而言，目前北极海冰覆盖水平至少是自 1850 年以来的最低水平。自 20 世纪以来，全球平均海平面的上升速度至少比过去 3000 年中的任何一个世纪都要快。自 1901 年以来，全球平均海平面上升了 0.20 米（0.15 ~ 0.25 米），并且上升速度正在加快。❶

三、气候变化的重大影响

气候变化是一个大尺度的环境问题，包括时间上的大尺度和空间上的大尺度，其影响也是漫长而巨大的。正如诺贝尔经济学奖获得者诺德豪斯（Nordhaus）所言，全球变暖是所有外部性中的"巨人"，因为它涉及如此多的活动。它将影响整个地球几十年甚至上百年，而且不是个人或者单个国家凭自己的努力就能减缓的。❷

---

❶ IPCC, "Climate Change 2021: The Physical Science Basis", pp.290–292, https://www.ipcc.ch/report/ar6/wg1/downloads/report/IPCC_AR6_WGI_Chapter02.pdf, last visited at May 16th, 2022.

❷ 威廉·诺德豪斯：《绿色经济学》，李志青、李传轩、李瑾译，中信出版集团股份有限公司，2022，第 283 页。

（一）对世界的影响

"气候变化的不利影响"是指气候变化所造成的自然环境或生物区系的变化会对自然的和管理下的生态系统的组成、复原力或生产力，对社会经济系统的运作，对人类的健康和福利产生重大的有害影响。❶ 人类引起的气候变化，包括更频繁和强烈的极端事件，已经对自然和人类造成了广泛的不利影响和相关损失和损害，已经超过自然气候变化。在各个部门和地区，最脆弱的人群和系统都受到了不同程度的影响。极端天气和气候事件的增多已经导致一些不可逆转的后果，因为自然和人类系统已经超出它们的适应能力。❷ 具体来说，气候变化导致灾害性气候事件频发，冰川和积雪融化加速，水资源分布失衡，生物多样性受到威胁。气候变化还引起海平面上升，沿海地区遭受洪涝、风暴等自然灾害影响更为严重，小岛屿国家和沿海低洼地带甚至面临被淹没的威胁。气候变化对农业、林业、畜牧业、渔业等经济社会活动都会产生不利影响，加剧疾病传播，威胁社会经济发展和人民群众身体健康。❸

（二）对我国的影响

气候变化对我国的影响主要集中在农业、渔业、水资源、森林、海岸带、高山地区和区域性以及整体性自然生态系统等方面。这些直接影响可能导致农业生产不稳定性增加、南方地区洪涝灾害加重、北方地区水资源供需矛盾加剧、森林和草原等生态系统退化、生物灾害频发、生物多样性锐减、台风和风暴潮频发、沿海地带灾害加剧、有关重大工程建设和运营

---

❶《联合国气候变化框架公约》第 1 条规定。

❷ IPCC, "Climate Change 2021: Impacts, Adaptation and Vulnerability", p.11, https://www.ipcc.ch/report/ar6/wg2/downloads/report/IPCC_AR6_WGII_SummaryForPolicymakers.pdf, last visited at May 26th, 2022.

❸ 解振华：《国务院关于应对气候变化工作情况的报告》，http://www.npc.gov.cn/zgrdw/npc/xinwen/syxw/2009-08/25/content_1515283.htm，访问日期：2021 年 12 月 26 日。

安全受到影响。❶

　　应当说，这些影响还只是体现在第一层面的原生影响，基于这些影响的发生和存在，必然还会有范围更大、内容更加复杂、危害也更为严重的次生影响。因此可以说，气候变化对人类社会以至整个地球的重大影响，使之成为一种根本性威胁和危机，必须立即采取行动，认真进行应对。对此，国际社会已经达成越来越广泛的共识，我国也已经高度重视、积极回应，从整个社会层面乃至文明发展嬗变的高度来采取措施、大力推进。

第二节　应对气候变化的策略方案与立法进程

　　如何应对气候变化问题、避免人类社会陷入气候变暖导致的各种危机，以拯救人类、延续文明，是摆在人类社会面前巨大而严峻的挑战。IPCC 所组织开展的大量工作正是应对举措的一部分，但这只是比较基础的工作，更为有力的应对措施还需要国际社会、联合国等国际组织以及世界各国一起行动起来，探索并实施应对气候变化的正确路径和有效方法。就目前的探索实践情况看，尽管历经波折，但国际社会已经在 IPCC 系列报告的基础上，普遍形成了减缓性和适应性两类应对路径和相应的策略方案。国际与国内两个层面的相关立法也在不断推进和发展，在应对气候变化方面形成许多机制和措施，也初步取得一定的效果。

一、减缓性路径及其策略方案

　　适应和减缓是应对气候变化风险的两项相辅相成的战略。减缓是指为

---

❶ 解振华：《国务院关于应对气候变化工作情况的报告》，http://www.npc.gov.cn/zgrdw/npc/xinwen/syxw/2009−08/25/content_1515283.htm，访问日期：2021 年 12 月 26 日。

了限制未来的气候变化而减少温室气体排放或增加温室气体（greenhouse gas，GHG）汇的过程。❶ 鉴于气候问题的大尺度特点，气候变化的趋势一旦形成，至少在以百年为单位的时期内是不可能完全控制或逆转的，而百年时间单位对于人类社会来说已经是较为现实的决策周期了。因此，减缓应该是我们应对气候变化的主要路径和正确方向，将气候升温速度减缓下来，并最终控制在1.5℃（理想目标）或2℃（底线目标），是人类社会现实可行的目标任务。

减缓性路径下的主要战略方案就是碳减排，即减少人类社会的碳排放量，降低大气中的碳浓度，从而减缓气候升温的速度和过程。根据减排的形式和方法，碳减排可以分为积极减排和消极减排两类方式。

一是积极减排，即减少人类活动产生的碳排放量。在此需要说明的是，引发温室效应的气体并非只有二氧化碳，尽管二氧化碳是最为主要和重要的温室气体。但是，为了更好地理解和推动温室气体减排工作，甲烷等温室气体可以通过科学方式折算成二氧化碳当量。在实践中，碳排放量的减少也有两种表现形式：第一种是绝对量的减少，即排放到大气中的二氧化碳（含其他温室气体折算过来的二氧化碳）绝对数量的减少；第二种是相对量的减少，即社会经济活动中碳排放强度的降低，同样规模的社会经济活动排放的二氧化碳减少了。对于一些处于社会经济快速发展阶段中的发展中国家来说，碳排放强度的降低也是一种积极减排表现。

二是消极减排，即人类活动产生的碳排放量并没有减少，但是通过一些技术手段或方式将大气中的二氧化碳量进行消减，从而降低碳浓度。这些技术手段或方式主要有两类：一类是固碳，即碳捕集与碳封存，将人类活动产生的二氧化碳进行捕集，利用相关技术将之变成液体碳，固定下来后再将之封存到地质结构或海底，从而减少大气中的二氧化碳；另一类是消碳，即碳汇，主要是利用森林、土壤和海洋吸收二氧化碳的功能，来减

---

❶ 核心撰写组、Rajendra K. Pachauri、Leo Mayer：《气候变化2014：综合报告》，第76页，https://www.ipcc.ch/site/assets/uploads/2018/02/SYR_AR5_FINAL_full_zh.pdf，访问日期：2021年12月26日。

少大气中的二氧化碳。因此，植树造林、增加植被面积、保护森林、土地和海洋生态系统都是增加碳汇、降低大气碳浓度的有效方案。

在减缓性路径下，除碳减排的主要战略方案以外，还衍生出各种以促进碳减排为目标的制度方案，例如，碳税、碳交易、碳财政、碳金融以及碳技术等，进一步丰富了减缓性路径的方案选择，为实现减缓目标提供更多的动力和保障。

二、适应性路径及其策略方案

相对于减缓性路径来说，适应性路径是一条更加关注现实、解决现实困难问题的路径。所谓适应，是指为了趋利避害对实际或预期的气候变化及其影响进行调整的过程。广泛意义上来说，减缓也是为了更好地适应。适应和减缓均能减轻和管理气候变化影响带来的风险。但适应和减缓在产生效益的同时也会造成其他风险。在战略性地应对气候变化时，要考虑适应和减缓行动带来的风险和共生效益，同时要考虑与气候相关的风险。[1] 所以在一定意义上，适应的面向和领域是更加宽泛的，涉及气候问题之外的经济社会乃至整个社会的方方面面。适应是气候条件和非气候自然条件以及经济社会条件的矛盾统一体。在适应方面，适应能力的获得与提高是自然要素与经济社会要素的一体作用之结果。[2] 因此，适应性路径的展开主要是在相关领域中围绕着适应能力的获得和提高而进行。

需要适应能力建设的重点领域是那些易受气候变化影响、与人类社会经济关系特别密切的领域，包括农业、林业、海洋、水资源、气象、公共健康卫生等领域。而需要建立和完善的关键的适应性制度包括六个方

---

[1] 核心撰写组、Rajendra K. Pachauri、Leo Mayer:《气候变化 2014：综合报告》，第 76 页，https://www.ipcc.ch/site/assets/uploads/2018/02/SYR_AR5_FINAL_full_zh.pdf，访问日期：2021 年 12 月 26 日。

[2] 张梓太:《论气候变化立法之演进——适应性立法之视角》，《中国地质大学学报》2010 年第 1 期，第 72—73 页。

面,即适应性规划制度、适应性基金制度、气候变化保险制度、气候变化适应性技术的研发支持制度、生态环境脆弱性及气候变化风险评估与适应性报告制度以及适应性报告制度。❶ 从国际社会上看,适应行动已成为除温室气体减排合作外的国际气候政策的新焦点,这与气候变化和气候政策研究进程以及在此基础上进行的国际气候谈判紧密相关。对于发展中国家而言,提高适应能力是日益迫切的现实需要;对于发达国家而言,也有适应的问题,而各国或者各地区适应能力的普遍提高,有利于缓解减排的压力,亦符合其利益。❷

三、应对气候变化的国际立法进程

在 IPCC 第一次评估报告于 1990 年发布后,1992 年联合国在里约热内卢召开了以"环境与发展"为主题的大会,以 IPCC 的评估报告为谈判基础,大会上通过了《联合国气候变化框架公约》,正式形成了国际社会应对气候变化的国际法律规范和框架机制,《联合国气候变化框架公约》对气候变化应对目标、应对原则、共同而有区别责任原则下的缔约方承诺、缔约方会议、资金机制和履约机制等进行了明确规定。

为进一步落实《联合国气候变化框架公约》的规定,在 IPCC 于 1995 年发布的第二次评估报告的基础上,《京都议定书》于 1997 年在日本京都召开的联合国气候变化大会上达成。该议定书根据"共同而有区别的责任"原则,第一次规定了发达国家的强制碳减排义务、目标及其履行计划,并围绕强制减排义务的履行提出三种履约机制——国际排放贸易机制(international emissions trade,IET)、联合履约机制(joint implementation,JI)、清洁发展机制(clean development mechanism,CDM),从而创设了碳

---

❶ 曹明德:《完善中国气候变化适应性立法的思考》,《中州学刊》2018 年第 8 期,第 56—57 页。
❷ 张梓太、张乾红:《论中国对气候变化之适应性立法》,《环球法律评论》2008 年第 5 期,第 59 页。

排放权与碳汇交易市场，开启了应对气候变化的全新时代。

在《京都议定书》之后，国际社会对以碳减排义务为中心的气候变化应对义务和责任承担存在严重分歧，美国等国家甚至退出了《京都议定书》，国际气候谈判陷入僵局，国际立法进程也停滞不前。尽管 2007 年在印度尼西亚巴厘岛召开的气候变化大会上，国际社会进一步凝聚共识，达成了"巴厘岛路线图"，明晰了气候变化应对的未来思路和方案，但分歧并没有真正弥合，"后京都"时代的法律规范与应对机制仍处于飘摇不定的状态。尤其是随着 2009 年在丹麦首都也是被誉为"童话之都"的哥本哈根举行的气候变化大会上，巨大的分歧和利益冲突导致了国际气候谈判失败，国际社会通力合作应对气候变化的美好愿景变成了难以实现的"童话"，国际气候变化立法进程遭遇了最大的挫折，"后京都"时代的国际气候变化应对面临着失范的巨大风险。

在气候变化危机日益严重的挑战下，国际社会开始缓慢修复分裂已久的认识，2014 年 IPCC 第五次评估报告的发布，也为达成一项全新的国际协议奠定了基础。终于在 2015 年巴黎召开的气候变化大会上，178 个缔约方达成了《巴黎协定》，成为继《京都议定书》后又一份有着强制性法律约束力的气候变化应对协议。《巴黎协定》对人类社会应对气候变化的具体性硬目标进行了规定，即把全球平均气温升幅控制在工业化前水平以上低于 2°C 之内，并努力将气温升幅限制在工业化前水平以上 1.5°C 之内。❶ 与《京都议定书》规定的发达国家强制性碳减排义务不同，《巴黎协定》在各国间分歧难以弥合的困境下，另辟蹊径规定了"国家自主贡献"义务，按照不同的国情体现平等以及共同但有区别的责任和各自能力的原则。在此基础上，明确提出了全新的要求：缔约方旨在尽快达到温室气体排放的全球峰值，同时认识到达峰对发展中国家缔约方来说需要更长的时间；此后利用现有的最佳科学技术迅速减排，以达到可持续发展和消除贫困，并在平等的基础上，在 21 世纪下半叶实现温室气体源的人为排放与汇的清

---

❶ 《巴黎协定》第 2 条第 1 款。

除之间的平衡。❶ 这就是著名的"双碳"目标要求。尽管对发达国家和发展中国家的要求是不同的，发达国家要承担更大的义务和责任，但较之于《京都议定书》的刚性要求，《巴黎协定》要更加灵活和开放，也有了更大的接受度。在减缓、适应气候变化方面，《巴黎协定》也有着更新、更全面的规定，并且着重在资金、技术层面进行了详细规定。为了保证目标任务的完成，《巴黎协定》规定了透明度原则和安排，作出了"全球盘点"的机制安排。

四、应对气候变化的典型国家国内立法行动

随着应对气候变化的国际立法进程不断推进，世界主要国家也纷纷以《联合国气候变化框架公约》《京都议定书》《巴黎协定》等国际法律规范为依据和基础，在国内也开始了应对气候变化的相关立法行动。日本在京都气候变化大会召开后，就针对气候变化应对问题积极进行立法，1998年10月9日通过了《全球气候变暖对策推进法》，这是世界上第一部旨在防止全球气候变暖的法律，显示了日本积极应对全球气候变暖的姿态。❷ 这部法律于2021年5月被修订，更新提出了日本2050年实现碳中和的目标。英国于2008年制定了专门性法律——《气候变化法》，对应对气候变化的目标任务、强制性的碳预算要求等以法律形式进行规定，并在2019年根据《巴黎协定》的最新要求对2050年减排目标进行了修订，从减少80%修改为减少100%，即达到碳中和。❸ 从欧盟的相关立法情况看，在2019年出台的《欧洲绿色新政》中明确提出要制定《欧洲气候法》后，《欧洲气候法》于2021年7月9日正式颁布，并于公告20天后生效，法律约束力适用于所有欧盟成员国。各成员国也将对照《欧洲气候法》修订其国内

---

❶ 《巴黎协定》第3条、第4条。

❷ 罗丽：《日本应对气候变化立法研究》，《法学论坛》2010年第5期，第108—109页。

❸ "The Climate Change Act 2008（2050 Target Amendment）Order 2019"，https://www.legislation.gov.uk/uksi/2019/1056/article/2/made，last visited at January 12th, 2022.

气候相关的政策法规。该法明确将 2030 年目标定为"至少减少 55%"，到 2050 年在全欧范围内实现气候中和，2050 年后实现负排放。❶

　　随着我国对气候变化问题的日益重视，应对气候变化方面的立法活动也开始活跃起来。国务院 2007 年 6 月 3 日制定印发了《中国应对气候变化国家方案》，第一次在国家层面对如何应对气候变化问题进行了规定，提出了中国应对气候变化的指导思想、原则与目标，制定了中国应对气候变化的相关政策和措施。2009 年 8 月 27 日全国人民代表大会常务委员会通过了《关于积极应对气候变化的决议》，指出应对气候变化是我国经济社会发展面临的重要机遇和挑战，应对气候变化必须深入贯彻落实科学发展观，要采取切实措施积极应对气候变化，加强应对气候变化的法治建设，努力提高全社会应对气候变化的参与意识和能力，积极参与应对气候变化领域的国际合作。2021 年 1 月 9 日生态环境部出台了《关于统筹和加强应对气候变化与生态环境保护相关工作的指导意见》，就统筹和加强应对气候变化与生态环境保护相关工作提出了意见和要求，并从"注重系统谋划，推动战略规划统筹融合""突出协同增效，推动政策法规统筹融合""打牢基础支撑，推动制度体系统筹融合""强化创新引领，推动试点示范统筹融合""担当大国责任，推动国际合作统筹融合"几个方面进行具体规定。除专门性立法活动以外，还有大量相关立法活动也在广泛开展。

---

❶ 田丹宇、王琪、祝子睿：《欧洲应对气候变化立法状况及其经验借鉴》，《环境保护》2021 年第 20 期，第 69 页。

第三节 "双碳"目标的提出与实现路径

一、"双碳"目标的提出

（一）"双碳"目标的概念

所谓"双碳"目标，是指碳达峰碳中和目标。碳达峰碳中和是近年来提出的新概念，并在《巴黎协定》中得到了确立和体现。具体来说，碳达峰是指某个地区或行业年度二氧化碳排放量达到历史最高值，然后经历平台期进入持续下降的过程，是二氧化碳排放量由增转降的历史拐点。碳中和是指某个地区在一定时间内人为活动直接和间接排放的二氧化碳，与通过植树造林、农业和碳移除等吸收的二氧化碳相互抵消，实现二氧化碳"净零排放"。碳达峰与碳中和紧密相连，前者是后者的基础和前提，达峰时间和峰值高低直接影响碳中和实现的时长和难度；后者是对前者的紧约束，要求达峰行动方案必须在实现碳中和的引领下制定。[1]

（二）我国"双碳"目标的提出

在《巴黎协定》于 2015 年 12 月 12 日在第 21 届联合国气候变化大会（巴黎气候大会）上通过后，我国于 2016 年 4 月 22 日率先签署，并于同年 9 月 3 日由全国人大常委会批准加入《巴黎协定》。这表明作为负责任的大国，中国积极支持应对气候变化并努力作出自己的贡献，这也是中国构建人类命运共同体的担当作为。据此，碳达峰碳中和也就成为我国应对气候变化的目标任务。2020 年 9 月 22 日国家主席习近平在第七十五届联合国大会一般性辩论上宣布："中国将提高国家自主贡献力度，采取更加有力

---

[1] 王金南：《一场广泛而深刻的经济社会变革》，《人民日报》2021 年 6 月 3 日第 14 版。

的政策和措施,二氧化碳排放力争于 2030 年前达到峰值,努力争取 2060 年前实现碳中和。"❶ 由此,2030 年碳达峰、2060 年碳中和就成为我国应对气候变化的承诺目标,这对于依然属于发展中国家、处于快速发展阶段的我国来说是十分难能可贵的,也在国际社会中树立和彰显了高度负责、勇于担当的大国形象,对有力推进国际气候变化应对与合作进程发挥了重大而积极的作用。

(三)其他国家、地区"双碳"目标的提出

为遵守和履行《巴黎协定》的相关规定要求,越来越多的国家和地区都纷纷在国内立法中提出了自己的"双碳"目标。当然,对于一些发达国家来说,作为早期工业化国家,在碳排放方面已经达到峰值,所以面临的主要问题就是碳中和目标。2019 年,英国修订了《气候变化法》,全新确立了在 2050 年之前达成温室气体净零排放的碳中和目标。日本在 2021 年修订《全球气候变暖对策推进法》时,也根据《巴黎协定》的要求提出了 2050 年碳中和的目标。欧盟在其最新制定的《欧洲气候法》中将 2030 年目标定为"至少减少 55%",到 2050 年在全欧范围内实现气候中和,2050 年后实现负排放。南非政府于 2020 年 9 月公布了低排放发展战略,提出 2050 年成为净零碳排放经济体的目标。美国的情况比较特殊,在特朗普政府于 2020 年 11 月 4 日退出《巴黎协定》后,2021 年 2 月 19 日拜登政府又重新加入。美国的碳排放已于 2007 年达到峰值,拜登政府提出的气候目标是到 2035 年,通过向可再生能源过渡实现无碳发电;到 2050 年,让美国实现碳中和。印度总理莫迪 2021 年 11 月 1 日在第 26 届联合国气候变化大会上承诺,印度在 2070 年前实现碳中和。

---

❶ 习近平:《在第七十五届联合国大会一般性辩论上的讲话》,《人民日报》2020 年 9 月 23 日第 3 版。

二、"双碳"目标的实现路径

"双碳"目标的提出对我国社会经济发展产生了重大影响，要求全面转向绿色低碳发展。正如习近平总书记2021年3月15日在中央财经委员会第九次会议上强调的，"实现碳达峰、碳中和是一场广泛而深刻的经济社会系统性变革"。如何实现"双碳"目标，是我国当前急需思考和回答的重大问题。

对此，2021年9月22日出台的《中共中央、国务院关于完整准确全面贯彻新发展理念做好碳达峰碳中和工作的意见》提出，实现"双碳"目标应当坚持的工作原则、目标分解、实施路径和方案举措。在工作原则上，要坚持"全国统筹、节约优先、双轮驱动、内外畅通、防范风险"原则。在目标分解上，将"双碳"目标分解为2025年、2030年和2060年三个阶段，并在单位国内生产总值能耗、非化石能源消耗占比、森林覆盖率与森林蓄积量等方面设定具体目标。在实施路径和方案举措上，提出十大方面：

一是推进经济社会发展全面绿色转型，具体包括强化绿色低碳发展规划引领、优化绿色低碳发展区域布局和加快形成绿色生产生活方式等方案措施；

二是深度调整产业结构，具体包括推动产业结构优化升级、坚决遏制高耗能高排放项目盲目发展、大力发展绿色低碳产业等方案措施；

三是加快构建清洁低碳安全高效能源体系，具体包括强化能源消费强度和总量双控、大幅提升能源利用效率、严格控制化石能源消费、积极发展非化石能源、深化能源体制机制改革等方案举措；

四是加快推进低碳交通运输体系建设，具体包括优化交通运输结构、推广节能低碳型交通工具以及积极引导低碳出行等方案举措；

五是提升城乡建设绿色低碳发展质量，具体包括推进城乡建设和管理模式低碳转型、大力发展节能低碳建筑、加快优化建筑用能结构等方案措施；

六是加强绿色低碳重大科技攻关和推广应用，具体包括强化基础研究和前沿技术布局、加快先进适用技术研发和推广等方案举措；

七是持续巩固提升碳汇能力，具体包括巩固生态系统碳汇能力和提升生态系统碳汇增量等方案举措；

八是提高对外开放绿色低碳发展水平，具体包括加快建立绿色贸易体系、推进绿色"一带一路"建设以及加强国际交流与合作等方案举措；

九是健全法律法规标准和统计监测体系，具体包括健全法律法规、完善标准计量体系、提升统计监测能力等方案举措；

十是完善政策机制，具体包括完善投资政策、积极发展绿色金融、完善财税价格政策以及推进市场化机制建设等方案举措。

应当说，以上十大方面已经为"双碳"目标的推进实施并最终实现建构起了"四梁八柱"，形成了较为清晰的路线图和较为完整的方案措施体系。在此基础上，2021年10月24日发布的《国务院关于印发2030年前碳达峰行动方案的通知》（国发〔2021〕23号），针对更为紧迫的碳达峰目标要求，进一步制定了碳达峰行动方案。该方案从总体要求、主要目标、重点任务、国际合作、政策保障和组织实施等方面确立和规定了我国碳达峰的方案举措。党的二十大报告中进一步提出，"积极稳妥推进碳达峰碳中和。……立足我国能源资源禀赋，坚持先立后破，有计划分步骤实施碳达峰行动。完善能源消耗总量和强度调控，重点控制化石能源消费，逐步转向碳排放总量和强度'双控'制度。推动能源清洁低碳高效利用，推进工业、建筑、交通等领域清洁低碳转型。深入推进能源革命，加强煤炭清洁高效利用，加大油气资源勘探开发和增储上产力度，加快规划建设新型能源体系，统筹水电开发和生态保护，积极安全有序发展核电，加强能源产供储销体系建设，确保能源安全。完善碳排放统计核算制度，健全碳排放权市场交易制度。提升生态系统碳汇能力。积极参与应对气候变化全球治理"❶。这是关于"双碳"目标实现路径的最新、最权威的表述,为我们下一步推进实施碳达峰碳中和工作作出指引,提供蓝图。据此,要做到"积极稳妥推进碳达峰",就不能采用"一刀切""运动式"的方式,更多需要运用间接性的调控手段,而金融、税收、价格等就是十分重要的选择。因此,碳金融机制将在"双碳"目标实现中发挥重要作用。

第四节　碳金融的提出

一、碳金融的概念辨析与厘定

作为一个在国际社会应对气候变化进程中被提出和使用的新名词,尽管被人们越来越多地加以使用,但碳金融迄今为止仍是一个未有定论的概念。在不同的场合或语境下,碳金融可能有着不同的含义,人们对碳金融的理解也不尽一致。这其中不仅有理解的狭义或广义视角与范围不同,还存在一些模糊甚至错谬的认识。在应对气候变化、实现"双碳"目标以及推动社会经济低碳化转向的重大背景下,碳金融已经成为一个日益重要、频繁提及的热点名词,并且开始进入政策立法视野。因此,为更好地理解和使用这一重要名词,我们需要对一些存在的错误认识进行廓清,并对其进行准确厘定。

（一）目前关于碳金融的主流定义

根据笔者所收集的资料,目前对碳金融的定义主要有以下几种:

（1）碳金融泛指一切与限制温室气体排放相关联的金融活动,有狭义

---

❶ 习近平:《高举中国特色社会主义伟大旗帜　为全面建设社会主义现代化国家而团结奋斗:在中国共产党第二十次全国代表大会上的报告》,人民出版社,2022,第51—52页。

和广义之分。狭义的碳金融是指以碳排放权为标的物的金融借贷、期货、期权交易。广义的碳金融是指为减少温室气体排放服务的所有金融制度安排和金融交易活动，包含低碳项目开发的投资融资、碳排放权即碳排放权衍生品的交易和投资，以及其他相关的金融中介活动。❶

（2）碳金融，简单地说是利用市场机制和金融工具应对气候变化的工具或机制，是以低碳创新、低碳就业、低碳发展为目的的金融资本及其各种创新活动的统称。碳金融有广义和狭义之分。广义的碳金融，是一个具有包容性的创新金融体系：一方面是传统金融活动的改造升级，核心在于金融产品创新，其创新主体主要是碳银行、碳基金、碳保险、碳信用等机构投资者；另一方面是创新的金融机制或金融机构，即碳金融交易体系亦即狭义的碳金融。而所谓狭义的碳金融，特指具有制度创新性质的碳交易制度，也就是把碳排放权（排放配额）及其衍生产品当作商品进行交易的制度，或碳交易体系，或碳市场。❷

（3）碳金融意味着限制温室气体排放即转嫁碳交易风险的诸多金融体系方案和金融制度模式，不但包括碳排放权及其衍生品的交易、低碳项目开发的贸易，还涵盖碳保险、碳基金和气体有关融资中介行为及碳交易币种的确定等机制设计，完整的碳金融还应包括货币、监管等制度安排。❸

（4）碳金融是应对气候变化的金融解决方案，包含了市场、机构、产品和服务等要素，是应对气候变化的重要环节，是实现可持续发展、减缓和适应气候变化、灾害管理三重目标的低成本途径，是低碳发展的核心经济手段。❹

（5）碳金融讨论生活在一个碳限制世界，一个排放二氧化碳及其他温

---

❶ 欧阳杉、佴澎、罗宇清、陈方淑：《绿色经济背景下的碳金融研究》，法律出版社，2018，第57页。

❷ 马玉荣：《碳金融与碳市场——基于英国与美国比较视角》，红旗出版社，2016，第3—4页。

❸ 李阳：《低碳经济框架下碳金融体系构建之路径设计与政策安排》，经济科学出版社，2014，第18页。

❹ 王遥：《碳金融：全球视野与中国布局》，中国经济出版社，2010，第29—30页。

室气体必须付出代价的世界中产生的金融问题。因此，碳金融的定义包括：①代表环境金融的一个分支；②探讨与碳限制社会有关的财务风险和机会；③预期会产生相应的基于市场的工具，用来转移环境风险和完成环境目标。❶

（6）碳金融是指与碳排放权交易相关的各种金融交易活动和金融制度安排的总和，它既包括碳排放权及其衍生品的交易和投资、低碳项目的投融资，也包括绿色信贷以及相关的担保、咨询等金融中介活动。❷

（二）现有定义的特点与问题评析

以上六种关于碳金融的定义，是笔者在对目前市场中能够收集到的所有相关著作中提出的观点，❸进行梳理和精选而总结形成的，应该说具有充分的涵括性和很大的代表性。从这些定义可以看出，目前我们关于碳金融的认识呈现出如下特点：

一是都将碳金融与应对气候变化密切关联起来，将之视为一种应对手段或制度。这也和碳金融提出的背景十分相关，碳金融是在人们应对气候变化的活动中提出和形成的，从气候变化角度去理解和定义是自然也是必然的。

二是不少观点都从广义和狭义两个视角和范围去界定碳金融。这一方面表明了碳金融的确具有内涵与外延的复杂性和多样性特点，另一方面也表明对碳金融理解还不一致，定义者企图通过视角变换来尽可能全面呈现

---

❶ 索尼亚·拉巴特、罗德尼·R.怀特：《碳金融：碳减排良方还是金融陷阱》，王震、王宇等译，石油工业出版社，2010，第3页。

❷ 杨星等：《碳金融概论》，华南理工大学出版社，2014，第1—2页。

❸ 此处所指的著作是指中文专著、编著或译著，不包括论文。之所以如此选择，主要是考虑到一般在著作中才会对概念问题进行较为充分的分析和界定。事实上，笔者也广泛阅读了大量论文资料，普遍对碳金融概念没有进行比较丰富和深入的论述，或者没有超越本部分所列的、相关著作中提出的六种观点。另外需要说明的是，相关著作（包括金融学领域和法学领域，主要是金融学领域）事实上多达二十余本，但真正独立提出自己观点的并不多。很多著作都是在以直接或间接的方式引用他人的观点。在一定意义上，这一状况也表明目前关于碳金融的研究还不够丰富和成熟，亟待进一步研究和厘定。

碳金融的样貌。

三是大部分观点都支持碳金融是一种金融创新，是传统金融的升级改造，包括了产品创新、主体创新和机制创新等内容。

四是几乎所有观点都把碳金融与碳排放权交易市场密切结合。一部分观点认为，狭义的碳金融就是碳排放权及其衍生品交易；另一部分观点则认为，碳金融包括了碳排放权及其衍生品交易。

上述四个特点既有合理之处，也有模糊或错谬之处，但都是我们当前关于碳金融认识的体现。合理之处需要继续坚持，也是我们进一步加深对碳金融理解和认识的重要基础；而存在的模糊或错谬之处则需要我们予以关注和改进，以便我们更准确地界定和使用碳金融概念。具体来说，如果说广义定义和狭义定义还只是表明目前关于碳金融的理解仍不够准确和深入，需要从多个视角进行界定和描述的话；那么把碳金融简单理解为碳排放权及其衍生品交易，以及把碳排放权及其衍生品交易视为碳金融的一部分，就存在性质认知错误、范围边界模糊的问题了。对此，我们需要正本清源，碳排放权交易活动主要是围绕着碳排放权、更准确的碳排放配额（Chinese emission allowance，CEA）与核证减排量（Chinese certificate emission reduction，CCER）这一对象或者说标的而进行的交易，而表征着一定碳排放权的碳排放配额和核证减排量并不是货币或资金，其交易活动并不是金融活动。因此，碳排放权交易并不是碳金融，也不是碳金融的一部分。之所以有不少观点甚至是一些主流观点都把碳排放权交易视为碳金融或碳金融的构成部分，主要原因除认知错误以外，还有一些客观原因，那就是碳金融的最初产生的确是为碳排放权交易活动服务的，碳排放权交易较之于传统货物交易有着更强的金融属性，对金融服务需求更为强烈。碳金融也总是与碳排放权交易密切关联，并深受碳交易市场的影响。另外需要说明的是，碳排放权的衍生品交易比如碳期货等，就属于碳金融的范畴了。

(三) 本书对碳金融概念的界定

基于上述对既有观点的评析，在借鉴现有概念界定的合理之处的同时，纠正错谬的认知和廓清模糊的范围边界，笔者对碳金融的概念界定如下：

碳金融是指为应对气候变化，减缓气候变暖和提高适应气候变化能力，支持与服务碳排放权交易、低碳技术和项目的开发运营、气候风险管理等活动，以实现低碳社会经济发展而进行的各类投融资活动，包括了碳信贷、碳证券、碳保险、碳基金以及碳金融衍生品等产品服务和相关制度安排。

为更好地理解和发展碳金融，我们还应当将之与一些关联概念进行辨析。这些关联概念包括气候金融、绿色金融和环境金融。

首先是气候金融，气候金融是指与应对气候变化相关的创新金融，是利用多渠道资金来源、运用多样化创新金融工具促进全球低碳发展和增强人类社会应对气候变化的韧性的金融模式。[1]气候金融是在国际社会应对气候变化过程中提出来的，指的是地方、国家或跨国融资——从公共、私人和其他融资来源——用以支持应对气候变化的缓解和适应行动。[2]从这一概念可以看出，气候金融其实就是碳金融，两者在内涵和外延上都是相同的，可以互换使用。但就目前使用情况看，毫无疑问碳金融的使用率和社会认知度明显更高。

其次是绿色金融，根据我国2016年发布的《关于构建绿色金融体系的指导意见》（银发〔2016〕228号）中的定义，绿色金融是指为支持环境改善、应对气候变化和资源节约高效利用的经济活动，即对环保、节能、清洁能源、绿色交通、绿色建筑等领域的项目投融资、项目运营、风险管

---

[1] 王遥、崔莹、洪睿晨：《气候融资国际国内进展及对中国的政策建议》，《环境保护》2019年第24期，第11页。

[2] UNFCCC, "Introduction to Climate Finance", https://unfccc.int/topics/climate-finance/the-big-picture/introduction-to-climate-finance, last visited at January 20th, 2022.

理等所提供的金融服务。而国际发展金融俱乐部（International Development Finance Club, IDFC）在2011年官方报告中对绿色金融进行了广义的阐释，即绿色金融包括对一切与环境相关的产品、绿色产业和具有可持续发展前景的项目进行的投融资，以及倡导经济金融可持续发展的金融政策。❶根据上述定义，绿色金融显然有着更大的内涵和外延，碳金融只是绿色金融的一部分。

最后是环境金融，环境金融是指环境保护背景下进行的金融创新，主要是研究如何运用多样化的金融产品与投融资手段来保护环境。❷国外学者萨拉萨尔（Salazar）认为，环境金融是金融业为迎合环保产业的融资需求而进行的金融创新；❸斯克腾（Scholtens）等人认为，环境金融是在环境变迁的严峻形势下，金融业促进可持续发展的重要创新手段，主要借助最优金融工程，规制企业的经营决策和运作过程，有助于解决环境污染、温室效应等问题，促进经济、社会、环境的协调可持续发展。❹根据前述定义，环境金融的内涵和外延也明显比碳金融更大更广泛，是碳金融的上位概念，包括碳金融。

二、应对气候变化的资金需求：碳金融的提出背景

碳金融的提出首先源自应对气候变化所产生的大量资金需求。资金和技术一样，是推动国际社会应对气候变化这辆战车的重要驱动力，技术的开发和转移也同样需要资金的支持。可以说，资金是应对气候变化最为关键的要素之一。然而，资金总是稀缺的，应对气候变化的资金从何而来？

---

❶ 巴曙松、杨春波、姚舜达：《中国绿色金融研究进展述评》，《金融发展研究》2018年第6期，第4页。

❷ 朱家贤主编：《环境金融法学》，北京师范大学出版社，2013，第26页。

❸ Jose Salazar, Environmental Finance: Linking Two World, Presented at a Workshop on Financial Innovations for Biodiversity Bratislava, Slovakia, 1998, pp.2–18.

❹ Bert Scholtens, Lammertjan Dam, "Banking on the Equator: Are Banks That Adopted the Equator Principles Different from Non-Adopters", World Development, 35（8）, 2007, pp. 1307–1328.

这是一个一直困扰和阻碍国际气候谈判进程的问题。因此，建立相应的资金机制就十分必要。事实上，世界各国在气候谈判中的分歧，很大一部分来自对资金提供方面的义务和责任如何分配。

对此，《联合国气候变化框架公约》《京都议定书》和《巴黎协定》中的相关规定在承认各国对气候变化的贡献及其预防和应对气候变化后果的能力各不相同的情况下，都要求拥有更多财政资源的缔约方向那些财力较弱和较脆弱的国家提供财政援助。缓解气候变化需要气候资金，因为大幅度减少排放需要大规模投资。气候资金对适应气候变化同样重要，因为适应气候变化的不利影响和减少气候变化的影响需要大量资金。[1]然而，仅仅依靠资金相对富裕的发达国家向资金比较短缺的发展中国家提供资金援助，以及由此筹建相关专门性基金，例如，绿色气候基金（Green Climate Fund，GCF）、全球环境基金（Global Green Environment Facility，GEF）、最不发达国家基金（Least Developed Countries Fund，LDCF）和气候变化特别基金（Special Climate Change Fund，SCCF）等，还是远远无法满足日益增加、越来越庞大的资金需求，而且，这些资金主要都是源自公共部门或非营利部门，其来源是有限的。因此，必须建立和发展市场化的碳金融机制，充分引入和发挥私人部门也即市场中的资金的作用，进而形成碳金融市场。

三、碳排放权交易的资金支持：碳金融的直接基础

气候变化应对是一项全面、复杂、系统性任务，涉及人类社会的方方面面，如果仅靠政府力量去推动和管理，是很难达到期待效果的。因此，充分利用和发挥市场机制的力量十分重要。当然，气候问题被称为外部性中的"巨人"，巨大的外部性导致了严重的市场失灵，市场的优势不但不

---

[1] UNFCCC, "Introduction to Climate Finance", https://unfccc.int/topics/climate-finance/the-big-picture/introduction-to-climate-finance, last visited at January 21th, 2022.

能发挥，还产生了严重问题，才需要国际社会和国内政府进行积极干预和管制。在这一背景下，总量控制下进行碳排放权交易作为一种创新机制被创设出来，把政府管控和市场激励很好地融合起来，实现了快速发展，也取得了很好的效果。碳排放权交易的发展以及碳交易市场的不断扩张，产生了越来越大的资金融通需求，由此带动了碳金融的产生和发展。可以说，碳排放权交易活动的开展及交易市场的形成和发展，是碳金融最为重要和直接的市场基础。越来越多的金融机构开始关注这一全新市场需求，积极进行产品和服务的创新，碳金融市场也相应地形成和发展。

与此同时，在现代经济发展模式下，金融是经济的核心，是市场快速发展的巨大助推力，碳排放权交易市场也不例外。碳金融的发展引得大量资金进入碳排放权交易市场，促进了碳交易的发展和碳交易市场的持续扩张。碳交易市场的进一步发展又促进了碳金融的发展，碳交易标的也从碳排放权现货交易发展出全新的、具有金融属性的碳排放权期货交易和期权交易，碳排放权交易市场与碳金融市场已经密切关联、融为一体了。这也是许多人对碳排放权交易与碳金融不加区分，认为碳排放权交易有着金融属性、就是碳金融的客观原因。

四、低碳经济发展的金融机制：碳金融的主体功能

从气候变化产生的原因可知，是人类活动排放了过多的二氧化碳等温室气体，尤其是工业化大生产以来人类社会所采取的高碳化社会经济发展模式，是最主要的根源。因此，对于气候变化的有效应对和"双碳"目标的充分实现来说，无论是碳减排还是适应性应对路径，都需要对我们的经济社会发展进行改革和转型，迈向低碳化模式。低碳经济这一概念和经济发展模式，也正是在这一背景下提出和发展的。英国在 2003 年发布的能源白皮书——《我们能源的未来：创建低碳经济》中，首次提出"低碳经济"的概念。尽管该白皮书并没有直接对低碳经济作出界定，但从多个

方面描绘了低碳经济的基本样貌。❶ 此后，低碳经济被世界所知并被广泛探讨和实践。所谓低碳经济，是指通过各种方式降低煤炭、石油等高碳能源的消耗，减少温室气体的排放，进而实现经济与环境协调发展的经济形态。❷

低碳经济的发展意味着经济发展模式与碳脱钩，较之于在既有模式下谋求发展更为艰难，承受着顺利转型和持续发展的双重压力。在这样重大转型阶段，需要资金的大量投入和支持，更需要运用金融工具和机制来调节资金流向。一方面，引导、激励社会资金流向低碳行业、项目和企业，为低碳经济发展"雪中送炭"；另一方面，遏制社会资金流向传统高碳化行业、项目和企业，对传统高碳化经济"釜底抽薪"。这样从两个方面着手，有力地支持和促进低碳经济转型和发展。更进一步来说，碳金融可以通过定价机制促进节能减排的市场化运作，通过融资机制为低碳发展提供经济激励，通过资源配置功能提高减排效率，拓展了碳限制下金融体系对经济的支撑功能。❸ 较之于为碳排放权交易市场提供金融服务来说，这是碳金融在更为宏观和宽阔的经济领域中所发挥的更为重要的主体功能。

---

❶ "Our Energy Future – Creating a Low Carbon Economy", pp. 21–63, https://fire.pppl.gov/uk_energy_whitepaper_feb03.pdf, last visited at January 26th, 2022.

❷ 杜莉等:《低碳经济时代的碳金融机制与制度研究》，中国社会科学出版社，2014，导论部分，第1页。

❸ 刘倩、王遥、林宇威:《支撑中国低碳经济发展的碳金融机制研究》，东北财经大学出版社，2017，第13—18页。

第二章

碳排放权交易及其市场发展

如第一章所述,碳排放权交易与碳金融之间关系十分密切,是碳金融提出和发展的直接基础,碳金融反过来也大力促进了碳排放权交易市场的发展;随着碳排放权交易与碳金融的协动发展,特别是碳期货、碳期权的创新发展,碳排放权交易市场与碳金融市场逐渐连接融合并一体化。因此,一方面不应错误地将两者混为一谈,另一方面也要充分认识到两者之间的特殊的密切联系。要发展好碳金融,离不开碳排放权交易市场的发展;要做好碳金融及其法律制度的创新研究,也需要对碳排放权交易及其基础制度进行研究。因此,本章及第三章将首先对碳排放权交易市场发展及其制度规则进行考察分析研究,作为深入研究碳金融法律制度的重要基础。

第一节　碳排放权交易概述

一、碳排放权交易的相关概念

碳排放权交易的概念首先是在理论研究层面提出的。最初，由于污染是环境问题中最为突出的部分，因而排放权的概念首先是指排污权。多伦多大学教授、美国经济学家戴尔斯（Dales，也有人译作戴利）于1968年在其《污染、财产与价格：一篇有关政策制定和经济学的论文》中首次提出了排污权交易（emissions-trading program）的概念、思想和理论设计，使排污权交易这一制度手段为世人所关注。[1]排污权交易的思想和理论提出后，不仅在学界引发了热烈讨论，也受到了一些在环保方面坚持自由主义市场理念和制度手段的国家的高度重视。例如，美国在20世纪70年代中期开始进行实践尝试，成为世界上首个运用排污权交易机制的国家。

碳排放不同于污染物排放，一般是指煤炭、石油、天然气等化石能源燃烧活动和工业生产过程以及土地利用变化与林业等活动产生的温室气体排放，也包括因使用外购的电力和热力等所导致的温室气体排放。温室气体是指大气中吸收和重新放出红外辐射的自然和人为的气态成分，包括二氧化碳、甲烷、氧化亚氮、氢氟碳化物、全氟化碳、六氟化硫和三氟化氮。[2]温室气体虽然会导致气候变暖，进而危害气候生态安全；但其本身并不是污染物，并不会直接导致环境污染、危害人类财产和健康。在气候问题凸显和严峻化之前，排放二氧化碳等温室气体并没有受到相关限制，被认为是一种类似于呼吸空气一样的自然或当然权利。在气候危机出现

---

[1] J.H. Dales, Pollution, Property & Prices: An Essay in Policy-making and Economics, Edward Elgar Publishing, 2002, pp.93-94.

[2] 生态环境部发布的《碳排放权交易管理办法（试行）》第42条。

后，碳排放就需要受到法律的规制和约束了，从而变成了一项法律赋予或许可才享有的权利。具体来说，碳排放权一般是指法定主体在特定时间内排放一定数量的温室气体的权利。❶ 而我国生态环境部发布的《碳排放权交易管理办法（试行）》第42条第3款则根据我国目前的实际情况，将碳排放权规定为"分配给重点排放单位的规定时期内的碳排放额度"。

顾名思义，排放权交易就是对排放权这一权利的买卖。如前所述，根据权利的客体不同，排放权交易可以分为排污权交易和碳排放权交易等种类。在交易层面上，排污权交易与碳排放权交易等并无实质差异。❷ 碳排放权交易（carbon emission permits trade）又称温室气体排放权交易，它是指碳减排购买合同或协议（emission reductions purchase agreements，ERPAs）。其基本原理是由环境部门根据环境容量制定逐年下降的碳排放总量控制目标，然后将碳排放总量目标通过一定的方式分解为若干碳排放配额，分配给各区域，碳排放配额被允许像商品那样在市场上进行买卖、调剂余缺。❸

碳排放权交易制度则是指为合理利用环境容量、应对气候变化，针对不同的地区，依据该区域环境容量的范围，确定某一时间范围内二氧化碳等温室气体的容量，通过许可方式对容量进行初始分配，并允许对这种容量进行交易的一种法律规则的集合。❹

二、碳排放权交易的初步尝试

如前所述，排污权交易的概念和理论提出后，首先在美国得到了应用和实践，美国国家环保局（U.S. Environmental Protection Agency，EPA）自

---

❶ 陈惠珍：《中国碳排放权交易监管法律制度研究》，社会科学文献出版社，2017，第11页。
❷ 李传轩：《生态经济法——理念革命与制度创新》，知识产权出版社，2012，第241页。
❸ 冷罗生：《构建中国碳排放权交易机制的法律政策思考》，《中国地质大学学报》2010年第2期，第20页。
❹ 韩良：《国际温室气体排放权交易法律问题研究》，中国法制出版社，2009，第53页。

20世纪70年代开始把排污权交易运用在水污染和大气污染防治领域，著名的"泡泡政策"就产生于这一实践。较之于排污权交易，碳排放权交易的产生更为晚近，是在20世纪90年代以来日益严峻的气候变化危机背景下，为了控制和减少碳排放、协调经济发展和气候生态保护之间的关系而提出和适用的。碳排放权交易的实践尝试开始于《京都议定书》的相关规定。如果说1992年通过的《联合国气候变化框架公约》为国际社会应对气候变化提供了制度框架，那么直到1997年通过的《京都议定书》才把减排责任要求进行了更为具体和细致的落实，并引入了影响深远的碳排放权交易机制。

根据《京都议定书》的要求，发达国家和发展中国家要实质性承担起"共同而有区别"的气候变化应对责任。特别是附件B所列的国家，有着具体的减排任务和时限要求。具体来说，《京都议定书》给最发达的38个国家定了固定的减排任务（这38个国家是列在议定书的附件B中的发达国家），要求它们对六种温室效应气体的全部排放量在2008年到2012年的承诺期间削减到1990年水平之下5%。而非附件B的国家没有减排义务。[1] 为了完成减排任务、实现气候变化应对目标，《京都议定书》确立了著名的京都三机制：联合履约机制、清洁发展机制和国际排放贸易机制。联合履约机制是基于项目的减排合作交易机制，即附件B国家之间通过项目合作实行碳排放权交易，一般是减排成本较低的国家转让给减排成本较高的国家，交易单位是减排单位（emission reduction units，ERUs），从而实现买入方所要承担的减排任务和目标。清洁发展机制同样是基于项目的减排合作交易，不过是附件B国家和非附件B国家（发展中国家）之间通过项目合作实行碳排放权交易，一般是发达国家向不承担强制性减排任务的发展中国家投资减排项目实行减排，交易单位是核证减排量，经核证的减排量可以计入发达国家的减排任务。国际排放贸易机制则是基于配额的交易，即附件B国家之间进行配额交易，交易单位是分配数量单位

---

[1] 李传轩、肖磊、邓炜等：《气候变化与环境法：理论与实践》，法律出版社，2011，第89页。

（assigned amount units，AAUs），一般是超额完成自身减排任务的国家将富余的配额转让给未能完成减排任务的国家。

京都三机制的创设，特别是国际排放贸易机制，开启了国际碳排放权交易的先河，使碳排放权交易市场的前景一片光明，并进一步带动了各种各样的碳排放权交易计划的出台，形成多样化的交易市场，包括强制性配额下的交易市场和基于自愿履行的交易市场。欧盟的碳排放权交易系统（European Union Emission Trading Scheme，EU ETS）、美国的区域温室气体计划（regional greenhouse gas initiative，RGGI）等是其中具有代表性的样本。

然而，受制于复杂的国际气候谈判形势和沉重的经济发展低碳化压力，以及国际市场和国内市场的错综关联，碳排放交易市场的发展并非一帆风顺。从此后的相关实践发展看，根据碳排放权交易的建立依据和适用范围，可以分为国际市场和国内市场。国际市场是根据国际碳减排任务和总量控制的要求设立的，适用于各相关国家的政府及企业组织等主体。国内市场则是根据本国碳减排目标和总量控制要求而设立的，适用于本国的碳排放企业等相关主体。由于国际碳排放权交易市场的形成和发展很大程度上取决于国际社会对气候合作和责任承担问题的博弈与谈判情况，这是一个充满不确定性、漫长而艰难的过程，中国对国际碳排放权交易市场及其制度发展将有多大的影响和作用是不确定的。因此，我们对碳排放权交易市场形成和发展的推进以及对相关法律制度构建的研究，尽管会关注国际碳市场、其他国家碳市场的发展与影响，但重心主要应放在国内领域，不过我们还是需要对相关市场发展进行考察和梳理，然后寻找应对和发展之策。

第二节　碳排放权交易市场的发展检视

如前所述，碳排放权交易作为应对气候变化的一种重要手段方式，受到了国际社会普遍的关注并得到广泛的实践，尤其是在其获得相关理论支撑后，越来越多的国家将之视为自身应对气候变化的基本机制选择之一。因此，尽管受到国际气候谈判进程一波三折的影响，碳排放权交易呈现出发展时缓时快的态势；但总体来说，碳排放权交易还是得到了较大的发展，展示出了较强的生命力，形成了全球性或区域性、强制性或自愿性等丰富的市场样态。到目前为止，全球已有二十多个碳排放权交易市场，并且还有一些市场正在构建中。本部分将对国际、代表性国家和国内三个层面的碳排放权交易市场（以下简称碳市场）的发展实践进行具体考察和比较分析，查找目前碳市场发展的困境，并尝试提出破解困境、突破创新的可能方向和路径。

一、国际碳市场的发展实践考察与评析

（一）《京都议定书》下碳市场的发展与成效

如前所述，1997年《京都议定书》规定了三种灵活履约机制：联合履约机制、国际排放贸易机制和清洁发展机制，开启了碳排放权交易的先河，初步形成具有强制性色彩的京都碳市场。这三种交易方式，结合已经确定的量化减排目标，共同形成以碳排放配额交易为内容的全球性市场体系。总体上来说，这一灵活的市场机制，既给承担相应的强制性减排任务的国家以更多的履约空间和形式，在保障基本目标实现的同时也减缓了它们的压力，还聚集了更多"人气"，增强了各国之间的沟通、交流和学习，特别是增强了发达国家和发展中国家之间的交流与合作，凝聚了更多的应对气候变化的共识，对进一步推动国际气候变化应对谈判有着较大的促进和帮助。

不过，在具体的三种交易市场中，由于参与主体、实施内容各不相同，发展状况也不一致。大体上看，由于成本和效率等因素，清洁发展机制和国际排放贸易机制下的碳市场发展较为迅速，规模也比较大；相对而言，联合履约机制下的碳市场发展较为缓慢，交易活动多集中在俄罗斯与东欧其他国家之间，并没有真正发展起来。总体而言，京都碳市场更多像

是一个先试先行的试验田,虽没有取得特别明显和重大的成绩,但为碳排放权交易市场后来在全球范围内的进一步发展奠定了基础,积累了宝贵经验。

(二)欧盟碳排放权交易市场——京都碳市场的延伸与适用

在《京都议定书》所设定的量化减排义务约束下和京都碳市场的影响下,欧盟建立了主要由其成员国参加的碳排放权交易市场。由于交易的排放配额是直接根据《京都议定书》规定的欧盟有关成员国所应承担的减排任务来确立和分配的,因而欧盟碳市场实质上是京都碳市场尤其是其国际排放贸易机制下碳市场的延伸和区域化适用。尽管它不是全球性的,但也是一个多边的区域性市场。

1. 欧盟碳市场的创建

2001年10月23日,欧盟委员会制定和公布了《关于建立欧盟温室气体排放权交易制度框架的指令》的建议草案。2002年4月25日,欧盟委员会通过了2002/358/EC号指令,批准了《京都议定书》,并对欧盟各国的减排任务进行了分解。2003年欧盟部长理事会通过了2003/87/EC号指令(《在共同体内建立温室气体排放量交易框架的指令》),该指令于2003年10月25日生效,建立了世界上第一个具有公法约束力的温室气体总量控制的排放权交易机制。❶此后,欧盟先后于2004年10月、2008年11月、2009年3月、2009年4月对该指令进行了四次修正,❷其中2004年10月的修正案中,增加了将欧盟排放权交易机制与《京都议定书》的三种灵

---

❶ Dornau, R. "The Emission Trading Scheme of the European Union", in D. Freestone, C. Streck eds.Legal Aspects of Implementing The KYOTO Protocol Mechanisms: Making KYOTO Work. Oxford University Press, 2005, pp.417–418.

❷ Directive 2004/101/EC of the European Parliament and of the Council of 27 October 2004, Directive 2008/101/EC of the European Parliament and of the Council of 19 November 2008, Regulation (EC) No 219/2009 of the European Parliament and of the Council of 11 March 2009, Directive 2009/29/EC of the European Parliament and of the Council of 23 April, 2009.

活机制相衔接的内容部分，这一次修改指令故而又被称为"衔接指令"。❶根据指令要求，欧盟于 2005 年正式启动了以二氧化碳为主的温室气体排放权交易机制，适用产业包括发电、炼油、钢铁、建材以及纸浆等五个行业，这些行业所排放的二氧化碳占欧洲碳排放总量的近 46%。❷

2. 欧盟碳市场的发展过程与成效

欧盟碳排放权交易市场运行顺利，取得了显著的成效，由此也激发了欧盟做大做强碳市场、引领国际气候变化应对策略和谈判进程的雄心。根据欧盟的雄伟计划，碳市场发展包括四个阶段：

第一阶段是试点阶段（2005—2007 年），主要任务是构建起市场交易体系并顺利运行，积累相关经验；第二阶段是巩固和推进阶段（2008—2012 年），主要任务是巩固已有经验做法并进一步推进和完善交易制度体系；第三阶段是统一和协调阶段（2013—2020 年），主要目标是构建欧盟内部统一和谐的碳市场体系；第四阶段是改革和深化阶段（2021—2030 年），主要目标是继续对市场结构进行改革，深化推进市场机制与制度体系的发展完善。

总体来看，欧盟碳市场的发展基本实现了预期任务目标，当然也出现了第三阶段的发展目标受国际气候谈判形势影响，可能并没有充分实现的情况，但这依然不妨碍欧盟碳排放权交易系统在全球的领先地位。例如，在国际碳排放市场的份额中，欧盟碳排放权交易市场的碳交易量 2008 年就已经占全球市场碳交易量的 70%，欧盟碳排放权交易市场无疑已经成为

---

❶ European Commission, "Proposal for a Directive of the European Parliament and of the Council amending Directive 2003/87/EC so as to improve and extend the greenhouse gas emission allowance trading system of the Community, SEC（2008）85", https://op.europa.eu/en/publication-detail/-/publication/812d988d-f62e-4b42-b8f7-c5abfc6b9b20/language-en, last visited at May 21, 2022.

❷ The European Communities, EU Action Against Climate Exchange —— the EU Emissions Trading: an Open System Promoting Global Innovation, https://ec.europa.eu/environment/pdfs/2007/pub-2007-015-en.pdf, last visited at 21 May, 2022.

全球最大的碳市场。❶ 特别是 2012 年以后，欧盟顶住很大的内外压力把航空业纳入了碳排放交易机制，虽然有着明显而强烈的自利动机，但的确有助于欧盟碳市场的发展。就目前情况来看，企业的履约率也很高，其中英国的履约率甚至超过了 99%。❷ 发展到今天，欧盟碳排放权交易系统已经覆盖欧盟 27 个成员国和冰岛、列支敦士登、挪威共 30 个国家，影响范围越来越广泛。❸ 就 2021 年最新的成效来看，欧盟排放交易制度涵盖了欧盟温室气体排放总量的 36%。它对欧洲经济区内的排放密集型活动（电力和热能生产、水泥制造、钢铁生产、炼油和其他工业活动）和航空业的排放设定了上限。欧盟碳排放权交易系统中固定设施的温室气体排放量从 2019 年的 15.3 亿吨二氧化碳当量下降到 2020 年的 13.55 亿吨二氧化碳当量，减少 11.4%。这是欧盟碳市场自 2005 年开始运行以来下降最大的排放量。这一排放量的减少是 2018—2019 年显著减少的补充。那一年，由于低碳燃料取代了煤炭，天然气价格较低，以及可再生能源的普及，碳排放权交易系统的排放量下降了 9%。与 2005 年相比，2020 年静止碳市场排放量减少了 43%。❹ 不过，在《欧洲绿色新政》和《欧洲气候法》出台后，欧盟碳中和目标对碳排放权交易市场发展提出了更高的要求，欧盟也在积极考虑如何更新和加强碳排放权交易系统。

---

❶ IETA, "Greenhouse Gas Market 2008: Piecing together a Comprehensive International Agreement for A Truly Global Carbon Market", https://www.ieta.org/resources/Resources/GHG_Report/2008ghgreport_final.pdf, last visited at 21 May, 2022.

❷ The European Communities, EU Action Against Climate Change —the EU Emissions Trading: an Open System Promoting Global Innovation, https://ec.europa.eu/environment/pdfs/2007/pub-2007-015-en.pdf, last visited at 21 May, 2022.

❸ 随着英国脱欧的成功，英国也脱离了欧盟的碳排放权交易系统，并于 2021 年 1 月 1 日启动了英国自己的碳排放权交易系统，无论是英国还是欧盟，都是气候变化应对和碳市场发展的积极推动者，双方在这方面没有大的分歧，却有更多的共识和目标，将来应该会在碳交易方面进行相应合作。

❹ The European Communities, EU Action Against Climate Change —the EU Emissions Trading: an Open System Promoting Global Innovation, https://ec.europa.eu/environment/pdfs/2007/pub-2007-015-en.pdf, last visited at 21 May, 2022.

（三）"后京都"时代碳市场发展的困局

随着《京都议定书》下第一承诺期减排行动进入实质性阶段，"后京都"时代减排任务开始了新一轮谈判。2007年12月3日至14日在印度尼西亚巴厘岛召开的第十三次缔约方大会把"后京都"时代的议程安排推向了高潮，包括美国等在内的关键国家都积极参与并贡献力量，最后提出了"巴厘岛路线图"。然而，由于2008年世界经济危机的出现、各国经济减排压力的不同，部分发达国家不愿意承担更多责任，尤其是强制性减排责任，以及对发展中国家如何承担责任、承担怎样的责任存在巨大分歧，气候变化应对的国际进程开始在波折中前进。

2009年在丹麦哥本哈根召开的第十五次气候大会本被寄予厚望，达成共识性协议也已经迫在眉睫，否则就会面临"后京都"时代没有衔接制度安排的脱轨风险。然而，各方利益冲突剧烈、巨大分歧难以弥合，谈判遭遇重大障碍、陷入困境。尽管包括我国在内的许多国家都在积极推进相关协议的达成，最终还是未能形成像《京都议定书》那样的具有强制约束力的协议，最后只好草草公布了一份不具有法律约束力的《哥本哈根协议》。此后的坎昆会议、德班会议、多哈会议、华沙会议等都是在再度缓和立场、寻求共识和弥补分裂的方面组织推进，中间还伴随着一些重要国家如美国、加拿大等退出谈判的不利问题。与之相对应，碳排放权交易市场也陷入了发展缓慢甚至停滞的困境，交易价格也出现了大幅下跌的现象。由于缺乏确定性的国际强制减排目标和总量控制要求，碳排放配额等交易标的的稀缺性大幅下降，即便是比较成熟的欧盟碳市场，都遭遇了配额供给过剩、价格下跌过大的问题和挑战。

（四）《巴黎协定》对国际碳市场发展的影响

历经八年的波折和努力，国际气候谈判终于在2015年巴黎气候变化大会上重回轨道。大会上通过了"后京都"时代第一份有法律约束力的国际协议——《巴黎协定》，并于2016年4月22日在纽约签署，2016年11

月 4 日正式生效。目前，共有 193 个缔约方（欧盟和 192 个国家）加入了《巴黎协定》。该协定为 2020 年后全球应对气候变化行动作出了安排，并将长期目标确定为将全球平均气温较前工业化时期上升幅度控制在 2℃ 以内，并努力将温度上升幅度限制在 1.5℃ 以内。❶ 在此后的波恩会议、卡托维兹会议上，对《巴黎协定》的实施细则进行讨论和落实。从国际碳市场发展的角度看，《巴黎协定》既有积极影响，也有消极影响。

1. 积极影响

首先，《巴黎协定》是继 1992 年《联合国气候变化框架公约》、1997 年《京都议定书》之后，人类历史上应对气候变化的第三个里程碑式的国际法律文本，形成 2020 年后的全球气候应对目标和治理格局，碳达峰（主要适用于发展中国家）和碳中和成为中长期目标，为碳市场的发展提供了新的确定性预期，有助于恢复市场信心。

其次，《巴黎协定》确立了"只进不退"的棘齿锁定（ratchet）机制，防止出现曾经的"开倒车"问题。在全球合作和自主贡献的基础上，建立了从 2023 年开始每 5 年对各国行动的效果进行定期评估的约束机制。这也为碳市场的持续发展奠定了坚实基础。

再其次，《巴黎协定》很好地体现了公平、开放和包容的理念，摒弃了长期以来发达国家和发展中国家在历史责任和当下责任上的纠缠不清，以及经济发展利益博弈上的"零和"思维，更强调共同性与合作性。这对于碳市场的全球化和广泛性运用，吸纳更多的国家和市场主体加入有着很好的促进作用。

最后，《巴黎协定》确立了透明度规则和全球盘点要求，特别是明确要求各类碳减排行动应当是"可衡量、可报告和可核查"的。这些都是碳排放权交易中的重要条件和要求，是碳市场得以有效运行和发展的立基之本。通过国际法律规范的方式进行规定和确认，无疑会极大地增进国际社

---

❶ The United Nations, "The Paris Agreement", https://www.un.org/en/climatechange/paris-agreement, last visited at May 25th, 2022.

会及相关主体对碳市场的充分肯认。

2. 消极影响

《巴黎协定》带来的并非都是"利好",也有很多消极的影响。具体来说体现在以下几个方面:

首先,《巴黎协定》中并没有对《京都议定书》中设立的三个交易机制进行规定和强调,而是在重点强调国家自主贡献和全球盘点之余,仅仅在第 6 条中将"国际减排转让"规定为"自愿合作机制",并要求必须准确核算、避免重复计算等。尽管《巴黎协定》第 6 条第 4 款的规定被普遍认为对国际碳市场提供了支持,被称为所谓的"6.4"机制,但这一机制究竟如何还不够清晰。2021 年 11 月 13 日,《联合国气候变化框架公约》第 26 次缔约方大会(COP26)在英国格拉斯哥闭幕,初步通过了《巴黎协定》第 6 条第 4 款所设机制的规则、模式和程序的草案,[1]然而还有很多问题需要讨论和明确。

其次,《巴黎协定》相关条款规定中没有将造林产生的碳汇纳入转让,只是规定将减少毁林和森林退化所避免的排放,根据实际结果予以补偿。

最后,《巴黎协定》第 6 条等相关条款规定中,更多的是在强调减缓、适应、资金、技术转让、能力建设等非市场化机制建设,而对碳排放权交易机制着墨不多,缺失足够的关注和支持。总体而言,碳市场机制在《巴黎协定》的框架体系中受重视度不高,国际碳市场未来发展走向如何,还存在较大的不确定性。

二、典型国家碳市场的发展实践考察与评析

京都碳市场的建设和发展在世界范围内产生了深远影响,不仅促进了欧盟碳排放权交易系统这一区域性国际市场的创建,也为各国国内碳市场

---

[1] The United Nations, "Glasgow Climate Pact", https://unfccc.int/sites/default/files/resource/cma2021_L16_adv.pdf, last visited at 26 May, 2022.

的建立与运行提供了依据和动力。目前,已经制定碳排放权交易法律制度、建立起碳市场的国家越来越多,以美国、德国、英国、日本、澳大利亚、加拿大、荷兰等国家为典型。下面对其中部分国家的碳市场发展进行考察评析。

(一)美国碳市场的发展

美国由于在 2001 年退出了《京都议定书》,不接受国际碳减排目标任务,因而一直游离在国际碳市场之外。但在气候变化危机的压力之下,美国并没有放弃减少碳排放的制度性努力,而是从不同层面和区域上尝试建立碳排放权交易机制。目前,美国展开的碳排放权交易包括芝加哥气候交易所(CCX)的自愿性交易和区域性碳排放的强制性交易两类机制。

尽管美国不承认《京都议定书》下的碳减排任务,但其仍然鼓励企业进行自愿性减排。2003 年美国成立了芝加哥气候交易所,为企业等碳排放主体提供以二氧化碳等温室气体排放权为交易标的的交易平台。交易所实行会员制,由愿意承担气候变化社会责任、进行碳减排的企业等主体自愿加入。一旦加入,就要接受碳排放总量控制的目标要求,在此之下根据自身碳排放情况进行买入或卖出碳排放权。交易所针对参与会员制定出相应的总量控制目标,并据此确立每年的排放额度,依据的基准线为各会员 1998—2001 年排放水平的平均值。碳排放交易过程包括了自查、验证、登记和交易等程序环节。为扩大市场,2006 年芝加哥气候交易所开放欧盟碳排放权交易系统排放配额,2007 年交易清洁发展机制所衍生的核证减排量期货,并推出核证减排量的选择权商品,加快了欧洲与美洲的碳交易市场的联结,但是由于芝加哥气候交易所是自愿市场,市场规模偏小,美国政府的气候政策的不确定性也限制了碳排放权交易市场的发展,2010 年芝加哥气候交易所的母公司被亚特兰大的洲际交易所以 6.22 亿美元的价格

收购。❶

自愿性碳排放权交易机制对气候危机的解决来说是远远不够的，美国许多州都在考虑单独或联合实施强制性的碳排放权交易制度。区域温室气体计划就是其中最有影响力的代表，该计划于2009年1月1日启动，形成了美国第一个强制性的以二氧化碳等温室气体排放为交易内容的交易机制。该计划采用拍卖的方式来发放排放许可，设定三年为一个交易阶段。区域温室气体计划是康涅狄格州、特拉华州、缅因州、马里兰州、马萨诸塞州、新罕布什尔州、新泽西州、纽约州、罗得岛州、佛蒙特州和弗吉尼亚州之间的一项合作努力，旨在限制和减少电力部门的二氧化碳排放。区域温室气体计划由每个参与州的单个二氧化碳预算交易计划组成。根据区域温室气体计划《示范规则》，每个州的二氧化碳预算交易计划限制了发电厂的二氧化碳排放，发放二氧化碳配额，并建立了参与区域二氧化碳配额拍卖的机制。❷美国区域温室气体计划取得了显著效果，自成立以来，区域温室气体计划的碳排放量减少了50%以上，是整个国家的两倍，并筹集了40多亿美元用于投资当地社区。❸对于各个参与州来说，在电力行业及相关行业乃至整个社会经济领域都实现了低碳化发展。

（二）德国碳市场的发展

德国高度重视运用市场机制来减少温室气体排放，也取得了较好的效果。德国碳排放交易市场发展分为三个阶段：早期阶段（2012年以前）是参与京都碳市场及其延伸——欧盟碳排放权交易市场，来履行《京都议定书》中规定的碳减排义务；中期阶段（2012—2020年）主要是参与欧盟碳排放权交易系统，在"后京都"时代依然积极参与和推动欧盟层面的碳

---

❶ 骆华、赵永刚、费方域：《国际碳排放权交易机制比较研究与启示》，《经济体制改革》2012年第2期，第154页。

❷ "Elements of RGGI", https://www.rggi.org/program-overview-and-design/elements, last visited at May 29th, 2022.

❸ "The Regional Greenhouse Gas Initiative", https://www.rggi.org/sites/default/files/Uploads/Fact%20Sheets/RGGI_101_Factsheet.pdf, last visited at 29 May, 2022.

市场建设；后期阶段（2021年至今）主要是根据《巴黎协定》的相关要求来进一步加强气候变化应对力度，在继续参加欧盟碳排放权交易系统的同时，开始注重构建和实施国内碳排放权交易机制。

为充分支持和保障碳排放权交易的推行，从2002年开始德国就开展了一系列的立法活动，先后制定和实施了《温室气体排放交易许可法》（2004年7月生效）、《温室气体排放权分配法》（2004年8月生效）等七部主要法律规范，形成了与排放权交易相关的法律制度体系。为履行《巴黎协定》的相关要求，德国2019年12月18日生效的《联邦气候保护法》以法律形式确定德国中长期温室气体减排目标，到2030年实现温室气体排放总量较1990年至少减少55%，到2050年实现温室气体净零排放，即"碳中和"。德国于2004年在联邦环境保护署下设立了德国排放交易管理局。由于德国是欧盟碳排放权交易系统以及京都碳排放权交易体系的主要参加者，很多大型企业同时也是欧盟碳市场和京都碳市场的交易主体，德国还在相关立法中确立了与欧盟碳排放权交易管理机构和联合国气候框架公约管理机构进行合作，以便国内碳市场与国际、区域碳市场沟通和链接。

2021年1月1日，德国成功启动国家排放交易系统（the national Emissions Trading System，nEHS），涵盖所有不受欧盟碳排放权交易系统监管的燃料排放（主要是供暖和道路运输领域）。德国环境署下属的德国排放交易管理局负责实施全国碳排放交易。德国的国家排放交易系统与欧盟碳排放权交易系统是不同而互补的。欧盟的碳排放权交易系统主要针对工业、发电厂和航空业的碳排放，也就是说，工厂或航空公司必须为其造成的排放购买证书（所谓的"下游"排放交易）。而德国国家排放交易系统的针对点不同，它要求燃料供应商以购买证书的形式获得污染权（"上游"排放交易），企业需要为后面的燃料燃烧产生的温室气体排放而付费。国家排放交易系统的第一个交易期（2021—2030年）分为引入阶段和拍卖阶段。在引入阶段（2021—2025年）以固定价格购买排放证书，方便参与者适应新系统。拍卖阶段从 2026 年的价格走廊❶开始，然后从 2027 年起可以在市场上自由定价拍卖。❷德国国家排放交易系统作为对欧盟碳排放权交易系统的弊端克服和空白填补而全新建立的国内碳排放交易系统，其发展走向值得关注。

（三）英国碳市场的发展

英国在应对气候变化的制度建设方面一直勇于尝试和创新，其碳排放权交易制度也是与相关的气候变化税收制度、气候变化协议以及碳金融机制等密切关联、融合协调的，共同构成了一个丰富的混合治理机制。英国是世界上第一个实施温室气体排放贸易机制（UK ETS）的国家，该机制正式启动于 2002 年 4 月。英国实施排放贸易机制的主要目的是通过"干中学"（learning-by-doing），以便在欧盟和国际温室气体排放贸易启动前获得温室气体排放贸易的经验，以保证英国的竞争优势。❸英国的温室气体排放交易制度运行了 5 年（2002—2006 年），2007 年开始与欧盟碳排放权交易制度并轨。经过前期充分的准备工作，英国一直在欧盟乃至世界范围内的碳排放权交易市场中处于领先地位，在金融服务方面具有优越条件的伦敦也成为世界碳排放权交易中心。

英国的碳排放权交易市场是一个自愿性市场，这一点与美国芝加哥气候交易所形成的碳市场比较相似。英国政府为吸引和鼓励企业参与其中，提供了丰富的资金补贴和财税优惠政策。但企业一旦加入市场，就要受到减排任务的约束。市场交易的标的包括常见的六种温室气体，但以二氧化

---

❶ 所谓价格走廊，是指在 2026 年的拍卖价格有一个限定区间，即 55~65 欧元/吨。See Understanding national emissions trading, https://www.dehst.de/EN/national-emissions-trading/understanding-national-emissions-trading/understanding-nehs_node.html, last visited at June 10th, 2022.

❷ "Understanding National Emissions Trading", https://www.dehst.de/EN/national-emissions-trading/understanding-national-emissions-trading/understanding-nehs_node.html, last visited at June 10th, 2022.

❸ 庄贵阳：《欧盟温室气体排放贸易机制及其对中国的启示》，《欧洲研究》2006 年第 3 期，第 73 页。

碳为主。规制对象包括直接参与者、协议参与者、计划参与者与外部参与者，参与行业涉及能源、交通、服务业。其运作方式是针对直接参与者提出绝对的总量减排目标，企业根据拍卖方式，竞标排放配额，温室气体排放量减少到 1998—2000 年平均排放水平，完成目标将得奖励金，没有完成目标购入排放权，2002 年 3 月第一次执行拍卖时，共有 38 家单位参与拍卖，有 32 家实施到最后。对协议参与者设定相对目标，如相对能源使用量或相对排放量，达到目的减量目标，可以得到减少 80% 气候变化税的优惠政策，约有 6000 家企业参与。❶ 而在加入欧盟碳排放权交易系统后，英国碳市场的表现也一贯优秀，组织参与的交易量仅次于德国，考虑到英国经济总量与德国的差距，这是一个十分令人印象深刻的成绩。英国发达的碳交易也极大地带动了碳金融的发展，加之英国伦敦的世界金融中心地位和影响，英国碳金融的发展也居于世界领先地位。英国作为低碳经济的首倡者，低碳经济发展水平也位于世界前列。

随着英国实施脱欧，2021 年英国能源白皮书声明确认英国将脱离欧盟的碳排放权交易系统，从 2021 年 1 月 1 日起重启本国碳排放权交易系统。在此之前，英国就做好准备制定了《2020 年温室气体排放交易计划令》。英国碳交易市场第一笔拍卖在 2021 年 5 月 19 日正式上线。作为全新设计的碳排放权交易系统，英国碳排放权交易系统设置了拍卖底价机制（ARP）和成本控制机制（CCM），以防止市场早期的不稳定。根据英国碳排放权交易系统拍卖规定，拍卖底价设定为 22 英镑。❷ 英国将其碳排放权交易系统的排放上限设置比欧盟碳排放权交易系统降低 5%，加上英国《气候变化法》修订时设置了全新的更加严格的减排目标，乐观地估计，英国将成为世界上第一个实现净零碳排放限额的交易市场。

---

❶ 骆华、赵永刚、费方域：《国际碳排放权交易机制比较研究与启示》，《经济体制改革》2012 年第 2 期，第 154 页。

❷ UK Government, "UK Emissions Trading Scheme markets", https://www.gov.uk/government/publications/uk-emissions-trading-scheme-markets/uk-emissions-trading-scheme-markets, last visited at June 20th, 2022.

三、我国碳市场的发展实践状况与评析

（一）碳市场的初始萌动

我国碳市场的初始萌动阶段是基于京都三机制中的清洁发展机制而开启的，从时间阶段上看大致是 2002—2008 年。作为发展中国家，中国不承担《京都议定书》规定的强制性碳减排义务，而是可以参与到清洁发展机制中，与发达国家合作进行自愿性减排。这一阶段中国开展的碳排放权交易也都是在这一机制下进行的。为了获取发达国家的减排技术并实现一定的经济收益，我国积极参与清洁发展机制合作，到 2009 年我国参与的清洁发展机制交易项目已居于世界首位。[1] 在不断参与清洁发展机制交易的过程中，为规范交易行为，我国于 2005 年正式出台了《清洁发展机制项目运行管理办法》，进一步推动了清洁发展机制交易市场的发展。2006 年国务院批准建立中国清洁发展机制基金及其管理中心，并于 2007 年 11 月正式启动运行，在国家层面支持和推进清洁发展机制交易市场更好地发展。2010 年 9 月 14 日，财政部等七部委联合发布《中国清洁发展机制基金管理办法》，进一步规范和扩大基金业务。2022 年，《中国清洁发展机制基金管理办法》进行了修改。应当说，清洁发展机制基金对资金的管理和利用为我国参与清洁发展机制交易、推进这一最早建立的市场继续保持活力发挥了重要作用。

（二）自愿性碳排放权交易市场的尝试

为了进一步扩大碳排放权交易范围和规模，我国还尝试进行了少量的自愿性碳排放权交易，并先后成立了一些交易场所，例如，2008 年 8 月

---

[1] 张晓涛、李雪：《国际碳交易市场的特征及我国碳交易市场建设》，《中国经贸导刊》2010 年第 3 期，第 24 页。

以来，我国首批成立了北京环境交易所❶、上海环境能源交易所、天津排放权交易所等三家交易所，均可以进行碳排放权交易。2009年8月，北京环境交易所促成我国第一笔场内自愿减排交易，上海天平汽车保险股份有限公司成为国内第一家在交易所内购买自愿碳减排验证减排量（voluntary emission reduction，VER）实现碳中和的买家。❷ 但已有尝试主要是在北京奥运会、上海世博会等特定背景下产生的，并未形成连续的市场。2009年12月，哥本哈根联合国气候大会期间，由北京环境交易所联合法国布鲁奈斯特环境交易所（BlueNext）发起建立的我国第一个自愿碳减排标准——熊猫标准发布，为国内自愿碳减排市场提供了能力建设，并促进了具有显著扶贫效果的农林行业减排项目的开发。此后，昆明环境能源交易所、大连环境交易所也相继成立，进一步推动了碳排放权相关交易。尽管如此，自愿性碳交易市场仍然没有得到充分的发展。

（三）强制性碳排放权交易的试点探索

2011年10月，国家发展和改革委员会发布了《国家发展改革委办公厅关于开展碳排放权交易试点工作的通知》（发改办气候〔2011〕2601号），正式批准北京、天津、上海、深圳、重庆、广东和湖北五市两省在2013—2015年开展碳排放权交易试点工作。据此，相关试点省市相继开启碳排放权交易试点探索工作，深圳于2013年6月启动，上海和北京于2013年11月启动，广东和天津于2013年12月启动，湖北于2014年4月启动，重庆于2014年6月启动。从七省市碳市场试点情况看，主要形成了以下几个方面制度经验：

（1）制定了较为丰富的政策法规体系。各试点地区都结合自身实际制定了试点工作实施方案，并采取立法先行，制定了大量的规范性文件，包括地方性法规和地方政府规章，为试点工作提供了充分的法律政策依据。

---

❶ 2020年，根据北京市委市政府关于绿色金融的工作部署，北京环境交易所更名为北京绿色交易所。

❷ 熊焰：《低碳之路：重新定义世界和我们的生活》，中国经济出版社，2010，第198页。

（2）对配额管理进行了严密论证和设定。在配额总量和管控目标上，各试点均明确采取相对总量控制原则，即追求"碳排放强度"一定比例的下降，保障了地方经济发展与产业低碳转型的并行发展。❶ 在覆盖范围上，除重庆把六种温室气体均纳入管控和交易范围外，各试点地区均以二氧化碳为主。在纳入管控的行业和企业方面，各试点地区略有差异，但主要是把电力、水务、燃气、钢铁、化工、水泥等排放量较大的行业，以及这些行业中具有重要地位、排放量较大的企业纳入管控。在配额分配方面，上海、北京、湖北及重庆等主要采用无偿分配的方法进行分配，深圳、广东和天津则采取无偿分配和有偿分配相结合的方式。在具体的免费配额确定标准上，主要采取的方法有历史排放法、历史强度法、基准线法等三种。

（3）在报告核查方面，各试点地区均制定和实施了对重点排放单位的监测，确立了量化核算方法和报告指南等具体规则，重视加强核查工作。

（4）在市场交易方面，各试点地区均建立了包括交易主体、配额签发与登记、交易与结算系统在内的交易机制。

（四）全国统一碳市场的构建形成

在经过试点地区的充分试点后，我国开始构建全国统一碳市场。2017年12月，经国务院同意，国家发展和改革委员会印发了《全国碳排放权交易市场建设方案（发电行业）》，宣告电力行业的全国统一碳市场正式开始构建。根据该方案规定，电力行业全国碳市场建设分三阶段稳步推进：第一阶段是基础建设期，用一年左右的时间，完成全国统一的数据报送系统、注册登记系统和交易系统建设。深入开展能力建设，提升各类主体参与能力和管理水平。开展碳市场管理制度建设。第二阶段是模拟运行期，用一年左右的时间，开展发电行业配额模拟交易，全面检验市场各要素环节的有效性和可靠性，强化市场风险预警与防控机制，完善碳市场管理制度和支撑体系。第三阶段是深化完善期，在发电行业交易主体间开展配额

---

❶ 孟早明、葛兴安等：《中国碳排放权交易实务》，化学工业出版社，2017，第53页。

现货交易。交易仅以履约（履行减排义务）为目的，履约部分的配额予以注销，剩余配额可跨履约期转让、交易。在发电行业碳市场稳定运行的前提下，逐步扩大市场覆盖范围，丰富交易品种和交易方式。创造条件，尽早将国家核证自愿减排量纳入全国碳市场。

在经过较长时间的酝酿准备后，生态环境部于2020年12月31日发布了《碳排放权交易管理办法（试行）》，2021年5月14日发布了《碳排放权交易管理规则（试行）》《碳排放权登记管理规则（试行）》《碳排放权结算管理规则（试行）》等三项碳排放权交易规则。至此，全国统一碳交易的相关立法工作初步完成，为正式开启交易做好了法律准备。根据规定，重点排放单位以及符合国家有关交易规则的机构和个人，是全国碳排放权交易市场的交易主体。温室气体重点排放单位是指属于全国碳排放权交易市场覆盖行业，且年度温室气体排放量达到2.6万吨二氧化碳当量的企业。交易中心设在上海环境能源交易所，登记结算中心设在湖北碳排放权交易中心。2021年7月16日正式开始上线交易，开盘价为48元/吨，首笔成交价为52.78元/吨。此后，全国碳排放权交易市场稳健运行，第一个履约周期已经顺利完成，第二个履约周期也已经开始。

四、困境突破与机制创新：我国未来碳市场的发展走向

（一）清洁发展机制和自愿性碳市场的经验累积和困境突破

应当说，我国对清洁发展机制交易的参与以及相关立法的制定，是我国碳排放权交易制度的有益尝试，积累了一定经验。北京、上海和天津的三大碳排放权交易所也进行了一定的自愿性碳排放权交易活动，保持着自愿性碳排放权交易的开放空间。然而，在全新的气候变化应对形势下，我国参与清洁发展机制市场交易和发展自愿性碳交易市场，都面临很大的困境和挑战。

首先，尽管我国已经成为全世界核证减排量一级市场的最大供应国，但因缺乏自己的碳排放权集中交易平台，不具备价格发言权，只能向发达

国家提供廉价的核证减排量，始终处于国际碳市场价值链低端位置。❶ 同时，现有的立法规定也难以满足我国广泛参与清洁发展机制市场、实现自身权益的法律保障需要。2005 年制定、2011 年修订的《清洁发展机制项目运行管理办法》在面对《巴黎协定》之后的国际清洁发展机制市场新的形势和问题时还存在不足之处，需要及时更新。

其次，《巴黎协定》达成以来全新形势下我国必将面临更大的碳减排国际和国内压力。从国际层面看，我国在 2008 年后开始取代美国成为全球碳排放总量最大的国家，一些发达国家一直要求我国承担更多的减排责任，包括承担强制性减排义务。从国内层面看，现行经济发展模式高度依赖高碳能源的消耗，在能源枯竭和气候危机的压力下，必须加快推行节能减排计划，实施经济增长的低碳化转型。因此，我国必须进一步加强碳交易市场建设，其中清洁发展机制市场和自愿性市场是重要部分，需要发挥更多更大的作用。然而，清洁发展机制市场面临着巨大的不确定性风险，在国家自主贡献的要求下清洁发展机制交易中出售方与购买方之间只能有一方（购买方）计算减排量，❷ 如果出售方不能将项目实现的减排量也算作自己国家的自主贡献，那么出售方的市场积极性将会大幅减弱。毕竟，出售方虽然主要是发展中国家，承担的自主贡献义务相对发达国家少，但与《京都议定书》时期不承担强制性减排义务相比增加了很多。如果只能通过清洁发展机制交易获得一些技术或资金，则要么参与积极性大幅降低，要么技术或资金的价格大幅提高，无论哪种情况都会导致这一市场的萎缩。因此，我国必须充分关注这一风险，在关于《巴黎协定》第 6 条实施细则的国际谈判中以及在这一市场的发展建设中作出相应的准备和应对。

最后，在实现"双碳"目标、发展低碳经济背景下，我们要进一步推

---

❶ 冷罗生：《构建中国碳排放权交易机制的法律政策思考》，《中国地质大学学报》2010 年第 2 期，第 20 页。

❷ 《巴黎协定》第 6 条第 5 款规定：从本条第 4 款所述的机制产生的减排，如果被另一缔约方用作表示其国家自主贡献的实现情况，则不应再被用作表示东道缔约方自主贡献的实现情况。

进自愿性交易市场的发展，特别是在强制性的地方试点交易市场和全国统一交易市场的范围还比较有限的情况下，构建强制性与自愿性相结合的多层次碳交易机制更有必要性。当然，自愿性交易市场的发展必然是缓慢的，需要建立在整个社会在应对气候变化、主动进行碳减排的道德责任意识不断发展的基础上。但是我们也可以采取一些政策立法来加以引导和促进，如金融优惠待遇和税收优惠政策等。北京、上海和天津三大交易所也需要积极进行灵活创新，推进自愿性交易市场的发展。

（二）强制性碳排放权交易试点工作的未来困境与发展选择

毋庸置疑，我国七省市强制性碳排放权交易试点工作取得了较大成就，积累了不少有益经验，为我国统一碳市场的构建形成奠定了良好基础。但是在全国碳市场开始运行后，地方性试点交易市场未来何去何从，已成为相关试点地区的困惑。虽然目前给出的方案是继续做好全国碳市场覆盖行业之外的行业碳排放权交易试点工作，但是如何做好定位、选择合适的发展方向和路径，仍需要慎重考虑、科学决策。具体来说，未来需要继续做好以下两个方面的工作：

一是要解决好一些目前普遍存在的痛点和难点问题，例如，试点市场交易的流动性不足，交易规模和活跃度均不够理想，难以发现和形成有效价格。各地区制定的地方法规、规章和规范性文件相对粗糙，不够系统，可操作性还有待提升。管理体制还需要进一步理顺，监管制度方面不够合理高效，需要进一步增强透明度等。

二是要找准自身定位，结合地方特色，进一步在交易产品和交易机制上进行创新探索，一方面形成自己的特色化发展方向和领域，另一方面需要继续为全国碳市场的进一步扩容提供经验支持。

（三）全国碳市场的进一步发展：加强产品创新、金融支持与法治保障

我国统一碳市场已经运行一周年，应该说总体平稳、态势良好。但

是，在我国"双碳"目标实现的路径中，碳排放权交易市场是至关重要的一部分，肩负着重大的责任。接下来如何进一步发展壮大，发挥其应有的更大的作用，还需要我们进一步探索创新，不断完善。具体来说，关键在于三个方面的突破创新：

一是要进行产品创新，扩大覆盖范围。目前，全国碳市场上已经正式启动了以电力行业为主要对象的碳排放权交易，品种单一，覆盖范围很窄。当然，这是初期引入阶段的合理选择。但时不我待，我们还需要加快产品创新力度和速度，继续引入新的交易品种、扩大覆盖范围，例如，尽快把电力以外的其他重点行业纳入进来，以及把碳汇产品也尽快引入市场。

二是要加大金融支持力度，发展碳金融。碳交易市场的活跃，离不开资金的投入与支持。围绕着交易市场需求加大投融资支持力度，逐步引入投融资主体，适度开发信贷、证券、保险和基金等碳金融产品及衍生品，进一步提升碳市场的市场化程度。

三是要加强法治建设，提供更强的法治保障。法治是市场发展繁荣的重要基础，是权利义务实现的重要保障。目前，虽然已经有一个办法三项规则，建构起了初步的法制框架，但对于支持和保障碳交易市场发展壮大来说是远远不够的，还需要进一步加大法律制度建设，包括立法、执法和司法层面。确保碳交易活动的全过程和碳市场发展的各环节都有法可依、有法必依、执法必严、违法必究，为碳市场持续快速发展提供一个坚实可靠的秩序环境。

第三章

碳排放权交易的基础制度与交易规则

第一节 碳排放权交易的基础制度

一、碳排放权交易的权利基础：碳权利[*]

（一）碳权利的提出

在碳排放权交易制度的发展实践中，形成了关于"碳"的很多概念和观点。例如，把碳排放权交易简称为碳交易，把碳排放权看作一种资产、一种商品；还有从碳金融角度出发，把碳排放权看作一种货币；也有学者把碳排放权视为一种证券。[1]无论是碳资产、碳商品、碳货币还是碳证券，

---

[*] 本部分内容是笔者发表在《南京大学学报（哲学·人文科学·社会科学版）》2017年第2期上的一篇论文《碳权利的提出及其法律构造》中的一部分，并根据最新情势发展做了适当修改。在此特别说明，同时也向《南京大学学报（哲学·人文科学·社会科学版）》及其编辑老师表示感谢。

[1] Jillian Button, "Carbon: Commodity Or Currency? The Case For An International Carbon Market Based On The Currency Model", Harvard Environmental Law Review, vol.32, 2008, p.575.

人们都发现了碳排放权所蕴含的财产性价值，换言之碳排放权是一种新的财产。正如有学者所指出的那样，新的财产不断出现并日益重要是一个毋庸置疑的现象，尽管法律上如何看待这些新财产还有很多讨论的空间。❶除了碳排放权，碳财产的清单中还有碳汇，包括土地、草原、森林等生态系统自然形成的碳汇，基于碳捕捉、封存技术手段形成的碳汇，以及海洋生态系统形成的碳汇，这些也具有财产价值，能够成为交易对象。

在对上述现象和行为活动的观察、描述和研究中，碳权利的概念开始被提出，用来指代碳排放权、碳汇等具有财产性内容的各种利益，被视为一种新型的产权。不可否认，碳权利的提出有着深厚背景和一定的必然性。它一方面用来解释碳交易中存在的相应利益，另一方面为了赋予碳交易标的——排放权抑或碳汇——一件确定性"外衣"，即明确交易标的的内容和性质是一种权利。这对碳交易的合法规范进行并不断发展壮大，无疑有着重大意义。然而，当前关于碳权利的概念界定是十分粗浅的，或者说没有一个准确的定义；各种认知观点也十分混乱，并不能明确碳权利究竟是怎样的一种权利。具体来说，主要有以下几个方面的问题或争议：

一是碳权利是一项法律性权利吗？抑或只是对一种或一些利益的描述？从相关国家立法情况来看，绝大部分国家的法律对其都没有予以明确规定，只有少数国家或地区进行了相应规定，例如，澳大利亚的西澳大利亚州在 2003 年 6 月 30 日出台了《碳权利法案》，该法案对碳权利的概念、创设和契约交易进行了规定；但其对碳权利的界定和规范主要限定在林地产生的碳汇方面。❷

二是碳权利与传统的权利体系关系是怎样的？碳权利是私权利吗？是一种物权吗？其法律性质如何？与同为新型权利的环境权关系如何？等等。这一部分很不明确，目前也缺乏深入系统的研究。

---

❶ Charles Reich, "The New Property After 25 Years", University of San Francisco Law Review vol.24, 1990, pp.223-225.

❷ "Carbon Rights Act 2003", http://www.austlii.edu.au/au/legis/wa/consol_act/cra2003143/, last visited at 26th March, 2022.

三是碳权利是否只是财产性权利，有无人格权内容？目前普遍关注的均是碳权利的财产性内容，很少有人论及碳权利的人格权内容。这表明碳权利的不成熟性。

综上所述，气候变化应对中创设的各种制度措施及其发展实践产生了与碳相关的各种利益，并由此提出了碳权利的概念。但碳权利的概念、性质、内容等都比较粗浅、模糊，缺乏相关法律上的肯认和构造，无法满足应对气候变化、发展碳市场等实际需要，亟待予以研究和完善。严格意义上说，尽管"碳权利"一词已经在一些文献和立法中被使用，但并没有在法学意义上被正式提出。

（二）碳权利的概念与性质

1. 碳权利的概念界定

从当前对碳权利的认知观点中看，人们对碳权利的理解主要是一种财产性利益。这主要源自我们最早认识到碳权利的价值是基于碳排放权交易的制度设计和实践发展。无论是欧盟的碳排放权交易系统，还是芝加哥的气候变化交易所，抑或美国东北部地区的区域温室气体计划，我们都能看到碳的价格形成和利益实现。而在澳大利亚的西澳大利亚州的《碳权利法案》中，碳权利被界定为一种以碳权利形式被登记和创设出来的、土地上的独立利益，[1] 该利益产生和存在的基础则是土地上的林木等资源的碳汇作用。因此，这一语境下碳权利被定义为一种新型的特殊性财产权利，通过特定的碳交易机制来加以实现。

然而，这一碳权利的概念认知只是对一种表面现象的观察和概括，不但没有触及碳权利的本源，更没有涵括碳权利的全部，也因此导致我们对碳权利的理解粗浅而模糊，在实践中引发诸多歧义。

首先，基于碳交易机制体现和实现的财产性碳权利，并非碳权利的本

---

[1] "Carbon Rights Act 2003", Part 2, Article 5 and Article 6, http://www.austlii.edu.au/au/legis/wa/consol_act/cra2003143/s6.html, last visited at March 25th, 2022.

源，而只是一种衍生性的碳权利，其本源则是碳排放权利。之所以会有此种衍生权利，是由于对碳排放量的总量控制，使排放权具有了稀缺性。从经济学角度而言，稀缺性意味着相应的利益和价值。在创设出了市场化的交易机制后，无须真实排放二氧化碳，碳排放权的交易和碳汇的形成就能够创造价值和实现利益，从而衍生出新的碳权利。

其次，之所以会对碳排放量进行控制，是由于要应对气候变化问题，而气候变化应对的宗旨和价值目标是气候生态安全，这意味着对人类生活在一个健康安全的气候环境中的权利保障。在此意义上，碳权利也是指一种享有或生活在健康安全的气候生态环境中的权利。因此，碳权利其实是一种生存权。[1]

综上所述，碳权利的内涵和外延是比较丰富的，如果对其概念进行科学而周延的界定，应该是指相关主体享有健康安全的气候生态环境权利，以及在这一基础上合理利用气候环境进行碳排放的权利和基于碳交易等机制形成的衍生性权利。

2. 碳权利的性质辨析

除了碳权利的概念问题，其本质属性如何也是碳权利存在问题或争议的主要领域。具体包括以下几个方面：

碳权利是法律权利还是只是一些实际存在的利益？毫无疑问，法律权利必然意味着一定的利益，但仅仅是一些实际存在的利益，并不必然构成法律上的权利。从实然中的利益上升为法律权利，需要一定的条件和过程，即需要法律上的认可和具备相关要素条件。相关要素条件形成和确定的过程就是该权利的法律构造过程。碳权利的正式提出，就是要把之前已经实际存在的相关利益，通过法律化程序，构造成法律权利。

碳权利是一种新型权利还是一个新型的权利束？根据前述对碳权利提出的背景考察以及对碳权利的概念界定，我们认为碳权利较之于传统权利

---

[1] Svitlana Kravchenko, "Right to Carbon or Right to Life: Human Rights Approaches to Climate Change", Vermont Journal of Environmental Law, vol. 9, 2008.

是新型的权利束,并且其内涵和外延十分丰富多样,并非某一种权利能够概括和容纳。这也是现代权利发展的复杂化和多样化特点的体现。因此,碳权利更多呈现为一个新型权利束或者说权利体系。例如,健康安全的碳环境权❶、碳排放权、碳汇权等都是碳权利的具体体现。

碳权利是财产权还是人身权?尽管碳权利最初的提出是基于对财产性利益的保护和实现,作为这一财产性利益的本源——碳排放权也常常表现为财产性权利,也有学者将这类权利定性为准物权;❷但这并不意味着碳权利仅有财产性权利内容。作为一个新型权利束,碳权利体系中所包含的健康安全的碳环境权,也具有一定的人身性权利内容。

碳权利的私有性与公共性问题。无论是碳排放权、碳汇权还是健康安全的碳环境权,从权属状况看都体现为一种私有权利。特别是碳排放权和衍生性的碳汇权,都具有可交易性,更是充分体现了其私权利的本质。然而,这些并不能否定碳权利也具有一定的公共性特点。首先,健康安全的碳环境权在体现为个体私有的同时,基于碳环境本身的公共物品属性,该项权利也具有公共性的意味。其次,碳排放权的享有是被严格限制的,须依据相关公法规范而产生,且须经严格的行政许可程序予以确认。❸这些都表明,碳权利在公、私属性方面的复杂性和复合性。

碳权利与环境权之间的关系问题。环境权是随着环境法的发展,基于环境法治现实需求而提出的新型权利。尽管对环境权的主体、客体、内容、种类等尚未达成完全统一的共识,但环境权已经为大多数国家立法和司法实践所承认和接受。关于环境权的概念也有很多界定方法和角度,一个较为普遍的观点是:所谓环境权,就是为环境法律关系的主体享有适宜

---

❶ 此处所指的碳环境权,就是指气候生态环境权。在本书语境下,这两个概念是相同的,可以互换使用。其理由是,碳环境是对气候生态环境中最关键要素——碳的含量和浓度的具体说明和指代,尽管气候生态环境不能等同于碳环境,但鉴于当下主流观念中气候问题主要就是碳排放问题,碳环境和气候生态环境所指向的问题是相同的。

❷ 邓海峰:《排污权:一种基于私法语境下的解读》,北京大学出版社,2008,第81页。

❸ 邓海峰:《海洋环境容量的物权化及其权利构成》,《政法论坛》2013年第2期,第135页。

健康和良好生活环境以及合理利用环境资源的基本权利。❶那么，碳权利与环境权之间是怎样的关系呢？笔者认为，碳权利是环境权的下位概念，属于环境权体系中的一个分支。之所以得出这一论断，是基于以下几点理由：

首先，碳权利是与气候生态环境相关的权利。健康安全的碳环境权和碳排放权就是环境权内容在气候生态环境方面的具体体现。即便是作为衍生性的权利——碳汇权等，也不能完全脱离气候生态环境而存在。

其次，碳权利与环境权的同质性。从近年来环境权的理论与实践发展情况看，环境权也不是一项单独的权利，而是一个权利束。这一点与碳权利的性质和特点完全相似或相同。

最后，碳权利的产生背景和目标与环境权具有一致性，碳权利是环境权发展的深入化和细分化产物，其根本目标都是保护生态环境。

（三）碳权利的法律构造

从一种实际存在的利益到应然的权利再到法定权利，还需要我们从法律层面对碳权利进行规范化构造。即根据法定性权利的要素要求，厘清或界定出碳权利的主体、客体和相应内容构成，从而消减碳权利的模糊性和不确定性。在权利分类多样化，权利分工细致化的法制下，目标多层次和作用对象的复合结构时常需要法律配置复合性的权利构成。❷因此，碳权利的法律构造较之于传统权利而言，无论是种类、主体、客体还是具体内容，都将更为复杂。

1. 碳权利的具体种类

无论是基于碳权利本身的特点，还是实践需求，碳权利都不应是一项单独的权利，而是一个权利束，由多项权利组成。立基于气候正义理论，根据保护气候生态安全和实现低碳化发展这一宗旨，适应于应对气候变化

---

❶ 周珂:《生态环境法论》，法律出版社，2001，第88页。

❷ 崔建远:《准物权的理论问题》，《中国法学》2003年第3期，第80页。

的各项制度需求和当下实践需要，碳权利体系中应当包括作为基本权利的健康安全的碳环境权、碳排放权以及衍生性的碳汇权。作为一个快速发展的新型权利体系，也许未来发展过程中还会产生新的权利种类，但目前阶段应当尽快予以确立和进行构造的就是这三种具体权利。

2. 健康安全的碳环境权

（1）主体。正如有学者所指出的，环境权建立的客观基础是环境的生态利益，而对于良好环境的生态利益的享受，是以生物体的认知能力、感官功能为基础的，因此只有生物体才可能是环境权的主体，法人、单位和国家等法律拟制主体不是环境权的主体。❶ 尽管笔者并不完全同意该观点将法律拟制主体排除在环境权主体范围之外，毕竟环境权也是一个权利体系，其权利主体必然是多样化的；但笔者也认为，以环境的生态利益为客体的权利主体只能是能够感知和享受生态利益的生物体，这一点同样适用于碳环境权。因此，碳环境权主体也只能是生物体。当然，关于环境权主体的争论十分激烈，人类以外的其他物种能否成为权利主体存在巨大分歧。本书不打算对这一方面进行展开讨论，而是采用当前发展阶段更占有优势地位的观点——只有人类才是权利主体，将碳环境权的主体也限定在自然人或公民。

（2）客体。权利的客体是权利设立的基础，❷是权利和义务所指向的对象。对于碳环境权来说，其设立的基础就是气候生态环境。与碳环境权利相对应的是保护气候生态环境、遏制和减缓气候变化的义务，两者共同指向的对象也是气候生态环境。作为客体的气候生态环境是一个概括的概念，其具体内容又包括了相关自然要素和基本气候现象。相关自然要素是指说明气候状态的各种基本物理量，例如，气压、温度、湿度，以及各种气体含量、浓度和构成比例等。其中与气候生态环境关联最为紧密的是二氧化碳、甲烷等温室气体在大气中的浓度和比例。基本气候现象则是指气

---

❶ 王社坤：《环境权构造论》，《清华法治论衡》2011年第1期，第370页。

❷ 方新军：《权利客体的概念及层次》，《法学研究》2010年第2期，第36页。

候生态环境的具体表现形态，如降水、云雾、雷暴、大风以及极冷和极热天气等。

（3）内容。权利内容是指主体对客体及其所承载的利益的享有和利用。据此，健康安全的碳环境权的内容是指作为权利主体的公民或自然人，享有一个健康安全的气候生态环境，能够在这样一个环境中生活和发展。但这是一个相对抽象的内容描述，要更好地理解和确定这一权利内容，需要进一步的分析和具象化。

首先，何为"健康安全的气候生态环境"，需要进行界定。"健康安全"的标准并非主观的臆想，而是有着客观的标准和依据的，完全可以通过先进的技术手段、监测工具等来进行设立并加以衡量评判，从而形成科学完善的标准体系。

其次，"健康安全"的标准并不等同于"优美""高品质"等环境标准。前者是一种基本的、底线性的标准，在法律规范中通常表现为一种强行性的法定标准，其制定的理论依据主要包括"忍受限度"等理论。后者则意味着更高的质量要求，是一种改善性标准，有时并不在法律规范中加以规定，即便加以规定也往往表现为鼓励性的标准。

最后，健康安全的碳环境权在具体形态上，除实体性的权利内容以外，还包括碳环境知情权、气候生态保护参与权和以诉讼权为主要形式的救济权。

3. 碳排放权

（1）主体。碳排放权是指有关主体基于生理活动、生活活动或生产活动的需要，而向大气中排放二氧化碳的权利。如果从气候生态环境保护的角度考虑，健康安全的碳环境权是一种积极性的权利，而碳排放权则是一种消极性的权利。在权利主体方面，如果是基于生理活动或基本生活需要而排放二氧化碳的，其主体是公民个人；如果是基于生产经营活动需要而排放二氧化碳的，其主体则表现为公司、单位或相关组织等法律上拟制的主体。

（2）客体。碳排放权设立的基础也是气候生态环境，但其权利义务共同指向的对象，则具象化为气候生态环境的碳容量。所谓"碳容量"，是指在保证气候生态环境的健康安全标准下，所能够容纳的二氧化碳量或者说所能够接受的二氧化碳浓度。由于"健康安全的气候生态环境"的前置性约束，作为权利客体的气候生态环境的碳容量是有限的，具有较强的稀缺性。

（3）内容。碳排放权利的内容实质上是对气候生态环境的碳容量的利用，结果上体现为排放出一定量的二氧化碳。基于权利主体的不同，碳排放权利的内容表现也存在较大的差异。

公民个人的碳排放权是基于生理活动、基本生活需要而设立的，其内容具体表现为生理性的碳排放，如基于呼吸等人的生理活动需要排放二氧化碳；以及基于基本生活需要而进行的碳排放，如使用煤炭或燃烧木材取暖或做饭等。公民个人的碳排放权是一种基本权利，一般不可以进行转让和交易。

公司等营利性组织的碳排放权是基于生产经营活动的需要而设立的，其内容具体表现为实现经济利益和经济发展而进行生产或经营，排放二氧化碳。例如，发电厂在发电过程中排放二氧化碳，钢铁公司在炼钢生产过程排放二氧化碳，等等。公司的碳排放权是一种经济权利，可以进行转让和交易。

机关事业单位、社会团体等非营利性组织的碳排放权是基于其行政事业活动或公益性活动的需要而设立的，其内容具体表现为该类单位或组织为了履行其职责或实现其目标宗旨，而从事相应的行政事业或公益性行为活动中排放二氧化碳。该类非营利性组织的碳排放权具有公益性，一般不可以进行转让和交易。

4. 碳汇权

碳汇是指对空气中二氧化碳进行吸收、固定、存储和转化的能力、行为或结果，与之相对应的是碳源。碳汇的形成意味着大气中碳含量的减少。形成碳汇的方式和途径有很多，但基本上可以分为两大类：一类是基于土地、草原、森林和海洋等生态系统功能而自然形成的方式；另一类是通过人工手段对空气中的碳进行捕捉和封存的方式。碳汇权则是基于碳汇的形成而产生或设立的一种权利，其价值在于从公平和效率的基本原则出发，赋予形成碳汇的相关主体以法律上的利益，鼓励和促进碳汇的开发和生产。

（1）主体。根据碳汇形成的不同方式和途径，碳汇权的主体也随之不同。通过第一类方式形成的碳汇，也即基于土地、草原、森林和海洋等生态系统功能自然形成碳汇，其权利主体是土地、草原、森林和海洋等生态资源的所有权人或使用权人以及其他类型的权益人。例如，以我国为例，基于森林资源所形成的林业碳汇，其权利人首先应当是林地所有权人；如果林地被农民所承包经营，除非有特别约定，则权利主体应是林地的承包经营者。通过第二类方式形成的碳汇，即碳捕捉和碳封存等手段形成的碳汇，其权利主体毫无疑问应是实施碳捕捉和碳封存的主体。

（2）客体。碳汇权能够产生或设立的基础前提，无疑是碳汇的存在。从这个意义上来说，碳汇就是碳汇权的客体。从碳汇的定义看，碳汇并不适宜作为客体。碳汇并不是某种物或者利益，而是对空气中二氧化碳进行吸收、固定、存储和转化的能力、行为或结果。那么碳汇权的客体究竟应该是什么？

考察国内外林业碳汇实践，在实施造林再造林，吸收和固定大气中的二氧化碳，并按照相关规则与碳汇交易相结合的活动和机制中，各方主体利益的集中体现就是碳减排量。[1] 只有碳减排量才具备权利客体的本质特征和构成要素，是碳汇权的客体。

（3）内容。作为一种衍生性权利，碳汇权的内容是通过碳汇活动而实现大气中碳含量的减少，产生碳减排量，进而通过一定的交易机制而实现或获取相应的利益。碳汇权的具体内容形态包括林业碳汇权、草原碳汇权、土地碳汇权、海洋碳汇权以及碳捕捉和碳封存形成的碳汇权等。

作为一项新型权利，基于相关资源的生态系统功能形成的碳汇权与这

---

[1] 林旭霞：《林业碳汇权利客体研究》，《中国法学》2013年第2期，第75页。

些资源本身的资源权,在内容上既密切关联又相对独立。以土地碳汇权为例,碳汇权需要依附在土地资源上,但又独立于土地使用权等传统权利。在土地权利的流转过程中,碳汇权既可以随土地使用权等相关权利一同转移,也可以独立转移。

碳权利是我们为了更有效、更深入地应对气候变化问题而必然提出和加以解决的问题,是一系列气候制度措施能否有效、规范地运行的关键之匙。科学、务实地界定碳权利的概念,厘清碳权利的本质属性和特点,梳理并协调碳权利与环境权及物权等传统权利之间的关系,并从法律层面对其进行构造,明确其主体、客体和内容构成,使之成为法律上的权利,具有重要的理论价值和实践意义。通过上述对碳权利的分析和权利制度的构建,我们可以对其中最为重要的碳排放权有着更为全面和深入的理解和把握,从而为碳排放权交易的具体实行奠定坚实的基础。此外,对碳汇权的分析和构造,也为我国碳交易市场适时引入碳汇交易提供了依据。

二、碳排放总量控制制度

碳排放权交易市场特别是强制性市场的形成发展之前提,就是必须进行明确的总量控制,制造出碳排放权的稀缺性;相关主体一旦进入市场,就必须接受总量控制的要求。在碳排放权交易市场中,总量控制的概念和方式被扩张了,包括绝对控制和相对控制两种。这两种控制方式在内容标准上是不同的,但在控制碳排放的价值目标上是完全一致的。[1]

(一)基于总量的绝对控制模式

对碳排放总量进行限定是严格意义的总量控制,即由政府气候变化主管部门来确定全国、地区或行业在一定时期内二氧化碳等温室气体的排放总量,参与这一排放权交易市场的所有主体在规定期间内的排放总和不得

---

[1] 李传轩:《生态经济法——理念革命与制度创新》,知识产权出版社,2012,第282页。

超出最高限定数量。具体而言，是政府为了实现温室气体减排目标，首先设定某个区域为温室气体排放控制区域，在该区域内根据法定标准选取一定行业以及行业内的重点排放单位，然后通过设定碳排放配额总量对一定时期内该区域内重点排放单位向大气中排放温室气体的总量进行限制，并要求纳入总量控制范围的重点排放单位在履约期间届满时须向政府提交与其实际温室气体排放量相等的碳排放配额。❶

绝对的总量控制模式优势十分明显，那就是简单高效，可以直接确定一个具体数量，也方便操作和参照。但也有其明显的劣势，那就是较为刚性，对经济发展以及具体行业和企业的冲击较大，不利于碳排放权交易的平稳推进。此外，一定时期全国碳排放总量以及某个行业的碳排放总量，有时也难以科学合理地确定；即便确定下来，还会受到国际气候谈判进程等因素的影响。

（二）基于碳排放强度的相对控制模式

碳排放强度是指每单位国民生产总值的增长所带来的二氧化碳排放量。该指标主要是用来衡量一国经济同碳排放量之间的关系。如果一国在经济增长的同时，每单位国民生产总值所带来的二氧化碳排放量在下降，那么说明即便其碳排放的绝对总量还有可能上升，但该国也已经实现低碳化的发展模式，为气候变化应对作出了贡献。基于碳排放强度的相对控制在确定初始的碳强度时也可以采用历史排放法和基准线法，可以说是一种混合式的相对控制模式。

基于碳排放强度的相对控制模式的优点在于，主要关注经济发展的低碳化转型表现与发展质量，而没有总量的刚性约束，不会影响到一个国家、地区或行业的发展速度和经济总量增长。但缺点也很明显，就是无法对碳排放总量进行精准控制。

---

❶ 曹明德、刘明明、崔金星等：《中国碳排放交易法律制度研究》，中国政法大学出版社，2016，第270页。

（三）我国碳排放总量控制的模式选择

考察两种不同的控制模式，相对而言，绝对控制模式更为清晰、直接，更有利于精准控制碳排放量，能够更好地实现碳减排目标；相对控制模式则对排放企业的冲击影响相对较小，对一国或区域的经济增长影响相对缓和，更容易为其适应和接受。因此，相对控制模式更适合政府碳减排压力相对较小，初步实施的碳交易市场或自愿性交易市场；绝对控制模式则更适合政府碳减排压力较大，相对成熟的碳交易市场或强制性交易市场。碳强度的控制要比碳总量的控制更加间接和温和，能够更好地协调与平衡碳减排目标和经济持续增长之间的矛盾和冲突。

两种模式没有绝对的好坏，但适合的国家或阶段是不同的。从我国的实际情况看，在过去十多年中，作为发展中国家，我们的快速发展时间还比较短，远远少于美国、德国和日本等发达国家，未来还将处于快速发展阶段；与此同时，在《京都议定书》下我国承担的碳减排压力较小，没有强制性减排义务。因此，我国当时采取的是基于碳强度的相对控制模式。2009年11月底在哥本哈根会议召开前夕我国提出了"清晰的量化目标"，决定到2020年单位国内生产总值二氧化碳排放比2005年下降40%~45%，[1]这就是一种基于历史排放基准线的碳排放强度控制目标，表明了我国政府的一种倾向。而在我国七省市的试点工作中，除了重庆采取了偏向于绝对化总量控制的模式外，其余试点地区均采用的是基于碳排放强度的相对控制模式。当然，重庆的模式选择一方面是基于自身实际情况，另一方面是肩负着国家关于试点工作多样化的目标要求这一责任。

时至今日，我国面临的情况发生了很大变化。首先，在《巴黎协定》下我国要承担"国家自主贡献"的碳减排责任，虽然根据"共同但有区别"的责任原则，发展中国家的"自主贡献"要求较之于发达国家要小得多，但较之于《京都议定书》下的责任要求明显要更重、更大。其次，我

---

[1] 国务院新闻办公室：《中国应对气候变化的政策与行动（2011）》。

国已经在国际上作出承诺，提出了"双碳"目标，即我国二氧化碳排放量力争在 2030 年前达到峰值，力争 2060 年前实现碳中和。这一承诺目标是有着绝对总量控制的要素和要求的。最后，我国已经于 2021 年 7 月 16 日正式开启全国统一的强制性碳排放权交易市场，必然也要求对碳排放进行总量的控制。基于上述三方面的情势理由，我国应当从基于碳排放强度的相对控制模式转向基于总量控制的绝对控制模式。

当然，在总量控制制度的实施方面，我们也需要根据"双碳"目标的总体要求来合理、稳健地确定近期、中期和远期的总量控制目标，综合考虑经济增长、产业结构调整、能源结构优化、大气污染物排放协同控制等因素，防止出现风险波动，适时对总量控制目标进行动态调整。

三、碳排放配额分配制度

（一）关于配额分配的基本思路

对于绝对控制模式下的碳排放配额分配，由于有着明确具体的总量额度，可以在开始之前就做好排放许可分配工作。但由于二氧化碳等温室气体排放远远不如污染物排放控制的环境条件严格和成熟，碳排放许可的分配应该更多地采用比较宽松的无偿分配方式。基准线控制模式下的排放许可分配则比较特殊。由于是一种基于基准线的信用型交易，其配额事实上是在碳排放发生后、履行期到来时，才进行清查，赋予已经发生的、符合标准的碳排放以许可的。这是一种事后型的许可分配。超出基准线的碳排放是不被许可的，需要购买相应的额度；低于基准线的碳排放则是被鼓励的，将赋予其相应的额度以供卖出或储存。[1]

如前所述，我们应该选择基于碳排放强度的相对控制模式，并根据历史排放法和基准线法确定配额总量，这在一定程度上可以较好地避免前面两种模式的弊病。然而，在进行相关分配方面，应当坚持公平原则、效率

---

[1] 李传轩：《生态经济法——理念革命与制度创新》，知识产权出版社，2012，第 284 页。

原则和透明度原则，进行合理分配。

(二)配额分配的模式选择

1. 无偿分配模式

无偿分配也称免费发放，主要使用祖父法则来确定发放给相关企业的排放配额，即根据排放企业过去一段时间内（一般为 3 年或 5 年）的碳排放量作为数据基础，结合总量控制目标要求，来确定排放企业的碳排放额度，并免费分配给相关企业。

无偿分配排放配额的模式对个体企业以及所在产业的冲击和影响相对较小，能够为相关企业和所在行业提供一个缓冲期，以慢慢适应碳减排压力。因此，一般适用于碳排放权交易市场设立初期阶段。从欧盟碳市场发展情况来看，在其第一阶段和第二阶段都是以无偿分配为主要的碳排放配额分配模式，直到第三阶段即 2013 年之后，才转向了有偿分配的模式。但是，无偿分配模式也有着明显的弊端。首先，没有考虑"增量"问题，对于新进入企业不公平，甚至会阻碍新企业进入，不利于行业的健康发展。其次，对于已经提前进行碳减排控制、降低了碳排放量的企业来说也不公平，其先行开展碳减排行动反而受到了实质意义上的"惩罚"。最后，免费发放配额的方式可能会造成市场扭曲，因为有些排放量大的企业会得到免费使用权，相当于获得了隐性补贴，所以提高排放效率的计划可能会被搁置。❶

2. 有偿分配模式

有偿分配模式是指排放企业要获得碳排放配额，需要支付一定的价格或对价。具体做法上，有偿分配包括了定价出售、拍卖等方式。

定价出售是由政府根据总量控制目标要求、相关企业历史排放情况、企业和行业的经济承受能力等诸多因素来考虑确定排放额度及其价格，由

---

❶ 王济干、吴凤平、张婕、程铁军等：《中国碳排放初始权和谐配置方法研究》，科学出版社，2022，第 22 页。

排放企业根据需要进行购买。定价出售的分配方式一般是由政府主导，企业自主参与，体现出政府力量与市场力量的协同实施，是政府与市场相结合的分配机制。

拍卖则是一种高度市场化的有偿分配方式，由政府根据总量控制目标要求、相关企业历史排放情况、企业和行业的经济承受能力等诸多因素来考虑确定排放额度，但并不确定排放额度的价格，而是由参与拍卖的企业中出价最高的获得排放额度，所以说，价格是由企业也即市场机制形成的。拍卖的方式对于排放企业来说是一种更加公平地获得排放额度的方式，能够更加真实地反映气候生态环境容量的价值，高效发现和揭示碳排放额度真实的市场价格，从而能够最大化地降低碳减排行动的平均成本。美国是第一个将进入市场中的全部碳排放权配额采取拍卖方式进行分配的国家，其区域温室气体计划就采取了拍卖的方式进行碳排放额度分配。欧盟在其碳市场发展的第三阶段也即2013年以后，也转向了拍卖的排放额度分配方式。一般来说，有偿分配模式特别是拍卖模式，适用于碳排放权交易市场发展相对成熟的阶段。

3. 我国配额分配的模式选择

我国目前试点工作中大部分地区采用了无偿的分配方式，少部分地区采取的是无偿和有偿相结合的分配方式，总体来说，无偿分配方式是主流。就全国统一碳市场建设和实际运行来说，目前采用的是无偿分配方式。《2019—2020年全国碳排放权交易配额总量设定与分配实施方案（发电行业）》（国环规气候〔2020〕3号）规定，对2019—2020年配额实行全部免费分配，并采用基准法核算重点排放单位所拥有机组的配额量。重点排放单位的配额量为其所拥有各类机组配额量的总和。国家生态环境部2021年出台的《碳排放权交易管理办法（试行）》第15条规定："碳排放配额分配以免费分配为主，可以根据国家有关要求适时引入有偿分配。"

无论是从我国已有的试点经验来看，还是结合我国当前的实际情况，我国碳排放配额分配都应该采用无偿分配与有偿分配相结合的模式。在全国统一碳市场发展的初期，无偿分配的额度应当更多一些；随着市场不断发展成熟，排放企业也已逐渐适应碳减排的压力和熟悉碳交易的规则，则应当把更多的额度采用有偿的方式分配，而在有偿分配方式的选择上，也同样需要综合考量市场主体的承受力和价格的稳定性问题。在市场发展初期，可以较多采用政府定价出售的方式，以政府指导价来促进市场的稳定发展，避免价格的过大波动；而在市场发展成熟时期，则可以更多采用拍卖的方式出售排放配额，充分发挥市场机制的价格发现和资源高效配置功能。

第二节 碳排放权交易的市场规则

尽管参与的主体在性质上、规模上可能都不一样，但无论是强制性市场还是自愿性市场，都遵循着相同的市场规律，有着基本相同的市场运营制度结构。当然，在具体内容上两者会存在一定的差异。我国目前碳排放权交易制度建设的重心在强制性碳市场方面，特别是全国统一碳市场的发展建设。碳市场的发展需要法律制度保障，如何构建起一套完备的制度体系是碳市场成功的关键。而整个制度体系中市场运营制度又是中心，构成了关键核心的市场规则体系。具体来说，碳排放权交易的市场规则主要包括如下内容。

一、交易主体

（一）一般意义上的碳市场交易主体

一般来说，交易主体是参与到碳市场中对碳排放配额进行买卖的单位或个人。从法律意义上，交易主体就是买卖双方当事人，是碳市场的核心要素，也是碳交易规则最重要的规制对象、最主要的执行和遵行主体。特别是碳市场的准入规则，就是围绕着交易主体来设定的，决定了交易主体的性质和数量。

在初步尝试阶段的自愿性市场，其交易主体是在限定行业的前提下，由确定试点行业中的企业自愿参加，具有一定的开放性。如果是成熟阶段的自愿性市场，则可以对所有行业，甚至国内外的企业开放。而对于强制性市场，交易主体是选定行业的所有产生碳排放的企业。除此之外，无论哪种性质的市场，政府主管部门都应是当然的交易主体，通过相关的公开市场操作来调控市场交易。环保团体也应具有交易主体资格，以活跃市场交易、促进碳减排目标的实现。至于投资者，也应从符合条件的机构投资者开始，视市场发展需要逐步引入和放开。[1]如果说在碳市场设立和发展初期阶段，交易主体主要是单位或组织，那么随着市场的进一步开拓和成熟，个人交易主体也将被允许进入，以丰富和活跃碳交易市场，同时也可以更多地引入推进碳减排的多元力量。

（二）我国统一碳市场的交易主体

就我国强制性统一碳市场的交易主体来看，重点还是纳入碳排放管控范围的重点行业中的重要排放企业，并根据市场发展需要引入一些机构和个人。

1. 重点排放单位

根据国家发展和改革委员会2017年12月出台的《全国碳排放权交易市场建设方案（发电行业）》，发电行业年度排放达到2.6万吨二氧化碳当量（综合能源消费量约1万吨标准煤）及以上的企业或者其他经济组织为重点排放单位，年度排放达到2.6万吨二氧化碳当量及以上的其他行业自备电厂视同发电行业重点排放单位管理。在此基础上，逐步扩大重点排放单位范围。由此可见，在发电行业的碳市场中，交易主体的确定是基于碳排放量大小的标准。

按照上述标准，对于整个碳市场来说，作为交易主体的重点排放单位

---

[1] 李传轩：《生态经济法——理念革命与制度创新》，知识产权出版社，2012，第285页。

应当符合两个条件：一是属于全国碳排放权交易市场覆盖行业；二是年度温室气体排放量达到2.6万吨二氧化碳当量。据此，国家主管部门❶应当综合考虑确定进行碳排放权交易的重点行业，以及重点行业中的重点排放单位，形成重点排放单位名录，并向社会公开。一般而言，重点行业的确定应当由生态环境部会同相关部委决定，而重点排放单位名录的形成则应由省级生态环境主管部门按照生态环境部的有关规定来确定本行政区域重点排放单位名录，向生态环境部报告，最终形成统一的大名单。

被纳入碳排放权交易的重点行业中的重点排放单位，应当控制温室气体排放，根据需要进行碳排放权交易，并报告相关交易信息。如果出现了如下情形之一的，确定名录的省级生态环境主管部门应当将相关温室气体排放单位从重点排放单位名录中移出：一是连续二年温室气体排放未达到2.6万吨二氧化碳当量的；二是基于停业、关闭或者其他原因不再从事生产经营活动，因而不再排放温室气体的。

2. 其他交易主体

一个完善和活跃的碳市场形成，需要广泛而多样的参与主体，包括具有专业资质的碳排放评价机构、提供交易信息的中介机构、环境保护组织、机构投资者以及自然人等。

中介机构是碳排放权交易的辅助机构，包括核证、评估和提供资金支持等相关机构。根据欧盟和美国碳交易市场的发展经验，专业的中介机构可以大幅度减少交易过程中产生的各种交易成本，促进交易市场的快速发展与繁荣。因此，我国应当在碳市场交易制度的立法中赋予中介机构合法地位和相应权利义务，保障其业务发展的条件和环境，从而使其能够更好地服务碳交易市场。

符合相关资格条件的环保团体也可以参与到碳排放权交易市场中来，为了气候变化应对目标的实现来购买配额。而随着市场发展的不断成熟，

---

❶ 碳排放权交易主管部门开始是国家发展和改革委员会，2018年国家对相关部委职能进行了优化改革，现在由生态环境部作为主管部门。

机构或个人投资者也应该被允许入场，来活跃市场氛围，扩大碳市场的社会经济影响力。这些市场交易主体的进入，也能够实现强制性碳市场和自愿性碳市场的链接与融合。

二、交易对象与交易范围

（一）交易对象

交易对象也称交易客体。在传统的市场中，交易客体通常是指被交易的各种商品，碳排放权交易市场中的交易客体则是排放权信用额度。[1] 从国内外碳市场的设立和交易情况看，交易对象主要以二氧化碳排放权信用额度为主，其他温室气体一般都是通过折算成二氧化碳来进入交易。交易的对象因此也主要是碳排放配额。当然，从我国碳市场的未来发展构想来看，碳汇也将会成为交易对象，并很快进入市场。

目前的碳市场交易主要还是以现货为主，但随着碳市场的发展成熟和扩展，与碳排放权相关的一些衍生产品，如碳期货、碳期权等，也可能会成为交易对象，形成多元化的交易体系。

（二）交易范围

总体上来说，碳市场的交易范围是逐步扩展的。尽管气候影响具有全球性、一体性，气候变化的危害后果并不会存在区域性、行业性等特点。但从市场形成的条件和发展的阶段看，碳市场可能会从一些地区、行业开始，有行业性和区域性的范围限制和边界；随着碳市场的不断发展，参与市场交易的范围也会逐渐扩大。一般来说，强制性的碳市场其交易范围相对较小，往往设定为碳排放强度较高、排放总量较大、减排压力沉重的一些地区和行业。对于自愿性的碳市场来说，其交易范围相对较大，能够参

---

[1] 刘航：《中国碳排放权交易市场：框架设计及制度安排》，四川大学出版社，2018，第19页。

与交易的行业和地区等都更为广泛。

就我国统一碳市场的构建和发展来看，交易范围在地域上是全国性的，未来还将根据市场发展情况、国际气候谈判与碳减排合作发展情况，与国际碳市场甚至其他国家碳市场进行开放互联。从行业范围上看，目前仅适用于发电行业。不过，根据七省市的试点情况看，全国性市场也会逐步扩展到石化、钢铁、能源、建材、造纸等行业，未来更有可能加入航空、海运等交通运输行业。

三、交易平台与支持体系

碳交易平台的建设十分重要，欧美发达国家的碳市场都有着发达完善的交易平台，包括交易场所、交易系统和中介服务等，为碳市场交易提供了有力支撑。我国碳市场的构建和发展，必然也要建设好相应的交易平台。

（一）交易场所

从根本上说，碳排放权交易与排污权交易不同，没有复杂的地域性，具有更强的统一性和集中性，所以无须建立太多的交易场所，以免增加不必要的市场交易成本。但在发展初期，需要进行多方面的试点实践，可以根据需要设立特色化的多个交易场所。目前，我国已经在北京、上海和天津等地建立了八个相对较大的交易场所，还有一些地方也在尝试建设自己的碳排放权交易体系和平台。当然，较多的交易场所固然能够更加有针对性和灵活性地服务区域性碳交易，但也带来了规则不够统一、标准不够兼容、流动性较低、交易规模较小、交易成本过高等问题。

因此，我们需要借助构建全国统一碳市场的契机，对目前存在的碳排放权交易场所进行重新定位和有效整合。具体来说，首先，要建构一个全国性的碳排放权交易场所，这个场所未必需要全新构建，可以考虑由目前试点经验较为丰富、效果良好、制度规则发展较为完善的交易所来承担。

最终，全国统一碳市场的交易场所是由上海环境能源交易所和湖北碳排放权交易中心来共同承担交易平台功能。其次，要协调整合现有的交易场所与全国统一的碳交易场所之间的功能和关系，纳入全国碳排放权交易市场的重点排放单位，不再参与地方碳排放权交易试点市场。最后，全国统一的国家碳排放权碳交易所与各区域性交易所协调发展，形成多层次碳交易市场，在未来发展中可以有着差异化路径，包括在交易产品、交易规则等方面形成各自的特色和方向。

（二）交易系统

与传统交易相比，碳交易是一个十分复杂的行为过程，内容繁多、程序复杂、涉及面广。因此，交易的顺利展开和完成需要强大的交易系统作为支撑，尤其在高度信息化的今天，交易系统的构建十分重要。在交易系统的建设上，尽管已经在试点交易中积累了经验、构建了相应的交易系统，但总体上还是比较简陋和粗糙的，特别是对于全国统一碳市场来说，还需要进一步加强。

具体来说，一方面，我们可以借鉴发展比较成熟的商品交易、证券交易、期货交易的系统，结合碳交易的自身特点进行适用创新；另一方面，我们应当借鉴欧盟碳排放权交易系统和美国芝加哥气候交易所以及区域温室气体计划交易系统，结合我国碳交易的实际情况进行建设。在交易系统的建设和完善过程中，我们还应高度重视充分引入最新人工智能、大数据信息系统发展的成果经验，建立起以最新的计算机技术、信息管理技术和交易处理技术为基础和支撑的交易系统，并适时进行优化、改进和完善。

（三）中介服务

市场的活跃度和丰富性，不能仅仅依靠买卖双方主体，还需要有着专业、成熟的中介服务支持体系。因此，我国碳交易的顺利开展，还要大力发展各类中介服务，建立包括交易咨询代理与经纪服务、财务会计及审计服务、投融资金融服务、法律服务以及技术服务等方面内容的服务体系，积极引入和培育各类第三方中介机构，从而降低市场交易成本、提高交易效率和促成交易机会。

四、交易形式与登记结算

在实质性交易中，除买卖本身以外，交易形式与登记结算是十分重要的规则。对此，生态环境部针对全国统一碳市场交易制定了相应的规则，具体规定在《碳排放权交易管理规则（试行）》《碳排放权登记管理规则（试行）》《碳排放权结算管理规则（试行）》三个文件中。

（一）交易形式

以全国统一碳市场交易为样本，其规定的交易形式主要是协议转让、单向竞价或者其他符合规定的方式。协议转让是指交易双方协商达成一致意见并确认成交的交易方式，包括挂牌协议交易及大宗协议交易。其中，挂牌协议交易是指交易主体通过交易系统提交卖出或者买入挂牌申报，意向受让方或者出让方对挂牌申报进行协商并确认成交的交易方式。大宗协议交易是指交易双方通过交易系统进行报价、询价并确认成交的交易方式。单向竞价是指交易主体向交易机构提出卖出或买入申请，交易机构发布竞价公告，多个意向受让方或者出让方按照规定报价，在约定时间内通过交易系统成交的交易方式。❶

从市场交易的实际情况看，目前主要采用的是协议转让的形式，挂牌协议交易和大宗协议交易都有采用，但总体上看，大宗协议交易量要远远大于挂牌协议交易量。截至 2022 年 6 月 30 日，挂牌协议成交量为 32 297 615 吨，成交额为 1 539 351 761.56 元；而大宗协议成交量为 161 209 335 吨，成交额为 6 924 409 253.46 元。❷ 而单向竞价交易形式目前还没有正式采用，其

---

❶ 《碳排放权交易管理规则（试行）》第 6 条。
❷ 上海环境能源交易所：《全国碳市场每月成交数据 20220601—20220630》，https://www.cneeex.com/c/2022-06-30/492634.shtml，访问日期：2022 年 7 月 10 日。

中单向竞买形式已经率先进入准备适用阶段。为营造和保持积极正向的市场氛围，容易引发做空风险的单向竞卖形式暂时还没有适用安排。

（二）登记与结算

登记与结算是交易的基础性和配套性规则，登记系统与结算系统也是交易系统的重要组成部分。因此，针对登记与结算问题，生态环境部也专门制定了相应的规则。

登记贯穿于碳交易全过程，重要的交易行为都需要在登记系统进行记录。全国统一碳市场的交易主体目前主要是重点排放单位，根据《碳排放权登记管理规则（试行）》的规定要求，在开始交易之前，首先要在注册登记系统进行注册登记。碳排放权的持有、交易、变更、清缴、注销都应当进行登记。注册登记机构根据生态环境部制定的碳排放配额分配方案和省级生态环境主管部门确定的配额分配结果，为登记主体办理初始分配登记。注册登记机构应当根据交易机构提供的成交结果办理交易登记，根据经省级生态环境主管部门确认的碳排放配额清缴结果办理清缴登记。❶

结算一般发生在交易结束后，是对交易产生结果的一种实现机制，主要包括碳排放额与资金的交收。在当日交易结束后，注册登记机构应当根据交易系统的成交结果，按照货银对付的原则，以每个交易主体为结算单位，通过注册登记系统进行碳排放配额与资金的逐笔全额清算和统一交收。当日完成清算后，注册登记机构应当将结果反馈给交易机构。经双方确认无误后，注册登记机构根据清算结果完成碳排放配额和资金的交收。❷

---

❶ 《碳排放权登记管理规则（试行）》第17—18条。
❷ 《碳排放权结算管理规则（试行）》第7—8条。

五、监测核查、配额清缴与信息披露

（一）碳排放的监测核查

碳排放交易制度功能的实现，很重要的一环是对排放企业的实际排放情况的监测核查。中央层面上，生态环境部需要对排放监测核查机制作出顶层设计；地方层面上，省级生态环境主管部门也要承担起具体组织落实职责，开展对重点排放单位温室气体排放的监测以及排放报告的核查，并将核查结果告知重点排放单位。核查结果应当作为重点排放单位碳排放配额清缴依据。

由于排放企业碳排放报告的核查是一项十分专业的工作，需要强大的专业技术和设备的支持，同时该项工作比较复杂，工作量可能会给地方生态环境主管部门带来很大的挑战。因此，应当充分培育和发展排放核查的专业第三方机构，并充分发挥其专业服务功能。同时，省级生态环境主管部门受自身技术力量、设备条件和人力资源所限，难以承负排放核查工作的，也可以通过政府采购服务的方式，委托专业的第三方技术服务机构提供核查服务。受委托的技术服务机构应当对提交的核查结果的真实性、完整性和准确性负责。❶

（二）碳排放的配额清缴

在碳排放权交易市场运行过程中，及时把握配额使用状况十分重要，这就需要建立配额清缴机制。进入市场交易体系中的重点排放单位应当在生态环境部规定的时限内，向分配配额的省级生态环境主管部门清缴上年度的碳排放配额。清缴量应当大于等于省级生态环境主管部门核查结果确认的该单位上年度温室气体实际排放量。❷

为了鼓励企业积极进行自愿减排，重点排放单位每年可以使用国家核

---

❶ 《碳排放权交易管理办法（试行）》第 26 条。
❷ 《碳排放权交易管理办法（试行）》第 28 条。

证自愿减排量抵销碳排放配额的清缴。但是，为了避免自愿减排行为产生的减排量带来很大的冲击，应当对抵销比例进行一定限制。例如，可以要求不得超过应清缴碳排放配额的 5%。同时，为了避免项目的重叠和目标的冲突，用于抵销的国家核证自愿减排量，不得来自纳入全国碳排放权交易市场配额管理的减排项目。❶

（三）碳交易信息披露与管理

根据透明度原则的要求，碳交易市场中的相关信息应当依法予以充分披露和管理，从而更好地促进市场交易、保障交易各方的合法利益。阳光是最好的消毒剂，灯光是最有效的警察。❷要实现对市场交易的有效监管，必须建立起完善的信息披露机制。具体包括以下几个方面：

一是重点排放单位应当根据国家主管部门制定的温室气体排放核算与报告技术规范，编制该单位上一年度的温室气体排放报告，载明排放量，并于每年固定日期上报生产经营场所所在地的省级生态环境主管部门。重点排放单位对温室气体排放报告的真实性、完整性、准确性负责。重点排放单位编制的年度温室气体排放报告应当定期公开，涉及国家秘密和商业秘密的除外。❸

二是全国碳排放权注册登记机构和全国碳排放权交易机构应当建立风险管理机制和信息披露制度，制定风险管理预案，及时公布碳排放权登记、交易、结算等信息。当然，监管者自身也必须受到监管，碳排放权注册登记机构和碳排放权交易机构的工作人员不得利用职务便利牟取不正当利益，不得泄露商业秘密。

---

❶《碳排放权交易管理办法（试行）》第 29 条。

❷ Louis Dembitz Brandeis, Other People's Money: And How the Bankers Use It, Frederick A. Stokes Company, New York, 1914, p.92.

❸《碳排放权交易管理办法（试行）》第 25—26 条。

三是建立碳交易信息管理制度，交易机构应当与注册登记机构建立管理协调机制，实现交易系统与注册登记系统的互通互联，确保相关数据和信息及时、准确、安全、有效交换。❶

---

❶ 《碳排放权交易管理规则（试行）》第 29 条。

第四章

碳金融法律制度的发展需求、理论基础与内容框架

对碳排放权交易市场及其相关制度的考察、分析与构建完善，一方面，便于读者对碳交易与碳金融之间的区别与联系有更为清晰的认识；另一方面，进一步明确了碳交易市场发展对碳金融服务的强烈需求，以及碳金融发展对碳交易市场的重要功能和意义。可以说，碳市场的发展成熟离不开碳金融的支持和促进，这是碳金融提出和发展的最为直接和重要的根源。当然，如第一章所述，在更为宏大的应对气候变化、发展低碳经济、实现"双碳"目标的层面上，碳金融也同样是不可或缺的支持部分，甚至是非常重要的支撑体系之一。然而，如同交易市场的发展一样，碳金融的发展也需要法律调节和制度保障。我们必须要充分关注和细致把握碳金融发展的法制需求，对相关法律制度进行分析、论证，进而搭建起一套法律制度框架和体系。

第一节 碳金融的发展及其法制需求

一、碳金融的国际发展历程

碳金融在国际社会层面的发展肇始于 1992 年《联合国气候变化框架公约》通过之后，人们普遍认识到资金对应对气候变化的重要性。初期的碳金融发展是比较缓慢的，经过《京都议定书》和《巴黎协定》的进一步规定和推动后，碳金融发展逐步展开和加快。从总体发展情况看，呈现出公共性资金主导，带动私人性资金参与的态势。为更加直观地认识国际社会层面上碳金融发展状况，我们主要关注和考察最为重要的两个基金——绿色气候基金和气候变化特别基金平台下的碳金融发展状况，以及赤道原则下的碳信贷发展状况。

（一）绿色气候基金平台下的碳金融发展

绿色气候基金是目前世界上最大的气候基金，总部设在韩国仁川市松岛，其主要任务是通过资金支持来帮助发展中国家提高并实现其国家自主贡献（nationally determined contributions，NDC）目标。该基金具有十分重要的影响力，可以说是《巴黎协定》贯彻落实的一个关键支撑要素和重要平台。绿色气候基金于 2010 年根据墨西哥坎昆气候大会上达成的协议而成立，是全球气候变化应对架构内帮助发展中国家的专门性融资工具，服务于《联合国气候变化框架公约》和《巴黎协定》所规定的金融机制。

该基金注重支持低碳转型规划和方案编制，通过投资新技术、商业模式及其实践来催动气候创新；利用稀缺的公共资源改善低排放气候弹性投资的风险回报状况，从而降低投资风险来筹集大规模资金；将气候风险和机遇纳入投资决策的主流，以使金融与可持续发展保持协调一致。该基金还充分利用其部分资金，创造出引人注目且有利可图的气候智能投资机会，帮助引导私营部门的资金流入气候变化应对领域。该基金创设了一系列融资工具，通过赠款、减让性债务、担保或权益工具的灵活组合来构建其财政支持，以利用混合融资，并吸引私人投资用于发展中国家的气候行动。这种灵活性使基金能够试点新的金融结构，以支持绿色市场的创建。该基金将50%的资金用于缓解，将剩余的50%用于适应，并要求至少一半的适应性资金必须投资于气候最脆弱的国家（小岛屿发展中国家、最不发达国家和非洲国家）。自2015年批准第一个项目融资以来，绿色气候基金取得了快速发展，目前已经构建投资100多个项目组合。截至2018年，该基金投入了超过50亿美元的资金用于气候变化项目，并启动了有史以来的首次补充；而到2019年，捐助国已为绿色气候基金首次增资规划期认捐超过了98亿美元。❶

绿色气候基金为了扩大其活动范围并降低资本流动的风险，同时也为了带动更多的社会性资金参与气候变化应对项目，设立了私营部门基金（private sector facility，PSF），这是一个专门的部门，旨在资助和动员私营部门参与者，包括机构投资者、项目发起人和金融机构。私营部门基金通过优惠工具促进私营部门投资，包括低息和长期项目贷款、对银行和其他金融机构的信贷额度、股权投资和风险缓解措施，如担保、首次损失保护和基于赠款的能力建设方案。在实践中，私营部门基金努力推动金融机构把气候变化考虑纳入金融体系的主流，定制生命周期优惠融资以降低气候基础设施项目的风险，构建气候股权/债务基金的锚定投资工具，积极促进碳市场的发展，以及扩大对高影响气候技术和创新的投资。❷可以说，绿色气候基金经过多年的发展和行动，通过对公共性资金的利用和对私人性资金的影响，有力推进了金融体系转向低碳化轨道，为国际气候变化应对，特别是发展中国家气候变化应对发挥了重要作用。

---

❶ "About GCF"，https://www.greenclimate.fund/about#key-features，last visited at June 28th，2022.

❷ Green Climate Fund，"Private Sector Facility"，https://www.greenclimate.fund/sectors/private#private-sector-facility，last visited at June 28th，2022.

（二）全球环境基金平台下的碳金融发展

全球环境基金是世界上最大的发展中国家生物多样性保护、自然恢复、减少污染和应对气候变化的资助基金。它资助国际环境公约和国家驱动的倡议，以产生全球效益。全球环境基金伙伴关系将184个成员国和地区政府与民间社会团体、原住民和私营部门联系起来，并与其他环境融资机构密切合作，提高效率和影响。在过去30年中，全球环境基金提供了超过220亿美元的赠款和混合资金，并为5000多个国家和地区项目筹集了另外1200亿美元的共同资金，以及通过其小额赠款计划进行的2.7万个社区主导的措施。❶ 全球环境基金是一个内容庞大、主题广泛的资金体系，在应对气候变化方面主要是通过气候变化特别基金和最不发达国家基金这两个专门性基金来实施的。

1. 气候变化特别基金

气候变化特别基金是世界上最早设立的多边气候适应性融资工具之一，旨在帮助脆弱国家应对气候变化的负面影响。2001年《联合国气候变化框架公约》第七次缔约方会议（COP7）在摩洛哥马拉喀什召开，主要成果是通过了有关《京都议定书》履约问题的一揽子高级别政治决定，形成《马拉喀什协定》。气候变化特别基金也正是在这一会议上设立的。气候变化特别基金由全球环境基金管理，并与最不发达国家基金并行运作。随着《巴黎协定》的通过，对资金机制更加重视，这两个基金目前的主要任务是为《巴黎协定》确立的资金机制而服务。

气候变化特别基金的筹资向所有脆弱的发展中国家开放，并支持广泛的适应活动，包括可扩大影响范围的一些创新工具。气候变化特别基金的主要目标是通过帮助各国解决包括获得气候适应性技术和基础设施的机会有限、预见和管理气候风险的机构能力有限、包括中小型企业和企业家在

---

❶ Global Environment Facility, "Who We Are", https://www.thegef.org/who-we-are, last visited at June 28th, 2022.

内的私营部门参与制定和提供适应解决办法的程度低以及缺乏从公共来源获得资金和适应解决方案市场的机会等一系列障碍，促进建立强大的、气候适应性强的经济和社区。自成立以来的 20 年中，气候变化特别基金已在 87 个项目上投资了 3.55 亿美元，使全球 700 万人受益。气候变化特别基金的工作已经支持 7500 项风险，脆弱性和其他因素的评估，并帮助将近 400 万公顷的土地置于更可持续的管理之下。大约三分之一的气候变化特别基金倡议旨在扩大获得经改善的气候信息服务的机会。气候变化特别基金越来越注重支持能够扩大气候变化适应解决方案的创新。❶

2. 最不发达国家基金

最不发达国家基金也是在 2001 年《联合国气候变化框架公约》马拉喀什缔约方会议上设立的。着眼于处于绝对的气候变化弱势地位的最不发达国家在应对气候变化方面存在的巨大资金缺口和压力，194 个缔约方着手通过建立最不发达国家基金来应对这一挑战。该基金是唯一专门用于帮助这些国家适应新的气候现实挑战的基金。要解决气候变化中巨大的外部性问题，需要每一个国家和地区的参与，特别是资金、技术等方面都薄弱的一些发展中国家。最不发达国家基金努力帮助最不发达国家能够为更具复原力的未来做好准备，并积极参与到应对气候变化行动中来。

最不发达国家基金的资金帮助受援国满足其短期、中期和长期复原力需求，并减少优先部门和生态系统中气候变化的脆弱性。最不发达国家基金的支持帮助各国实施国家适应行动方案（national adaptation programme of action，NAPA），即由国家推动的战略，以满足其最紧迫的适应需求。它还支持执行国家适应计划进程和《联合国气候变化框架公约》下的最不发达国家工作方案。最不发达国家基金与伙伴机构合作，加强国家和地方一级的技术和体制能力，创造一种政策环境，鼓励适应解决办法的投资，减少取得进展的系统性障碍，并促进创新和私营部门的参与。这一基金的优

---

❶ Global Environment Facility, "Special Climate Change Fund – SCCF", https://www.thegef.org/what-we-do/topics/special-climate-change-fund-sccf, last visited at June 28th, 2022.

先供资领域包括农业和粮食安全、粮食保障、自然资源管理、水资源、灾害风险管理和预防、沿海地区管理、气候信息服务、基础设施以及气候变化引起的健康风险。这些领域都是最不发达国家最为关心也最为脆弱的领域。经过多年努力，最不发达国家基金组织实施了国际金融界最不发达国家适应项目组合中最大的一揽子项目。根据最新数据，最不发达国家基金已资助310多个项目和53项扶持活动，提供了约17亿美元捐赠款，直接惠及5000多万人，并加强了对700多万公顷土地的管理，以促进区域、国家和次国家层面的气候适应能力。❶

（三）赤道原则下的碳金融发展

赤道原则是用于确定、评估和管理项目中环境和社会风险的金融行业基准，旨在作为金融机构在项目融资时识别、评估和管理环境和社会风险的共同基线和风险管理框架。❷作为一项有着重大影响的国际金融行业规则，赤道原则有着近20年的发展历程。2002年10月，荷兰银行和国际金融公司（International Finance Corporation, IFC）在英国伦敦格林尼治村主持召开了一个由9个国际商业银行参加的会议，探讨如何应对在项目融资中经常遭遇到的环境与社会风险问题，最终于2003年6月讨论形成了一套参照国际金融公司有关环境与社会保障政策而制定的规则指南，用于应对处理国际项目融资中的各类环境和社会风险问题。这一规则指南被称为赤道原则（the equator principles, EPs），并不断发展完善，相继推出了EP Ⅱ（2006年7月）、EP Ⅲ（2013年6月）和EP4（2020年7月）。

赤道原则对气候风险的关注越来越多，在赤道原则第4版中更是明确指出支持《巴黎协定》的内容目标，增加了许多关于气候变化应对和国际碳减排相适应的内容。截至2022年6月30日，共有38个国家或地区的

---

❶ Global Environment Facility, "Least Developed Countries Fund – LDCF", https://www.thegef.org/what-we-do/topics/least-developed-countries-fund-ldcf, last visited at June 28th, 2022.

❷ Equator Principles, "About the Equator Principles", https://equator-principles.com/about-the-equator-principles/, last visited at June 30th, 2022.

134家金融机构已正式采用赤道原则。继兴业银行2008年10月首先加入赤道原则后，我国内地（大陆）相继有江苏银行（2017年1月）、湖州银行（2019年7月）、重庆农村商业银行（2020年2月）、绵阳市商业银行（2020年7月）、贵州银行（2020年11月）、重庆银行（2021年2月）、福建海峡银行（2021年12月）以及威海市商业银行（2021年12月）等九家商业银行加入赤道原则。我国香港特别行政区和台湾地区也有多家银行加入了赤道原则。可以说，赤道原则是碳金融发展的重要领域，特别是在国际项目融资方面，加入赤道原则的银行占据了绝大部分市场份额。正是因为赤道原则的广泛影响，碳信贷市场不断发展壮大。

二、碳金融的国内实践尝试

我国在碳金融方面的实践尝试起步相对较晚，但发展十分迅速。一方面，我国积极制定出台了一系列的政策文件，为碳金融发展提供了政策依据和制度空间；另一方面，我国在广泛开展的各类碳交易试点中也越来越重视碳金融方面的尝试，在碳信贷、碳证券、碳保险以及碳金融衍生品等方面都有一些产品和服务创新。

（一）相关政策文件不断出台

在涉及碳金融的综合性规定方面，主要是围绕着绿色金融出台了一系列政策文件。我国2007年开始的第一轮"绿色金融风暴"中，与碳金融有较大关联性的是2007年11月中国银行业监督管理委员会出台的《节能减排授信工作指导意见》（银监发〔2007〕83号），标志着我国开始大力推进包括低碳信贷在内的绿色信贷工作。2015年9月21日，中共中央、国务院出台了《生态文明体制改革总体方案》，首次明确提出了建立绿色金融体系的战略，其中也提出了对低碳节能项目的金融支持。中国人民银行于2015年12月12日发布了《绿色债券支持项目目录》（2021年4月2日进行了更新），国家发展和改革委员会也于2015年12月31日发布了

《绿色债券发行指引》（发改办财金〔2015〕3504号），开始了包括适用于气候变化领域的低碳债券在内的绿色债券的实践尝试。2016年8月31日，中国人民银行、财政部、国家发展和改革委员会、环境保护部、中国银监会、证监会和保监会等七部委联合发布了《关于构建绿色金融体系的指导意见》，第一次为如何构建绿色金融体系确定思路和框架，其中明确规定了应对气候变化是绿色金融的当然目标，也提出了要充分利用和发展各类低碳制度工具。2017年3月2日，证监会公开发布了《中国证监会关于支持绿色债券发展的指导意见》（中国证券监督管理委员会公告〔2017〕6号），为碳债券市场的发展进一步进行规范和支持。2021年2月，国务院发布《国务院关于加快建立健全绿色低碳循环发展经济体系的指导意见》（国发〔2021〕4号），明确提出要大力发展绿色金融，推动气候投融资工作。

在碳金融的专门性规定方面，国务院于2016年印发的《"十三五"控制温室气体排放工作方案》（国发〔2016〕61号）已明确指出要完善气候投融资机制。2020年10月，生态环境部、中国银保监会等五部委联合发布《关于促进应对气候变化投融资的指导意见》（环气候〔2020〕57号），要求金融机构"在风险可控的前提下，支持机构及资本积极开发与碳排放权相关的金融产品和服务"。2021年3月18日，中国银行间市场交易商协会下发了《关于明确碳中和债相关机制的通知》，对碳中和债券的定义、资金用途、项目遴选、信息披露、存续期等方面进行了明确规定，为"碳中和"债券的规范化和专门化发展提供了规则和保障。

（二）各类业务创新实践持续开展

春江水暖鸭先知。随着我国碳交易市场的发展和应对气候变化的行动不断深入展开，碳金融的需求越来越大，相关金融机构开始积极进行相关业务创新尝试。不断出台的相关政策文件也为各类碳金融业务创新实践提供了空间和支持。

2014年5月，中广核风电有限公司发行国内第一笔碳债券，由浦发银行与国家开发银行承销，发行额为 10 亿元，发行利率为 5.65%。所融得的资金主要用于风电场的建设，建成投产后产生的核证减排量可部分用于碳资产交易，产生的利润附加至债权收益。❶

2014 年 12 月，浦发银行基于对碳排放权融资业务的法律依据理解的专业性和准确性，率先创新推出碳排放权抵押融资业务，创新性地采用碳排放权作为银行融资的抵押标的，帮助控排企业及可再生能源企业最大限度地发挥其拥有的碳资产的价值，并成功与华电新能源公司正式落地了国内首单碳排放权抵押融资业务。华电新能源公司以广东碳配额获得 1000 万元的碳配额抵押融资及控排企业法人账户透支授信。❷

2016 年 11 月 18 日，华新水泥集团与平安保险签署全国首个碳保险产品意向认购协议，平安保险为华新集团在湖北省内的 13 家分（子）公司量身定制产品，为企业在减排中由于意外情况而未能完成减排目标提供保障。❸

2018 年，国内首笔针对碳排放权抵押贷款的保证保险由广州花都建行联合广州人保财险、广州碳排放交易所共同推出，帮助企业将自身拥有的碳排放权作为抵押物实现融资。❹

2021 年 3 月，兴业银行南平分行通过"碳汇贷"综合融资项目，为福建省南平市顺昌县国有林场发放 2000 万元贷款，这是以远期碳汇产品为标的物的约定回购融资项目。❺

围绕着碳交易市场，各地尤其是碳交易试点地区纷纷开展了碳金融业

---

❶ 杨晴主编：《碳金融：国际发展与中国创新》，中国金融出版社，2020，第 69 页。

❷ 孟扬：《国内首单碳排放权抵押融资业务落地 浦发银行以银碳创新深化绿色金融》，https://www.financialnews.com.cn/yh/xw/201502/t20150226_71390.html，访问日期：2022 年 5 月 15 日。

❸ 吴文娟、张熙：《全国首单"碳保险"落地湖北》，https://www.hubei.gov.cn/hbfb/hbzz/201611/t20161119_1632412.shtml，访问日期：2022 年 5 月 16 日。

❹ 胡杨低碳：《中国绿色保险的发展》，https://news.bjx.com.cn/html/20211103/1185596.shtml，访问日期：2022 年 5 月 16 日。

❺ 姚均芳：《兴业银行落地 2000 万元"碳汇贷"碳金融再添新品类》，http://www.xinhuanet.com/2021-03/18/c_1127227119.htm，访问日期：2022 年 5 月 16 日。

务试点。例如，福建试点的福建林业碳汇（FFCER）、广东试点的广东省碳普惠核证减排量（PHCER），还有类似碳金融衍生品的上海碳配额远期（SHEAF）和湖北碳配额远期（HBEA1705）等。❶

三、碳金融的法制需求

可以说，在日益波澜壮阔的绿色金融发展浪潮中，碳金融受国际国内政治、经济形势影响，依然只能算是一股溪流，细小而缓慢地发展着。不过前瞻性地看，这一形势正在或将要发生改变。碳金融正迎来全新而重要的发展阶段，碳金融所面临的发展形势和环境主要包括两个方面：重大机遇和复杂风险。如何抓住重大发展机遇，以及如何应对复杂风险，都需要相应的制度立法来促进、规范和保障。

碳金融的实践尝试以及进一步快速发展需要法律制度的鼓励、促进和规范。《巴黎协定》的达成和签署是气候投融资的一个里程碑事件，因为它首次阐明了资金流向与气候目标相协调的关键作用。此后，金融业认识到了这一机遇，并走上了全球气候变化政策对话的中心舞台。虽然在《巴黎协定》之前，只有少数金融专业人士和监管机构了解气候变化，但今天，应对气候变化已被大多数金融机构公认为战略重点。然而，这并不意味着金融一定在气候投资中发挥充分的促进作用。相反，相关文献表明，如果没有适当的条件，资金可能成为填补气候投资缺口的障碍。❷ 这些都意味着我们需要积极进行相关政策立法，设定合适的环境条件，开展制度创新，通过法律制度手段来调控资金流向，明确相应的权利义务责任机制，建立对气候投融资的利益保护和高碳领域投融资的利益否定机制，促进碳金融的快速健康发展。

---

❶ 杨晴主编：《碳金融：国际发展与中国创新》，中国金融出版社，2020，第19页。

❷ IPCC, "Climate Change 2022: Mitigation of Climate Change", Chapter 15: Investment and Finance, pp.11–15, https://report.ipcc.ch/ar6wg3/pdf/IPCC_AR6_WGIII_FinalDraft_Chapter15.pdf, last visited at June 16th, 2022.

第四章　碳金融法律制度的发展需求、理论基础与内容框架

碳金融发展中面临着不可避免或难以避免的包括气候风险和金融风险在内的各类复杂风险，需要相应的立法规制和监督管控。投资者、中国人民银行和金融监管机构正在提高人们对气候风险的认识。这种认识的提高可以支持气候政策的制定和实施。与气候相关的金融风险来自气候变化的物理影响（在短期内已经相关），以及从无序向低碳经济的过渡。对这些风险的认识日益增强，也导致了对金融稳定的担忧。监管机构和金融机构通过多种监管和自愿举措来评估和应对这些风险。然而，尽管采取了这些举措，金融机构和市场仍然大大低估了与气候相关的金融风险，限制了低碳转型所需的资本重新配置。❶ 较之于传统领域，碳金融面临的风险更加复杂多变，带来的挑战也更加严峻。如何管控复杂的风险，创建出良好稳健的投融资环境，从而鼓励市场主体的积极参与，需要法律工具的充分引入和运用，可以说，脆弱的碳金融发展环境迫切需要法治保障和激励。

第二节　碳金融法律制度的理论基础

碳金融的发展提出了对相关法律制度的切实需求。具体而言，与传统金融业务领域相似，随着业务活动开展和相关市场发展，需要法律对碳金融业务活动及市场运行进行调整、规范和引领，保护市场主体的权利和利益，塑造相关制度规则和市场秩序，从而推进其安全、有序、高效运行。但是，与传统金融业务领域又有很多不同，碳金融是一个特殊的业务领域和市场，对其进行法律调整和规制必须关注其中的特殊风险——气候风险，以及特殊的目标——减缓和适应气候变化目标，这就需要创建出全新的、专门性的法律制度来进行调整、规范和监管。作为一个全新领域，碳

---

❶ IPCC, "Climate Change 2022: Mitigation of Climate Change", Chapter 15: Investment and Finance, pp.3–15, https://report.ipcc.ch/ar6wg3/pdf/IPCC_AR6_WGIII_FinalDraft_Chapter15.pdf, last visited at June 16th, 2022.

金融法律制度的产生或创设有着相关理论的支持和催动，而碳金融法律制度的有效构建和运行，也需要相应的理论进行指引和支撑。事实上，碳金融法律制度与许多理论都有着各种各样的联系或渊源，但其中影响较大、关系比较直接的理论主要有气候责任理论、绿色治理理论、碳金融宏观调控理论和碳金融市场监管理论。

一、气候责任理论

如同气候变化问题是一个特殊而重要的环境问题一样，气候责任也是一项特殊而重要的环境责任。因此，气候责任理论首先也是源自环境责任理论，是环境责任理论在气候变化领域中的具体适用。环境责任主要包括两方面的内容，即企业环境责任和政府环境责任。

企业环境责任源自企业社会责任理论，是其在环境法领域中的运用和发展。企业社会责任的概念最早是由霍华德·R.鲍恩（Howard R. Bowen）于1953年出版的《商人的社会责任》一书中提出的。[1] 美国学者阿奇·B.卡罗尔（Archie B. Carroll）教授在企业社会责任理论研究领域有着卓越贡献，他认为企业社会责任是指某一特定时期社会对企业所寄托的经济、法律、伦理和慈善期望，它包括经济责任、法律责任、道德责任和慈善责任。[2] 随着生态环境危机成为重要的社会问题，环境责任成为企业社会责任中十分重要的组成部分，企业环境责任备受人们关注。所谓企业环境责任是指，企业在生产经营活动中，遵守有关环境法律法规的要求，在追求经济利益的同时，必须尽可能地维护环境利益，对环境污染和破坏采取预防、治理等措施，使经济、社会和环境协调发展。企业环境责任的性质同

---

[1] Archie B Carroll, "Corportate Social Responsibility: Evolution of a Definition Construct", Business and Society, 1999, 38（3）, p.269.

[2] Archie B Carroll, "A Three-dimensional Conceptual Model of Corporate Social Performance", Academy of Management Review, 1999（4）, pp.497–505.

时属于法律责任、道德责任和经济责任的范畴。❶ 而政府环境责任要求政府要肩负起应对和解决环境危机、保护生态环境的责任。体现在制度立法层面，就是政府对环境质量负责原则，是指人民政府必须把环境保护纳入政府管理工作，加强对环境的监督管理，逐步改善和提高本辖区的环境质量。《宪法》第 26 条第 1 款规定："国家保护和改善生活环境和生态环境，防治污染和其他公害。"这是政府对环境质量负责的宪法基础。《环境保护法》第 6 条第 2 款规定："地方各级人民政府应当对本行政区域的环境质量负责。"该法第 8、9、10 和 11 条分别从政府的财政投入、环保宣传、统一监督管理和对改善环境显著的单位和个人奖励等四个方面进行了规定。这些规定都体现了政府对环境质量负责原则的精神。❷

根据环境责任理论的基本分析，气候责任也主要包括企业气候责任和政府气候责任两部分内容，当然个人和其他社会组织也要承担一定的气候责任，但相对而言，企业和政府的气候责任更为主要和关键。与其他环境责任不同，气候问题是全球性问题，气候责任具有明显而强烈的国际性，因此，除企业责任、政府责任以外，还有十分重要的国家责任。当然，国家责任的承担也是要分解为更为具体的企业责任和政府责任的。

基于气候责任理论，一方面，发展碳金融、积极进行碳金融业务创新，促进碳交易市场发展，融通资金、配置资源来支持低碳经济发展、实现"双碳"目标任务，是金融领域行业和企业承担气候责任的主要内容和表现；另一方面，制定法律制度和政策对碳金融市场的发展进行规范、促进和支持，建立起碳金融市场规则体系，为应对气候变化、实现"双碳"目标提供金融法制保障，是政府主体承担气候责任的重要内容和表现。此外，碳金融法律制度的制定和实施，也要充分体现气候正义原则，对气候责任的分配和承担进行公平、公正和高效地安排。与之相应，气候正义也主要借助法律来实现，并在形式上主要表现为法律制度，通过法律制度的

---

❶ 韩利琳:《企业环境责任法律问题研究——以低碳经济为视角》，法律出版社，2013，第 22 页。

❷ 李传轩主编:《中国环境法教程》，复旦大学出版社，2021，第 80 页。

设计使各个主体在气候变化领域中的利益和负担得到正当性的分配。❶

二、绿色治理理论

绿色治理理论是近些年来才被提出和重视的治理理论。一般认为，绿色治理是多元治理主体以绿色价值理念为引导，基于互信互赖和资源共享，合作共治公共事务，以实现"经济、政治、文化、社会、生态"持续和谐发展的美好生活的活动或活动过程。❷事实上，目前对绿色治理的内涵理解有很多观点。有学者认为，生态环境和自然资源的公共品属性，决定了以生态文明建设为导向的绿色治理，本质是一种由治理主体参与、治理手段实施和治理机制协同的"公共事务性活动"。❸有学者指出，绿色治理的关键是多元治理主体。已有研究表明，政府、企业、社会组织及社会公众共同构成了绿色治理的多元主体，各主体通过平等、自愿、协调和合作的关系，共同推动绿色治理目标的实现。❹与传统治理相比，绿色治理内在地要求事前预防、事中监管与事后补救相结合，因而具备"积极性、主动性、防御性"优势，这不仅能够弥补传统治理的"消极性、被动性、应对性"缺陷，而且在理念、取向、方式上与以兼顾"经济、社会、生态"三大系统的平衡、协调、兼容为价值旨归的绿色发展高度耦合。❺绿色治理理论所涵括的治理体系中，法律规则是其中不可忽视、十分重要的要素和工具，无论是行政机关、司法机关、社会、企业，还是个人，实

---

❶ 陈贻健：《气候正义论——气候变化法律中的正义原理和制度构建》，中国政法大学出版社，2014，第 57 页。

❷ 史云贵、刘晓燕：《绿色治理：概念内涵、研究现状和未来展望》，《兰州大学学报（社会科学版）》2019 年第 3 期，第 9 页。

❸ 李维安、张耀伟：《新时代公司的绿色责任理念与践行路径》，《董事会》2018 年第 12 期，第 21 页。

❹ 李维安、徐建、姜广省：《绿色治理准则：实现人与自然的包容性发展》，《南开管理评论》2017 年第 5 期，第 25 页。

❺ 王元聪、陈辉：《从绿色发展到绿色治理：观念嬗变、转型理据与策略甄选》，《四川大学学报（哲学社会科学版）》2019 年第 3 期，第 50 页。

质上都有着相应的权利（权力）、义务（职责）和责任。可以说，绿色法律治理是其十分重要的维度和领域，以生态法治文明建设为目标，以绿色法律规则为主要治理工具，同样有着整体的法治视角、多元的法律治理主体、丰富的法治手段和多层次的法治机制和体系。❶

应对气候变化、发展低碳经济以及实现"双碳"目标，也是一种治理活动，是应对和解决气候变化问题而开展的气候治理。气候治理应当充分借鉴绿色治理的理念和机制，引入多元治理主体，构建多层次治理机制，特别是要充分发挥法律治理的功能。碳金融就是气候治理崭新而重要的领域。首先，气候治理需要资金支持，碳金融是气候治理的金融手段和机制，通过提供资金支持和调节资金流向来参与气候治理，帮助实现气候治理目标。其次，金融机构对市场资金配置特别是与气候变化相关的资金配置有着重要影响，与碳排放企业一样应当成为气候治理主体，并应当制定相应的治理规则来规范碳金融机构的气候治理行为。最后，政府部门是气候治理的重要主体，基于金融机制对气候治理的重要影响，政府金融管理部门也应与气候环境管理部门一样，成为重要的气候治理主体，与气候环境管理部门共同对碳金融市场进行管理。同样地，基于法律治理的维度，也应当制定相应的碳金融市场管理制度来规范碳金融管理机构的气候治理行为。

三、碳金融宏观调控理论

市场机制作为人类社会经济发展中一项伟大的创新成果，极大地推进了人类社会经济发展的进程，至今都是我们社会经济发展的重要基石。历史和实践已经证明，市场机制在高效配置资源、激发市场主体活力方面成效显著，但也存在一些自身难以克服的缺陷。例如，市场自发性、盲目

---

❶ 李传轩：《绿色治理视角下企业环境刑事合规制度的构建》，《法学》2022年第3期，第170页。

性、滞后性、信息不对称等导致的供求失衡问题，大量存在的外部性效应带来的公共物品供给不足和公共物品过度利用的所谓"公地"悲剧等问题。这些就是所谓的"市场失灵"问题。

拉巴特（Labatt）等人认为，环境问题是史上最大的市场失灵。❶ 在环境资源领域中，市场失灵主要表现为外部性问题和公共物品问题。关于外部性问题，是指有些活动可能给第三方——交易中买卖双方之外的其他人——带来影响，但这种影响没有得到相应的回报或惩罚。其中一类被称为负外部性，即双方的交易使第三方受损，但没有对该损害予以补偿；另一类被称为正外部性，即双方的交易使第三方受益，但并没有对该收益进行收费。❷ 外部性问题最早是由英国经济学家马歇尔（Marshall）提出的，关于如何解决外部性问题，庇古（Pigou）等人先后提出了相应的解决思路，❸ 即通过税收或补贴进行矫正，把外部性问题内部化解决。当然，行政管制、产权交易和资金调控也是十分重要的解决手段。关于公共物品问题，主要是在市场经济条件下公共物品被过度利用和供给不足问题。对于公共物品，诺贝尔经济学奖获得者、美国著名经济学家布坎南（Buchanan）认为，"人们观察到有些物品和服务是通过市场制度实现需求与供给的，而另一些物品与服务则是通过政治制度实现需求与供给，前者被称为私人物品，后者则被称为公共物品"❹。萨缪尔森（Samuelson）则从物品消费的角度出发，将公共物品定义为任何个人对某种物品的消费都不会减少其他人对这种物品的消费。❺ 对公共物品问题，也需要政府对公共

---

❶ 索尼娅·拉巴特、罗德尼·R. 怀特:《碳金融：减排良方还是金融陷阱》，王震、王宇等译，石油工业出版社，2010，序言部分。

❷ 张维迎:《经济学原理》，西北大学出版社，2015，第 302 页。

❸ Nicolas Wallart, The Political Economy of Environmental Taxes, Edward Elgar Publishing Limited, 1999, p.9.

❹ 詹姆斯·M. 布坎南:《公共物品的需求与供给》，第 2 版，马珺译，上海人民出版社，2017，第 1 页。

❺ Samuelson, "The Pure Theory of Public Expenditures", The Review of Economics and Statistics, 1954（36）, pp.387–389.

物品过度利用进行干预，并负责提供或通过一定机制引导和激励市场主体提供公共物品。

气候变化是典型的环境问题，外部性效应特别显著。企业等主体排放二氧化碳导致的温室效应是由整个人类社会所共同承受的，但带来的收益是归自己所有，所以如果不加干预而任由企业按照市场规则自行其是，只会有越来越多的二氧化碳被排放。作为理性经济人，所有企业都会这么做。这必然会导致悲剧性的后果——气候问题越来越严重而不是缓解。根据规制外部性的一般原理，在有显著外部性的情况下，市场的有效运行需要政府介入，通过监管或财政手段来纠正市场失灵。[1]因此，要应对和解决气候问题，必须要对与气候有关的市场进行干预和纠正，以克服外部性效应。常用的手段措施包括限制或禁止相关碳排放行为的行政管制制度，将负外部性内部化的税费制度和将正外部性内部化的财政制度，以及采用市场化机制调节资金流向来间接影响市场主体碳排放行为的金融制度，也即碳金融制度。良好的气候是一种公共物品，在市场失灵时会被过度利用（市场主体排放大量二氧化碳等温室气体），以及出现无人提供这一公共物品（市场主体不愿意减少碳排放、增加碳汇以保护气候生态）等问题。因此，需要政府的行政管控来解决，包括对过度利用气候公共物品行为进行资金融通方面的限制、提供资金或引导资金来支持保护气候生态提供良好气候这一公共物品等碳金融措施。

与此同时，碳金融自身也是一种市场形式，也可能产生市场失灵，也会有外部性问题和公共物品问题。如果处理不好，会产生双重市场失灵的叠加，非但无法有效应对气候问题，反而产生逆向激励或反向影响、加剧气候问题的后果。具体来说，在金融市场中，一方面，金融机构采取碳金融手段、开发碳金融产品和业务的行为对于应对气候变化来说是积极主动提供碳金融服务和制度这一公共物品，无疑也具有正外部性效应，即成本完全由自己承担，但收益特别是气候收益则是由包括其他金融机构在内的

---

[1] 威廉·诺德豪斯：《绿色经济学》，李志青、李传轩、李瑾译，中信出版社，2022，第45页。

整个社会所享有;另一方面,金融机构如果不采取碳金融手段,甚至继续开发金融产品和服务支持高碳化的行业、企业或项目,则会产生负外部性效应,即收益完全归自己所有,但成本特别是加剧气候变暖的气候成本则是由包括其他金融机构在内的整个社会所承受,碳金融公共物品缺失的问题也会更加严重。

因此,必须要对金融市场进行相应的干预和调控。这一干预和调控需要从两个层面进行:第一层面是针对碳排放企业的外部性和公共物品等问题展开。一方面,对于企业积极进行碳减排行为的正外部性问题,以及积极提供气候公共物品行为,除进行可能的财政补贴、给予优惠税费政策待遇以外,还应该给予金融方面的积极鼓励,为其"雪中送炭",优先满足其融资需求,给予其优惠贷款利率、提高信贷额度、支持上市融资、鼓励发行低碳债券等;另一方面,对于企业碳减排不力、碳排放量过大等导致负外部性问题,以及过度利用气候公共物品的行为,除进行行政管控、征收税费以外,还应当限制其融资需求的满足,对其进行"釜底抽薪",提高其贷款利率等条件要求,甚至不予贷款,限制其上市融资或发行债券等。第二层面是针对金融企业的外部性和公共物品问题展开。一方面,对于低碳金融的正外部性效应和公共物品问题,应当对那些积极开展碳金融服务、大力支持企业等市场主体碳减排、碳增汇行为的金融机构,给予相应的鼓励、促进和支持,从而引导金融机构更多更好地提供碳金融服务这一公共物品,也是将其遭受的正外部性影响内部化;另一方面,对于高碳金融的负外部性和公共物品供给不足问题,应当对那些为高碳化企业或项目提供资金支持的金融机构,进行相应的限制和约束,情节严重的可以进行处罚,增加其相关成本,从而使其造成的负外部性影响内部化,也能够缓解碳金融服务这一公共物品供给不足问题。

四、碳金融市场监管理论

金融市场是一个社会资金高度集中的资金融通交易市场,与传统商品交易市场相比，其具有虚拟化、高杠杆化、强信息化等特点。因此，金融市场汇聚的风险要远远高于普通市场，加之金融市场对实体经济的重大而广泛的影响力，金融市场风险还会传递到实体经济中，导致整个经济体的风险和危机。作为一种高风险的重要市场，必须要对其进行特别的监督和管理，以有效防控风险、促进市场健康发展。[1] 碳金融市场是一个十分特殊的金融市场，一方面，具有金融市场的基本要素，本质上属于金融市场，是金融市场的构成部分，因而具有相应的金融市场风险；另一方面，碳金融市场又不同于一般的金融市场，与气候领域密切关联，特别是与碳排放权交易市场密切连接在一起，与具有低碳相关要素、与气候变化问题有关的其他市场也联系紧密，因此会涉及气候风险。与此同时，碳排放权交易市场、具有低碳要素的相关市场等市场风险也可能会传导到碳金融市场中，成为碳金融市场的风险问题。因此，碳金融市场所面临的风险更加复杂多变，包括金融风险、气候风险以及其他市场传导风险等方面。如何预防、控制和解决好这些风险，是一个全新的也十分严峻的挑战。

作为"双碳"目标实现的重要推进和保障机制，碳金融市场既需要科学创设并实现健康发展，也需要充分、有效的监管，通过监管制度来防控和解决各类风险问题。碳金融市场的特殊性和复杂性要求相应的监管措施具有针对性和完备性。

根据风险的性质，碳金融市场监管包括金融监管、气候监管和其他监管。金融监管主要是针对碳金融市场中的金融风险进行，监管主体以金融监管部门为主，当然金融监管目标的实现也需要金融监管部门与其他相关部门如气候主管部门进行沟通协调，甚至在一些领域需要联合监管。气候监管主要是针对碳金融市场中的气候风险进行，监管主体以气候监管部门为主，但鉴于涉及金融机构，也需要与相应的金融监管部门进行沟通协调，在特定领域或问题上需要联合监管。至于其他监管，是指与其他市场相关联的风险问题的监管，如碳排放权交易市场、能源市场等，相关风险

---

[1] 李传轩：《生态文明视野下绿色金融法律制度研究》，知识产权出版社，2019，第65—66页。

具有很强的传导性，需要多个监管部门联合协调应对。

根据监管措施种类及其适用阶段的不同，碳金融市场监管主要包括市场准入监管、市场行为监管和市场危机监管三个部分。市场准入监管是对市场主体的准入资格进行监督把控，因为碳金融市场是一个高风险的复杂市场，不是任何主体都可以进入这个市场，只有那些具有一定的风险控制力和承受力的主体才是适合进入的主体，即适格主体。市场准入监管属于事前监管，能够充分发挥风险预防作用，提前构建风险防控屏障。市场行为监管是对进入碳金融市场的主体所采取的一些高风险行为进行监管，以尽可能降低和控制风险，促进和保障市场安全运行、健康发展。市场行为监管主要是一种事中监管，尽管在市场准入监管下，进入碳金融市场的主体具备相应的风险控制和承受能力，但不代表其不会从事高风险行为，一旦从事了高风险行为，就可能会给自身、其他市场主体乃至整个市场带来危机和损害。因此，需要对市场主体的相关风险行为进行监管。市场危机监管是当市场中发生了危机，产生了危害后果时，政府监管部门进行积极处理和救济。这是一种事后监管，是为了尽可能减少危机的危害后果，以及避免后续还有类似问题出现和危机发生而采取的监管措施。无论是事前监管、事中监管还是事后监管，都是碳金融市场安全健康发展所需要的法律制度保障。

第三节　碳金融法律制度的内容框架

碳金融法律制度是碳法律制度体系的重要组成部分，也是金融法律制度体系的特别构成部分，在内容构成上有着丰富的层次性和较强的体系性。从制度内容来看，主要包括金融法律制度以及与碳金融相关联的碳排放权交易、碳减排和碳增汇等相关法律制度，其中以金融法律制度为中心。从制度功能来看，主要包括碳金融宏观调控法律制度和碳金融市场监管法律制度两大部分，前者以调控市场资金流向的间接性制度措施为主要内容，后者以防控市场风险、监管市场行为的直接性制度措施为主要内容。从碳市场的种类来看，主要包括调节碳信贷市场的碳信贷法律制度、调节碳证券市场的碳证券法律制度、调节碳保险市场的碳保险法律制度、调节碳基金市场的碳基金法律制度以及调节碳金融衍生品市场的碳金融衍生品法律制度。

从市场角度去观察和把握碳金融法律制度比较直观和形象，不同的碳金融市场有着不同的制度需求，也会相应形成各自的法律制度体系。因此，我们主要从碳金融不同细分市场角度，来把握和构建碳金融法律制度体系。即碳金融法律制度的内容框架主要由碳信贷法律制度、碳证券法律制度、碳保险法律制度、碳基金法律制度和碳金融衍生品法律制度等五大部分组成。需要说明的是，我们是从应然意义上来搭建这一内容框架的，实然层面上这五类市场并非都已发展成熟，有的市场甚至还没有形成，相关的法律制度更是单薄、缺失甚至空白，远不完善。

一、碳信贷法律制度

碳信贷是涉及碳减排、碳增汇和碳排放权交易等相关项目或业务活动的信贷业务，是以商业银行为主体的信贷机构发放贷款给借款人，用于支持其碳减排、碳增汇和碳排放权交易项目或业务，对应对气候变化、实现"双碳"目标有着积极的促进作用。碳信贷是绿色信贷的重要组成部分，随着国际社会以及我国国内对气候变化应对问题越来越重视，碳信贷也开始受到政府和市场越来越多的关注，碳信贷业务也有了初步的发展，未来的发展空间十分广阔。

信贷业务是传统金融业务的核心和重心，在社会性资金配置方面有着举足轻重的作用。碳信贷市场的健康快速发展，需要制定一套法律制度体系，构建起相应的市场规则。基于信贷市场创新发展和减碳增汇目标，碳信贷法律制度包括信贷资金配置宏观调控制度和信贷市场监管制度两个主要部分，以及作为辅助性制度的气候变化相关法律制度。碳信贷宏观调控职能主要由中央银行——中国人民银行承担，碳信贷市场监管职能主要由中国银行保险监督管理委员会承担，而气候变化管理职能则主要由生态环境部承担。

二、碳证券法律制度

碳证券一般是指所募集的资金主要用于投入和支持有助于碳减排、碳增汇和碳排放权交易等低碳产业项目的证券，主要包括低碳企业上市融资、碳债券、碳资产支持证券等。发行股票、债券等有价证券是信贷融资之外十分重要的融资方式，也是最为重要的资本市场，具有强大的资金资源配置功能。如何确立碳证券市场的制度规则，特别是如何调节资本市场上的资金流向，对于社会经济发展来说意义重大。

在应对气候变化、实现"双碳"目标的背景下，需要制定相应的法律制度来调节资本市场中的资金流向。一方面，引导资金进入低碳市场，支持低碳企业和低碳项目的发展；另一方面，引导资金离开高碳市场，减少对高碳企业和高碳项目的资金支持。为了实现对证券市场资金的低碳化调节目标，应当通过建立有利于低碳化融资的证券市场准入机制，采取鼓励支持低碳企业上市、发行低碳债券等方式来募集资金，还需要采取对相关市场行为进行监管，并对有关违法违规行为进行制裁处罚的措施，从而塑造低碳化发展的市场预期和市场秩序，引领整个社会经济转向低碳发展。

三、碳保险法律制度

保险业是传统金融业的"三驾马车"之一，在风险管理和资金配置方面有着重要作用。无论是基于保险的储蓄投资性功能，还是基于投保理赔的风险管控性功能，以及保险资金的投资管理业务，保险都是一个充满资金流动和风险管控的行业或市场，应该属于金融大市场的一部分。与此同时，保险业对风险的管控同样可以很好地运用于生态环境风险方面，发挥出高效的作用。❶ 保险机制对于气候风险管理来说也有着很好的作用，也同样可以促进低碳企业和项目的融资。

碳保险是运用于气候风险管理、促进低碳企业和项目融资的保险产品和服务。从狭义上理解，碳保险是为降低碳资产开发或交易过程中的违约风险而开发的保险产品；❷ 而从广义上理解，碳保险可以包括一切支持碳减排、碳增汇和碳排放权交易等低碳企业或项目、有助于低碳经济发展和气候变化应对的保险产品与服务。为促进碳保险业务和市场的发展，充分发挥碳保险的气候风险管理和应对气候变化的功能，需要制定相应的法律制度来进行鼓励、引导、规范和监管。

四、碳基金法律制度

在传统金融业，除了银行、证券和保险这"三驾马车"之外，基金是一个发展比较晚，但越来越重要的金融行业和市场。基金一般是为了实现特定的目的而设立的一定数量的资金组合。在金融市场中，基金主要表现为证券投资基金。碳基金是指依法可投资碳资产的各类资产管理产品。❸ 在狭义上，碳资产主要是指基于碳排放权交易机制而产生的碳排放权配额、碳减排信用等。在广义上，碳资产往往还包括碳汇、碳债券等。

作为一类投资主体，碳基金设立的目的首先是获得投资回报；由于投资标的是与气候变化应对相关的碳资产，碳基金要获得经济回报，也有赖于该资产在碳减排等方面的低碳目标的实现，因此，碳基金设立和运行的目的包含着实现一定的低碳目标。为了构建健康、安全的基金投资市场，保障经济目标和低碳目标的有效实现，需要在基金管理法律制度和气候变

---

❶ 李传轩：《生态文明视野下绿色金融法律制度研究》，知识产权出版社，2019，第75页。

❷ 中国证监会2022年4月12日发布的《中华人民共和国金融行业标准》（JR/T 0244—2022）中"碳金融产品"部分关于"碳保险"的界定。

❸ 中国证监会2022年4月12日发布的《中华人民共和国金融行业标准》（JR/T 0244—2022）中"碳金融产品"部分关于"碳基金"的界定。

化法律制度的基础上制定专门性的碳基金法律制度，对碳基金的设立、投资和运行进行引导、规范和监管。

五、碳金融衍生品法律制度

金融衍生品是基于传统金融产品衍生出来的金融工具或产品，作为金融创新的重要表现形式和结果，金融衍生品在资金配置方面有着更高的效率，也能够更好地控制或规避传统金融产品的风险。但金融衍生品是一把"双刃剑"，也可能产生更多的甚至更大的风险。在我国，金融衍生品市场还是一个全新的、处于快速发展态势的金融市场。碳金融衍生品是在低碳背景下产生和发展出来的一种新型金融衍生品，在狭义上，是指在碳排放权交易基础上，以碳配额和碳信用为标的的金融合约，主要包括碳远期、碳期货、碳期权、碳掉期、碳借贷等。❶ 在广义上，碳金融衍生品并不局限于碳排放权交易范围，一切与碳减排、碳增汇和碳排放权交易相关的金融衍生品都可以归入碳金融衍生品的范围。

尽管如美国"金融期货之父""碳交易之父"理查德·桑德尔（Richard Sandor）所说的，"衍生品不是坏孩子"❷，但不可否认，金融衍生品市场较之于传统金融市场的确蕴涵更大更多的风险，往往成为金融危机的重要爆发点。因此，金融衍生品不是"坏孩子"，甚至是一个"更优秀的孩子"，但也肯定是一个"不省心的孩子"，需要"家长"一方面创立良好的平台空间帮助其更好地发展，另一方面对其进行相应的引导、规范，规制和管控相关风险，努力保障其健康有序发展。对碳金融衍生品更是如此，由于较之一般的金融衍生品而言，其又引入了低碳要素，风险情况必然更加复杂多样，更需要建立相应的法律制度来进行规范和调整。

---

❶ 中国证监会 2022 年 4 月 12 日发布的《中华人民共和国金融行业标准》（JR/T 0244—2022）中"碳金融产品"部分关于"碳金融衍生品"的界定。

❷ 理查德·桑德尔：《衍生品不是坏孩子：金融期货和环境创新的传奇》，陈晗、宾晖译，东方出版社，2013，第 25 章"衍生品不是坏孩子"，第 478 页。

第五章

碳信贷法律制度

第一节 碳信贷法律制度概述

一、碳信贷的相关概念与表现形式

（一）相关概念界定

碳信贷是绿色信贷的重要组成部分，无论是本质属性还是表现形式，都与绿色信贷相一致。为更好地理解碳信贷的内涵和外延，我们有必要先对绿色信贷进行介绍和分析。从信贷的金融学本源追溯，绿色信贷是在"银行信用"这一层面的基础上发展而来的，"银行贷款"是其表现形式和最终产品，"信用"则是其经济学本质。在"信贷"这一概念基础上派生出的绿色信贷应当是一种商业银行借助信贷手段来加大对绿色发展（绿色经济、低碳经济、循环经济）的支持，防范环境和社会风险，提升自身的环境和社会表现的金融活动。❶ 绿色信贷通常是指银行利用信贷手段支持有环保效益的项目和限制有负面环境效应项目的一系列政策、制度安排及实践。根据中国银行业监督管理委员会"绿色信贷统计"相关文件，绿色信贷项目包括：绿色农业开发项目，绿色林业开发项目，工业节能节水环保项目，自然保护、生态修复及灾害防控项目，可再生能源及清洁能源项目，农村及城市水项目，建筑节能及绿色建筑、绿色交通运输项目，节能环保项目等11类。❷

根据对绿色信贷内涵和外延的界定，碳信贷作为绿色信贷的一部分，是通过商业银行等贷款主体的信贷手段来支持低碳经济发展、助力气候变化应对、防范气候风险及相关社会风险的金融活动。碳信贷之所以从绿色信贷中被特别关注和单独提出，是由于气候问题的特殊性和国内外对气候问题的特别关注和重视。特别是在《巴黎协定》生效实施之后，国际社会绿色信贷发展的重点领域和新兴业务都开始转向碳信贷方面，碳信贷实践越来越多，形式也日益丰富。

（二）表现形式

从国内外碳信贷的发展实践情况来看，碳信贷市场初具雏形，碳信贷的种类和形式也比较多样。具体来说，主要有以下几类。

1. 与碳排放权交易相关的信贷

与碳排放权交易相关的信贷主要是指为碳排放权交易活动提供信贷资金支持，包括为交易主体购买碳排放配额提供信贷资金、以碳排放配额等碳资产为质押发放贷款等。借款人可以是需要控制和减少碳排放量的企业，也可以是参与碳排放权交易市场投资的其他主体。这一类碳信贷对于促进碳排放交易达成、活跃碳排放权交易市场来说有着十分重要的作用。

---

❶ 赵峥、袁祥飞、于晓龙：《绿色发展与绿色金融——理论、政策与案例》，经济管理出版社，2017，第62页。

❷ 马骏主编：《中国绿色金融发展与案例研究》，中国金融出版社，2016，第9页。

2. 与碳减排项目相关的信贷

与碳减排项目相关的信贷是指为企业等主体减少碳排放的相关项目活动提供信贷资金支持,从而有助于碳减排目标的实现。碳减排项目的内容和种类十分丰富,包括设备改造升级、能源系统更新、工艺低碳改进和低碳技术开发与运用等。在更为宽泛的意义上,只要是有助于减少碳排放的项目,都可以认定为碳减排项目,从而获得碳信贷的资金支持。

3. 与碳汇项目相关的信贷

与碳汇项目相关的信贷是指为固碳增汇项目提供的信贷资金支持。在狭义上,碳汇项目是指以吸收固定二氧化碳等为主要目的的植树造林、森林经营活动以及与碳汇相关的技术规范和标准制定、科学研究和成果推广、技术培训和宣传等项目。❶ 在广义上,碳汇项目不限于林业相关碳汇项目,还包括海洋相关碳汇项目以及碳捕捉和碳封存等固碳项目,以及与此相关的技术规范和标准制定、科学研究和成果推广、技术培训和宣传等项目。对这些项目的信贷资金支持,都可视为碳信贷业务。

4. 与清洁发展机制相关的信贷

清洁发展机制是《京都议定书》建立的三个灵活合作机制之一,目的在于减排温室气体,允许负有减排义务的发达国家投资者(包括政府和私人经济实体)向不具有强制减排义务的发展中国家投资有利于可持续发展的温室气体减排项目,据此获得核证减排量,来抵消温室气体排放。清洁发展机制是一种特殊的、国际性的碳减排项目,除获得发达国家投资者的投资支持以外,作为被积极鼓励的对象,还可以获得银行信贷资金的支持。当然,由于《巴黎协定》下清洁发展机制所面临的国际政策环境发生了很大变化,目前还存在巨大的不确定性,给清洁发展机制带来了较大的冲击,近两年发展明显停滞下来,相关的碳信贷业务也有了较大回落。

---

❶ 这一狭义定义是国家林业和草原局在《中国绿色碳基金碳汇项目管理暂行办法》中作出的,具体参见该办法第 2 条。

二、我国碳信贷的发展现状考察

我国碳信贷的发展最初是涵括在绿色信贷中展开的，也就是说，碳信贷并没有被特别提出来，那些投向碳减排、碳交易和碳汇等领域中的贷款，也被统一称为绿色信贷。随着气候变化问题受到越来越多的关注，特别是"双碳"目标的提出，碳信贷虽然仍是绿色信贷的组成部分和表现形式，但已经开始被专门提出。与此同时，一些全新的碳信贷产品也被开发创设出来，对碳减排、碳交易和碳汇发展的支持力度不断加大。自2021年以来，一些具有标志性意义或重要影响力的碳信贷产品和业务实践相继出现，具有代表性的有以下几个方面。

（一）各地对碳排放权抵押（质押）贷款制定业务操作规则，引领和促进相关业务积极快速发展

2021年6月1日，中国人民银行绍兴市中心支行、绍兴市生态环境局联合发布《绍兴市碳排放权抵押贷款业务操作指引（试行）》（绍银发〔2021〕53号），明确相关市场主体的碳排放权可进行抵押贷款。这笔贷款鼓励优先用于企业节能、低碳、清洁生产和污染防治等技术提升和改造，也可用于实际生产经营，但不得用于国家禁止生产、经营的领域和用途以及通过各种形式违规流入股市、房地产等非实体经济领域。2021年10月，中国人民银行杭州市中心支行会同浙江省生态环境厅等部门印发《浙江省碳排放配额抵押贷款操作指引（暂行）》，明确规定了碳排放权配额抵押贷款业务申请、受理、价值评估、抵押登记、处置等操作流程，打通了企业碳配额资产向信贷资源转化的渠道。2021年12月，中国人民银行上海分行、上海银保监局、上海市生态环境局联合印发了《上海市碳排放权质押贷款操作指引》，从贷款条件、碳排放权价值评估、碳排放权质押登记、质押处置等方面提出20条具体意见，厘清碳排放权质押的各环节和流程，支持金融机构在碳金融领域积极创新实践。2022年7月23日，江苏生态环境厅联合中国人民银行南京分行、江苏银保监局等印发《江苏

省碳资产质押融资操作指引（暂行）》，对碳资产质押贷款的融资条件及用途，融资期限、额度和利率，融资程序、贷后管理和激励措施等进行了较为全面的规定。

（二）央行推出碳减排支持工具，大力支持商业银行等金融机构向相关企业发放碳减排贷款

2021年，中国人民银行通过碳减排支持工具向金融机构提供低成本资金，引导金融机构在自主决策、自担风险的前提下，向碳减排重点领域内的各类企业一视同仁提供碳减排贷款，贷款利率应与同期限档次贷款市场报价利率（loan prime rate，LPR）大致持平。碳减排支持工具发放对象暂定为全国性金融机构，中国人民银行通过"先贷后借"的直达机制，对金融机构向碳减排重点领域内相关企业发放的符合条件的碳减排贷款，按贷款本金的60%提供资金支持，利率为1.75%。❶碳减排支持工具的发放对象还将进一步扩围，贷款资金主要支持的领域是清洁能源、节能环保和碳减排技术等。碳减排支持工具一经推出，得到了商业银行的积极回应，许多商业银行纷纷推出碳减排贷款产品，不断扩大碳减排贷款业务种类和规模。以邮政储蓄银行为例，2021年7月—12月，邮政储蓄银行在碳减排支持工具支持下，合计向196个项目发放碳减排贷款2 054 627.80万元，贷款加权平均利率4.19%，带动的年度碳减排量为3 834 378.46吨二氧化碳当量。碳减排贷款将专项用于清洁能源、节能环保和碳减排技术等重点领域，助力实现"双碳"目标。❷中国银行则又是一个积极利用中国人民银行碳减排支持工具来着力发展其碳减排贷款并取得良好成效的商业银行。2022年第二季度，中国银行在碳减排支持工具支持下，合计向231个项目发放碳减排贷款1 841 290.40万元，贷款加权平均利率3.59%，带动

---

❶ 佚名：《人民银行推出碳减排支持工具》，http://www.gov.cn/xinwen/2021-11/08/content_5649848.htm，访问日期：2022年6月18日。

❷ 佚名：《中国邮政储蓄银行碳减排贷款信息披露（2021年7月—12月）》，https://www.psbc.com/cn/gyyc/zygg/202202/t20220215_165022.html，访问日期：2022年6月18日。

的年度碳减排量为 5 071 568.58 吨二氧化碳当量,其中碳减排效应最为显著的项目有上海白鹭新能源崇明区 128 兆瓦渔光互补项目、图木舒克粤电瀚海兵团三师 40 万千瓦光伏项目、华润赤壁日曜 350 兆瓦渔光互补项目等。2022 年度,中国银行累计向 306 个项目发放碳减排贷款 3 230 532.82 万元,贷款加权平均利率 3.71%,带动的年度碳减排量为 8 453 451.82 吨二氧化碳当量。获得碳减排支持工具支持以来,中国银行累计向 396 个项目发放碳减排贷款 5 578 151.15 万元,贷款加权平均利率 3.81%,带动的年度碳减排量为 12 692 486.33 吨二氧化碳当量。❶

(三)全国碳信贷业务发展迅速,成为绿色信贷发展的重要推动力

根据中国人民银行公布的数据显示,2021 年末,绿色贷款余额 15.9 万亿元,同比增长 33%,比上年末高 12.7 个百分点,高于各项贷款增速 21.7 个百分点,全年增加 3.86 万亿元。绿色贷款投向具有直接和间接碳减排效益项目的贷款分别为 7.3 万亿元和 3.36 万亿元,合计占绿色贷款的 67%。❷ 而根据中国人民银行的最新数据,截至 2022 年二季度末,我国本外币绿色贷款余额 19.55 万亿元,同比增长 40.4%,比上年末高 7.4 个百分点,高于各项贷款增速 29.6 个百分点。其中,投向直接和间接碳减排效益项目的贷款分别为 8 万亿元和 4.93 万亿元,合计占绿色贷款的 66.2%。从用途来看,基础设施绿色升级产业、清洁能源产业和节能环保产业贷款余额分别为 8.82 万亿元、5.04 万亿元和 2.63 万亿元,同比分别增长 32.2%、40.8% 和 62.8%。❸ 可以说,无论是发展的增长速度,还是在绿色信贷中所占的比例,碳信贷都取得了令人瞩目的成绩。

---

❶ 佚名:《中国银行碳减排贷款信息披露(2022 年第二季度)》,https://www.boc.cn/cbservice/bi2/202208/t20220815_21622805.html,访问日期:2022 年 8 月 16 日。

❷ 佚名:《"碳中和"元年下的绿色金融:绿色信贷余额 15.9 万亿、绿色债券存量 1.16 万亿》,http://www.21jingji.com/article/20220224/c32223e5cf0cfbf98b83743577f1c35a.html,访问日期:2022 年 6 月 18 日。

❸ 佚名:《银行业助力实体经济低碳转型 加大绿色信贷投放力度》,http://henan.china.com.cn/finance/2022-08/05/content_42060776.htm,访问日期:2022 年 8 月 10 日。

三、我国碳信贷相关制度政策评析

我国碳信贷相关制度政策的发展可以分为两个阶段：第一个阶段是内含于绿色信贷制度政策的发展阶段；第二个阶段是相对独立于绿色信贷制度政策的发展阶段。下面我们从这两个阶段来考察评析碳信贷制度政策的发展与内容。

（一）绿色信贷制度政策中的相关规定

1.《节约能源法》中的相关规定

2018 年修正的《中华人民共和国节约能源法》（以下简称《节约能源法》）中对节能信贷政策进行了规定。该法第 65 条规定："国家引导金融机构增加对节能项目的信贷支持，为符合条件的节能技术研究开发、节能产品生产以及节能技术改造等项目提供优惠贷款。"这一规定以积极促导的方式为节能项目的信贷支持提供了法律依据，鉴于节能项目一般都有着直接或间接的碳减排效果，节能信贷也属于碳信贷的一部分。

2.《生态文明体制改革总体方案》中的相关规定

为系统、快速地推进生态文明建设，中共中央和国务院于 2015 年 9 月发布了《生态文明体制改革总体方案》，对我国生态文明建设作出了顶层设计。该方案的第八部分"健全环境治理和生态保护市场体系"中第 45 条规定："建立绿色金融体系。推广绿色信贷，研究采取财政贴息等方式加大扶持力度，鼓励各类金融机构加大绿色信贷的发放力度，明确贷款人的尽职免责要求和环境保护法律责任。"在该条规定中，碳信贷内含于绿色信贷之中被鼓励和规制，也被列为生态文明建设的重要机制和手段。

3.《关于构建绿色金融体系的指导意见》中的相关规定

2016 年 8 月，中国人民银行、财政部、国家发展和改革委员会、环境保护部、银监会、证监会、保监会等七部委联合发布了《关于构建绿色金融体系的指导意见》。该意见第二部分"大力发展绿色信贷"中提出构建支持绿色信贷的政策体系,具体包括:完善绿色信贷统计制度,加强绿色信贷实施情况监测评价。探索通过再贷款和建立专业化担保机制等措施支持绿色信贷发展。对于绿色信贷支持的项目,可按规定申请财政贴息支持。探索将绿色信贷纳入宏观审慎评估框架,并将绿色信贷实施情况关键指标评价结果、银行绿色评价结果作为重要参考,纳入相关指标体系,形成支持绿色信贷等绿色业务的激励机制和抑制高污染、高能耗和产能过剩行业贷款的约束机制。此外,该意见还提出了要推动银行业自律组织逐步建立银行绿色评价机制,明确贷款人环境法律责任,支持和引导银行等金融机构建立符合绿色企业和项目特点的信贷管理制度,优化授信审批流程,在风险可控的前提下对绿色企业和项目加大支持力度,等等。该意见对我国绿色金融体系构建作出了总体设计和具体指导,为发展绿色信贷提出了相关路径和措施。虽然没有特别提出碳信贷,但这些指导意见同样适用于碳信贷的发展。

4.《能效信贷指引》的相关规定

2015年1月,中国银监会、国家发展和改革委员会联合发布了《关于印发能效信贷指引的通知》(银监发〔2015〕2号),制定了《能效信贷指引》。这一文件中规定的能效信贷是指银行业金融机构为支持用能单位提高能源利用效率,降低能源消耗而提供的信贷融资。该指引中明确要求银行业金融机构应在有效控制风险和商业可持续的前提下,加大对重点能效项目的信贷支持力度,以及要积极探索能效信贷担保方式创新,以应收账款质押、履约保函、国际金融机构和国内担保公司的损失分担(或信用担保)、知识产权质押、股权质押等方式,有效缓解节能服务公司面临的有效担保不足、融资难的问题,同时确保风险可控。❶ 提高能源利用效率是减少能源消耗的重要方式,也是减少碳排放的重要方式,能效信贷毫无疑问也是碳信贷的重要形式。

---

❶ 《能效信贷指引》(银监发〔2015〕2号)第3条、第7条和第17条的相关规定内容。

5.《绿色贷款专项统计制度》的相关规定

中国人民银行 2018 年 1 月 5 日发布了《关于建立绿色贷款专项统计制度的通知》，提出对银行业相关机构的绿色贷款进行专门统计的要求，并于 2019 年 12 月 27 日对该统计制度进行了修订，以绿色产业目录为标准和依据，丰富和完善了统计的种类和内容。❶ 在相关贷款种类中，很多都是与低碳、减碳用途或目标相关的贷款。通过专项统计制度，引导商业银行等银行业金融机构积极发展包括碳信贷在内的绿色信贷业务。

6.《银行业金融机构绿色金融评价方案》的相关规定

中国人民银行 2018 年 7 月发布了《关于开展银行业存款类金融机构绿色信贷业绩评价的通知》（银发〔2018〕180 号），制定了《银行业存款类金融机构绿色信贷业绩评价方案（试行）》。由于近几年绿色信贷发展比较迅速，市场主体日益增多，产品内容更加丰富，许多问题也不断出现。为了更好地规范和发展这一市场，中国人民银行又于 2021 年 5 月 27 日全新制定出台了《银行业金融机构绿色金融评价方案》，取代了《银行业存款类金融机构绿色信贷业绩评价方案（试行）》，并于同年 7 月 1 日正式生效实施。新的规范文件把银行业金融机构的所有绿色金融业务都纳入了评价范围，并不限于绿色信贷业务，还包括了绿色证券、绿色股权投资、绿色租赁、绿色信托、绿色理财等。根据该方案规定，绿色金融评价是指中国人民银行及其分支机构对银行业金融机构绿色金融业务开展情况进行综合评价，并依据评价结果对银行业金融机构实行激励约束的制度安排。被纳入评价范围的是 24 家主要银行，目前纳入评价范围的绿色金融业务包括境内绿色贷款和境内绿色债券。评价指标包括定量和定性两类，其中，定量指标权重 80%，定性指标权重 20%。中国人民银行将根据绿色金融发展的需要，适时调整评价指标及其权重。绿色金融评价定量指标包括绿色金融业务总额占比、绿色金融业务总额份额占比、绿色金融业务总额同比增速、绿色金融业务风险总额占比等 4 项。中国人民银行将绿色金融评价

---

❶ 《中国人民银行关于修订绿色贷款专项统计制度的通知》（银发〔2019〕326 号）。

结果纳入央行金融机构评级等中国人民银行政策和审慎管理工具，从而鼓励和引导银行机构积极开展绿色信贷等业务。对于发展绿色信贷业务不力的银行来说，将会影响其评级表现，也会受到更多的关注和监管。

7.《绿色信贷指引》的相关规定

2012年1月，中国银监会发布了《关于印发绿色信贷指引的通知》（银监发〔2012〕4号），制定了《绿色信贷指引》，这应该是目前关于绿色信贷发展的最为全面和具体的规范性文件，对绿色信贷的规范化和精细化发展有着十分重要的指导作用。其主要内容包括以下几个部分：

一是总体要求。银行业金融机构应当有效识别、计量、监测、控制信贷业务活动中的环境和社会风险，建立环境和社会风险管理体系，完善相关信贷政策制度和流程管理。

二是组织管理。董事会或理事会负责确定绿色信贷发展战略，审批高级管理层制定的绿色信贷目标和提交的绿色信贷报告，监督、评估本机构绿色信贷发展战略执行情况；高级管理层根据董事会或理事会的决定，制定绿色信贷目标，建立机制和流程，明确职责和权限，开展内控检查和考核评价；明确一名高管人员及牵头管理部门，配备相应资源，组织开展并归口管理绿色信贷各项工作。必要时可以设立跨部门的绿色信贷委员会。

三是政策制度及能力建设。政策制度方面，主要是建立并不断完善环境和社会风险管理的政策、制度和流程，明确绿色信贷的支持方向和重点领域，对国家重点调控的限制类以及有重大环境和社会风险的行业制定专门的授信指引，实行有差别、动态的授信政策，实施风险敞口管理制度。制定针对客户的环境和社会风险评估标准，对存在重大环境和社会风险的客户实行名单制管理，要求其采取风险缓释措施等。能力建设方面，要建立健全绿色信贷标识和统计制度，完善相关信贷管理系统，加强绿色信贷培训，培养和引进相关专业人才。

四是流程管理。主要包括加强授信尽职调查，对拟授信客户进行严格的合规审查，加强授信审批管理，通过完善合同条款督促客户加强环境和社会风险管理，加强信贷资金拨付管理，加强贷后管理以及对拟授信的境外项目的环境和社会风险管理,等等。

五是内控管理和信息披露。内控管理方面,应当将绿色信贷执行情况纳入内控合规检查范围,定期组织实施绿色信贷内部审计;同时建立有效的绿色信贷考核评价体系和奖惩机制,落实激励约束措施。信息披露方面,要公开绿色信贷战略和政策,充分披露绿色信贷发展情况。对涉及重大环境与社会风险影响的授信情况,应当依据法律法规披露相关信息,接受市场和利益相关方的监督。必要时可以聘请合格、独立的第三方,对银行业金融机构履行环境和社会责任的活动进行评估或审计。

六是监督检查。主要包括各级银行业监管机构应当加强与相关主管部门的协调配合,建立健全信息共享机制,完善信息服务,向银行业金融机构提示相关环境和社会风险。应当加强非现场监管,完善非现场监管指标体系,强化对银行业金融机构面临的环境和社会风险的监测分析和引导。对银行业金融机构的相关评估作为监管评级、机构准入、业务准入、高管人员履职评价的重要依据。

从实践情况看,该指引制定的时间比较早,对绿色信贷的发展起到了很大的促进作用。当然,由于其只是一部规范性文件,对商业银行的约束力相对有限,有关的规定要求也未能被商业银行充分遵守和实现。

8.《绿色信贷实施情况关键评价指标》的相关规定

2014年6月中国银监会办公厅发布了《关于印发〈绿色信贷实施情况关键评价指标〉的通知》(银监办发〔2014〕186号),这同样是一个为了更好地落实《绿色信贷指引》规定的相关制度要求、推进绿色信贷发展的规范性文件。基于这一文件而制定的《绿色信贷实施情况关键评价指标》,则建立了针对绿色信贷工作进展情况的评价机制。这一机制主要是由相应的评价指标构成,而评价指标则是紧紧围绕着《绿色信贷指引》中的相关制度要求而制定的。具体来看,评价指标体系包括定性指标和定量指标两大部分。其中,定性指标以《绿色信贷指引》中的相关规定为依据而制定,包括以下指标内容:

一是《绿色信贷指引》第二章"组织管理"部分,有董事会职责指标、高管层职责指标、归口管理指标三大部分，具体还设有详细的指标要素分析，评价结果包括了"符合、基本符合、较不符合和不适用"四种；二是《绿色信贷指引》第三章"政策制度及能力建设"部分，包括制定政策指标、分类管理指标、绿色创新指标和能力建设指标，具体也设立了详细的指标要素，评价结果一样分为四种；三是《绿色信贷指引》第四章"流程管理"部分，有尽职调查指标、合规审查指标、授信审批指标、合同管理指标、资金拨付管理指标、贷后管理指标和境外项目管理指标，每一个指标下又设立了详细的指标要素；四是《绿色信贷指引》第五章"内控管理与信息披露"部分，设有内控检查指标、考核评价指标和信息披露指标，各个指标下同样设立了详细的指标要素；五是《绿色信贷指引》第六章"监督检查"部分，设有自我评估指标，并设有两项指标要素。其中，定量指标部分包括核心指标和可选指标两类。核心指标是支持及限制类贷款情况，包括支持及限制类贷款的具体类别、碳减排量、贷款余额、年内及同比增减情况、不良率、户数及占比等指标要素。可选指标则包括了机构的环境和社会表现、绿色信贷培训教育情况以及与利益相关方的互动情况等三个指标。此外，为了更好地运用好相关评价指标，《绿色信贷实施情况关键评价指标》还制定了相关附表，包括应制定信贷政策的行业表、A类B类项目和客户的国民经济代码表、客户环境和社会风险管控情况动态评估表、涉及"两高一剩"行业参考目录表以及环境和社会风险管理合同文本参照内容表等。❶

9.《银行业保险业绿色金融指引》

中国银行保险监督管理委员会于2022年6月1日发布了《关于印发银行业保险业绿色金融指引的通知》（银保监发〔2022〕15号），制定了《银行业保险业绿色金融指引》，以更为综合的规范形式对银行业和保险业如何发展绿色金融进行规范和指引。在一定意义上，《银行业保险业绿色金融指引》是对《绿色信贷指引》的更新、升级和部分替代，尽管出台实

---

❶ 李传轩：《生态文明视野下绿色金融法律制度研究》，知识产权出版社，2019，第90页。

施时间已经比较久远的《绿色信贷指引》仍未失效。这一全新指引的第 1 条就明确规定："为促进银行业保险业发展绿色金融，积极服务兼具环境和社会效益的各类经济活动，更好助力污染防治攻坚，有序推进碳达峰、碳中和工作，根据《中华人民共和国银行业监督管理法》《中华人民共和国商业银行法》《中华人民共和国保险法》等法律法规，制定本指引。"这就把最新提出的"双碳"目标列入了立法宗旨。该指引积极鼓励银行保险机构在依法合规、风险可控的前提下开展绿色金融体制机制创新，通过组建绿色金融专业部门、建设特色分支机构、设置专岗专职等方式，提升绿色金融服务质效和风险管理水平；明确要求银行保险机构董事会或理事会应当承担绿色金融主体责任，树立并推行节约、低碳、环保、可持续发展等绿色发展理念，重视发挥银行保险机构在推进生态文明体系建设和促进经济社会发展全面绿色转型中的作用，建立与社会共赢的可持续发展模式。严格要求银行保险机构应当以助力污染防治攻坚为导向，有序推进碳达峰碳中和工作。坚持稳中求进，调整完善信贷政策和投资政策，积极支持清洁低碳能源体系建设，支持重点行业和领域节能、减污、降碳、增绿、防灾，实施清洁生产，促进绿色低碳技术推广应用，落实碳排放、碳强度政策要求，先立后破、通盘谋划，有保有压、分类施策，防止"一刀切"和运动式减碳。

（二）碳信贷制度政策中的专门规定

1.《中共中央、国务院关于完整准确全面贯彻新发展理念做好碳达峰碳中和工作的意见》的相关规定

2021 年 9 月 22 日出台的《中共中央、国务院关于完整准确全面贯彻新发展理念做好碳达峰碳中和工作的意见》，对我国如何做好碳达峰碳中和工作进行了专门规定，其中也提出了碳信贷的措施手段。该意见第 31 条"积极发展绿色金融"规定，"有序推进绿色低碳金融产品和服务开发，设立碳减排货币政策工具，将绿色信贷纳入宏观审慎评估框架，引导银行等金融机构为绿色低碳项目提供长期限、低成本资金。鼓励开发性政策性

金融机构按照市场化法治化原则为实现碳达峰、碳中和提供长期稳定融资支持"。作为实现"双碳"目标的1+n制度政策体系中居于综合性、指导性地位的1，该意见对碳信贷制度政策的规定具有重要意义。目前，中国人民银行已经推出碳减排政策工具，这一工具的影响力也正在持续增加；而将碳信贷纳入宏观审慎监管，以及如何更好地发挥开放性政策性金融机构在碳信贷方面的作用，还需要后续推进和落实。

2.《关于促进应对气候变化投融资的指导意见》与《气候投融资试点工作方案》的相关规定

生态环境部、国家发展和改革委员会、中国人民银行、中国银行保险监督管理委员会、中国证券监督管理委员会于2020年10月出台了《关于促进应对气候变化投融资的指导意见》，强化对撬动市场资金投向气候领域的引导机制和模式设计，支持在气候投融资中通过多种形式有效拉动和撬动社会资本，鼓励"政银担""政银保""银行贷款+风险保障补偿金""税融通"等合作模式，依法建立损失分担、风险补偿、担保增信等机制，规范推进政府和社会资本合作（PPP）项目。同时，该意见还鼓励银行业金融机构和保险公司设立特色支行（部门），或将气候投融资作为绿色支行（部门）的重要内容。为了更好地落实该意见的规范要求，促进气候投融资发展，2021年12月21日生态环境部等九部门发布了《关于开展气候投融资试点工作的通知》（环办气候〔2021〕27号），编制了《气候投融资试点工作方案》，鼓励试点地方金融机构探索开展包括碳基金、碳资产质押贷款、碳保险等碳金融服务。

3.《关于引导加大金融支持力度 促进风电和光伏发电等行业健康有序发展的通知》的相关规定

国家发展和改革委员会、财政部、中国人民银行、中国银行保险监督管理委员会、国家能源局2021年2月24日发布了《关于引导加大金融支持力度 促进风电和光伏发电等行业健康有序发展的通知》（发改运行〔2021〕266号），其中对如何通过信贷支持政策来促进风电和光伏发电行业发展进行具体规定。风电和光伏发电等新能源行业的发展对于减少高碳能源的利用，从而减少能源行业的碳排放至关重要。因此，相关信贷政策均属于碳信贷的范畴。根据通知内容，主要有以下几个方面的信贷支持政策：一是金融机构按照商业化原则与可再生能源企业协商展期或续贷。对短期偿付压力较大但未来有发展前景的可再生能源企业，金融机构可以按照风险可控原则，在银企双方自主协商的基础上，根据项目实际和预期现金流，予以贷款展期、续贷或调整还款进度、期限等安排。二是金融机构按照市场化、法治化原则自主发放补贴确权贷款。已纳入补贴清单的可再生能源项目所在企业，对已确权应收未收的财政补贴资金，可申请补贴确权贷款。金融机构以审核公布的补贴清单和企业应收未收补贴证明材料等为增信手段，按照市场化、法治化原则，以企业已确权应收未收的财政补贴资金为上限自主确定贷款金额。申请贷款时，企业需提供确权证明等材料作为凭证和抵押依据。三是对补贴确权贷款给予合理支持。各类银行金融机构均可在依法合规前提下向具备条件的可再生能源企业在规定的额度内发放补贴确权贷款，鼓励可再生能源企业优先与既有开户银行沟通合作。相关可再生能源企业结合自身情况和资金压力自行确定是否申请补贴确权贷款，相关银行根据与可再生能源企业沟通情况和风险评估等自行确定是否发放补贴确权贷款。贷款金额、贷款年限、贷款利率等均由双方自主协商。这些信贷政策以商业化、市场化、法治化与合理化为基础，具有很强的可行性和生命力，对于相关可再生能源行业企业持续获得信贷资金支持、促进碳减排来说，是一项长效机制。

（三）关于碳信贷相关制度政策的总体评价

从上文对相关制度政策的全面梳理和分析可以看出，我国在碳信贷方面已经有比较多的制度规定，特别是近两年来相关政策密集出台，专门性规定也不断制定，为我国碳信贷发展提供了大力的支持，创造了良好的环境。这一点从碳信贷市场发展情况也能够看出，正是由于相关制度政策的不断出台，碳信贷有了较为快速的发展。然而，尽管碳信贷市场和碳信贷制度政策都有着较大的发展，但对于"双碳"目标的实现来说还远远不够。目前的碳信贷制度政策还有着一些问题和不足，需要进一步改进和完善。具体来说，主要表现为以下几个方面。

1. 制度规定的效力位阶较低，主要是一些规范性文件

与碳信贷直接或间接相关的制度规定有十多项，但绝大部分都是规范性文件，效力位阶较低，只有《节约能源法》是法律。当然，规范性文件有其优点，可以快速、灵活、便捷地对相关政策进行规定，对于碳信贷这一全新的业务和市场的初步发展来说是比较合适的。但是，碳信贷制度机制的构建和碳信贷市场秩序的塑造，离不开效力位阶更高的法律法规来规范。而与碳信贷关系最为密切的几部法律规范，都未能对此作出规定。《商业银行法》（2015年8月29日修正，2015年10月1日实施）未能对碳信贷以及商业银行的碳责任进行明确规定，《中国人民银行法》（2003年12月27日修正，2004年2月1日实施）没有将低碳环保目标列为金融宏观调控的目标依据，《银行业监督管理法》（2006年10月31日修正，2007年1月1日施行）也没有提及碳信贷业务及对其进行专门化监管。这些问题都将影响到我国碳信贷市场的进一步发展。

2. 制度内容多为柔性措施，很少有刚性约束

从目前碳信贷制度政策的内容来看，主要都是一些引导、鼓励和支持的措施手段，从正面激励的角度去推进碳信贷发展。这些可以说都是柔性措施，相关规定也属于软法性规定。如果商业银行等金融机构没有积极发展碳信贷业务，甚至继续支持高碳化项目、企业或行业的贷款融资需求，那么主要原因还在于很少有明确直接的刚性约束机制。尽管2016年出台的《关于构建绿色金融体系的指导意见》中规定了"研究明确贷款人环境法律责任。依据我国相关法律法规，借鉴环境法律责任相关国际经验，立足国情探索研究明确贷款人尽职免责要求和环境保护法律责任，适时提出相关立法建议"。但迄今为止贷款人的环境法律责任仍未能在我国相关立法中真正得以确立。这一状况的存在也是和目前已有的制度规定效力位阶太低有关，根据《立法法》的规定，规范性文件是无权设定行政处罚等法律责任的。然而，刚性约束措施和机制的确立对碳信贷市场发展至关

重要，仅靠鼓励、引导等软法性规定无法持续推进和保障碳信贷市场的发展，尽快制定硬法性规定，明确银行业金融机构的气候环境法律责任以及建立刚性约束机制势在必行。

3. 各项制度规定较为分散，缺乏应有的统一协调

从目前碳信贷各项制度规定的出台和构成情况来看，各项制度规定处于一个比较分散的状态。首先，综合性规定和单一性规定都有，内容也有很多重叠或重复的方面，可谓种类繁多、内容庞杂，缺乏应有的统一和协调。其次，政出多门，牵头制定主体很多，参与制定主体更多。光是牵头制定主体就有不少，既有碳信贷市场的宏观调控部门——作为央行的中国人民银行，也有碳信贷市场的监管部门——中国银行业保险业监督管理委员会，还有气候变化主管部门——生态环境部以及能源主管部门——国家发展和改革委员会等。不同部门制定政策的立场目标不尽一致，关注的问题和角度也有很大的差异，在相关规定内容上缺乏相应的统一和必要的整合。最后，各项制度规定出台的时间也有先有后，跨度达10年之久，这么长的时间中社会经济环境发生了很大变化，特别是碳信贷所面临的环境变化更是巨大，但部分规定依然在适用，未能进行更新。针对相同或类似事项的新旧规定之间，也存在一些不一致的地方，需要整合与协调。例如，《绿色信贷指引》《能效信贷指引》和《银行业保险业绿色金融指引》之间就是如此。

第二节 赤道原则中的碳信贷规则及借鉴

国际社会在积极应对气候变化过程中，从《联合国气候变化框架公约》开始就十分重视资金机制，后续一些重要的气候变化大会上所关切和讨论的主要议题就是如何为气候变化应对筹集资金。但是，从市场化的角度看，信贷市场才是主要的气候融资渠道，如何通过信贷市场来为碳减排

和碳适应行动提供资金是更为重要和长久的事情。赤道原则的提出就是国际信贷市场领域在包括碳信贷在内的绿色信贷方面的创新性努力。通过对国际信贷市场中的市场主体资金活动进行引领、规范和限制，使其关注环保和社会风险问题，鼓励其向绿色低碳项目提供信贷资金，限制其向高碳化、污染型项目提供信贷资金，从而促进国际项目减污降碳、实现绿色发展。虽然赤道原则并不是一项国际法律规范，而只是国际信贷市场中形成的、由主要国际商业银行发起设立的自愿性规则，但由于其日益广泛和深入的社会影响力，在环境问题日益被国际社会所重视的情形下被越来越多的国际商业银行所认可和接受，甚至变成了一项行业性规则，深刻影响和推动了国际信贷市场的绿色化发展走向。

一、赤道原则的提出、发展及影响

（一）赤道原则的提出

赤道原则是 2003 年 6 月由荷兰银行等具有重要影响力的国际商业银行和国际金融公司研讨制定的，当时就有八家国际商业银行正式宣布适用赤道原则，成为首批赤道银行。参加采用赤道原则的银行业金融机构均承诺在其内部环境和社会政策、程序和项目融资中适用和遵守赤道原则的相关标准和要求，不会向不遵守或无法遵守赤道原则相关标准要求的项目提供相应贷款。这样就能够从资金链条层面很好地遏制污染、气候等环境风险以及侵害劳工权益等人权保护方面的相关社会风险的发生，承担相应的社会责任，促进社会经济的绿色低碳发展，同时也对赤道银行自身的健康和安全发展起到了很好的保障作用。

（二）赤道原则的发展

赤道原则一经提出就获得了国际社会特别是国际银行业的广泛关注，越来越多的银行业金融机构宣布采纳赤道原则，成为赤道银行或赤道金融机构。到 2022 年 6 月 30 日为止，共有 38 个国家或地区的 134 家金融机构已正式采用赤道原则。继兴业银行2008年10月首先加入赤道原则后，我国内地（大陆）地区相继又有江苏银行（2017年1月）、湖州银行（2019年7月）、重庆农村商业银行（2020年2月）、绵阳市商业银行（2020年7月）、贵州银行（2020年11月）、重庆银行（2021年2月）、福建海峡银行（2021年12月）以及威海市商业银行（2021年12月）等九家商业银行加入赤道原则。❶ 我国香港特别行政区和台湾地区也有多家银行加入了赤道原则。可以说，在波澜壮阔的绿色金融浪潮中，无论是在世界范围内还是在我国国内，赤道原则的影响力都在逐渐加大，越来越多的商业银行都在主动或被动地寻求加入赤道原则。

与此同时，赤道原则自身也在与时俱进，不断改进更新。2006年6月第二版赤道原则（EP Ⅱ）修订出台，2013年6月第三版赤道原则（EP Ⅲ）修订出台，2020年7月第四版赤道原则（EP4）修订出台。可以说，赤道原则基本保持了每7年修改更新一次的频率，以确保赤道原则能够适应并引领绿色信贷发展的趋势要求。作为最新版本的赤道原则，第四版赤道原则内容更加丰富，进一步扩展适用范围，而且高度关注气候风险，明确指出支持《巴黎协定》的内容目标，增加了许多关于气候变化应对和国际碳减排相适应的内容。

（三）赤道原则的影响

赤道原则的影响越来越大，目前已经成为项目环境和社会风险管理的金融行业标准。金融机构积极采用赤道原则，以确保他们资助的项目以对社会负责的方式开发，并反映健全的环境管理实践。赤道银行或赤道金融机构业已感受到赤道原则所带来的诸多好处。通过适用赤道原则，可以尽可能避免对受项目影响的生态系统和社区产生负面影响。如果不可避免，也可以适当减少、减轻和/或补偿负面影响。赤道原则金融机构认为，通

---

❶ "Members & Reporting", https://equator-principles.com/members-reporting/, last visited at Aug. 16, 2022.

过和遵守赤道原则,通过借款人与当地受影响社区的接触,为他们、借款人和当地利益相关者带来了重大利益。采用者能够更好地评估、减轻、记录和监测与发展项目融资相关的信用和声誉风险。❶随着赤道银行越来越多,国际和国内信贷市场的绿色化进程也越来越广泛和深入,对环境保护、气候变化应对和低碳绿色发展产生了重大影响。

二、赤道原则的基本内容及评析

赤道原则是一套制度框架和规则体系,主要包括序言、范围、方法、原则声明、免责声明、执行要求附件和支持信息附件。下面就以最新的第四版赤道原则为样本,对其基本内容进行介绍和分析。

(一)序言

序言部分主要是介绍赤道原则提出的背景、秉持的基本理念、所要达致的目标以及基本的工作思路。第四版序言比第三版序言内容更为丰富,其中值得关注的是明确提出了支持《巴黎协定》(2015)的目标,也认可赤道金融机构在提高与气候有关的信息的可用性方面的作用,如气候相关财务信息披露工作组在评估在赤道原则下受资助的项目潜在转型风险和物理风险时的建议;以及支持保护生物多样性的工作,包括致力于在相关研究和决策过程中强化证据基础。❷这些意味着气候变化问题和碳信贷业务将成为赤道原则的重点关注内容和重要发展方向。

(二)范围

根据第四版的规定,赤道原则适用于全球各行各业,在行业上没有限

---

❶ Equator Principles, "About the Equator Principles", https://equator-principles.com/about-the-equator-principles/, last visited at Aug. 16, 2022.

❷ 第四版赤道原则"序言"部分, https://equator-principles.com/app/uploads/EP4_Chinese.pdf, 访问日期:2022年8月16日。

制。在融资项目要求上，主要分为项目融资咨询服务、项目融资、关联公司贷款、过桥贷款、项目关联再融资与项目关联并购融资等五大类。具体适用条件如下：❶

（1）项目资金总成本达到或超过1000万美元的项目融资咨询服务。

（2）项目资金总成本达到或超过1000万美元的项目融资。

（3）符合下述三项标准的与项目关联的公司贷款：①大部分贷款与客户拥有实际经营控制权（直接或间接）的项目有关；②贷款总额和赤道金融机构单独贷款承诺（银团贷款或顺销前）均为至少5000万美元；③贷款期限为至少2年。

（4）过桥贷款，贷款期限少于两年，且计划借由预期符合上述第3项相关标准的项目融资或一种与项目关联的公司贷款进行再融资。

（5）与项目关联的再融资和与项目关联的并购融资，满足以下三个条件：①为以赤道原则框架为基础的项目提供资金；②项目的规模和范围没有实质性变化；③在签署融资或贷款协议时，项目尚未完工。虽然目前不计划就过往项目追溯应用赤道原则，但赤道金融机构将把这些原则应用于扩建或升级现有项目的融资。

总体来说，赤道原则的适用范围在逐渐扩大，融资规模门槛越来越低。第四版规定较之于第三版进一步把项目关联公司贷款总额要求从1亿美元降低到5000万美元，从而使更多的关联公司融资进入了赤道原则适用范围。

（三）方法

在如何适用赤道原则的方法方面，不同类别有着不同的做法。具体方法和要求为：❷对于项目融资和与项目关联的公司贷款，赤道金融机构仅会

---

❶ 第四版赤道原则"范围"部分，https://equator-principles.com/app/uploads/EP4_Chinese.pdf，访问日期：2022年8月16日。

❷ 第四版赤道原则"方法"部分，https://equator-principles.com/app/uploads/EP4_Chinese.pdf，访问日期：2022年8月16日。

为符合原则第 1~10 条相关要求的项目提供项目融资和与项目关联的公司贷款。对于与项目关联的再融资和与项目关联的并购融资，赤道金融机构将继续通过采取合理措施来针对基础项目实施赤道原则的相关要求，从而确保所有相关的现有环境和社会义务继续被纳入新的融资文件。对于项目融资咨询服务和过桥贷款，赤道金融机构在提供项目融资咨询服务和过桥贷款时，会令客户明白赤道原则的内容、应用和在预期项目中采用赤道原则的益处。赤道金融机构会要求客户在其后物色长期性融资时，向赤道金融机构确认其有意遵守赤道原则的规定。赤道金融机构会指导并支持客户循序渐进地按要求应用赤道原则。而对于 A 类或 B 类（原则 1 中所界定的）过桥贷款，应满足下列要求：

（1）在贷款期限内，项目处于可行性分析阶段并预计不会产生任何影响，赤道金融机构将要求客户进行一次环境和社会评估（评估）操作。

（2）在贷款期限内，环境和社会评估文件（评估文件）已准备好，项目开发即将开始，赤道金融机构会适当与客户合作确定一名独立环境和社会顾问并开展一定量的工作，以着手进行独立审查（原则 7 中所界定的）。

最后，适用赤道原则的重要方法还包括信息共享。在遵守商业保密原则和适用的法律法规的前提下，被委托的赤道金融机构将适当与其他被委托金融机构共享相关环境和社会信息，该共享将严格限于实现对赤道原则应用的一致性以内。通过信息共享，可以扩大赤道原则的适用范围和实际影响力。

（四）原则声明

原则声明是赤道原则最为核心的内容。赤道原则提出了十项原则，要求赤道银行进行遵行。❶

---

❶ 第四版赤道原则"原则声明"部分，https://equator-principles.com/app/uploads/EP4_Chinese.pdf，访问日期：2022 年 8 月 16 日。

1. 原则1：审查和分类

第一项原则是关于项目审查和分类的要求。当项目提呈融资时，作为内部环境和社会审查和尽职调查工作的一部分，赤道金融机构将根据包括那些与人权、气候变化和生物多样性有关的风险及影响在内的潜在环境和社会影响及风险的程度，将项目分类，环境和社会尽职调查也与项目的性质、规模和阶段以及环境和社会风险及影响的分类级别相适应。这种分类基于国际金融公司的环境和社会分类操作流程，具体包括以下三类：❶

A类——项目对环境和社会有潜在重大不利并/或涉及多样的、不可逆的或前所未有的影响；

B类——项目对环境和社会可能造成不利的程度有限和/或数量较少，而影响一般局限于特定地点，且大部分可逆并易于通过减缓措施加以解决；

C类——项目对环境和社会影响轻微或无不利风险和/或影响。

2. 原则2：环境和社会评估

第二项原则是环境和社会评估要求。赤道金融机构要求客户开展适当的环境和社会评估，在令赤道金融机构满意的前提下解决与提呈项目有关的环境和社会风险及影响规模（当中可能包括附件Ⅱ所示的问题说明清单）。评估文件应提供与提呈项目性质和规模在某种意义上相关相称的可减少、减轻和在残余影响依然存在的情况下赔偿/补偿对工人、受影响的社区和环境造成的风险和不利影响的措施。无论评估文件由客户、顾问或外部专家任何一方制定，它都将充分、准确并客观地评价和说明环境和社会风险和影响。A类项目及部分视情况而定的B类项目的评估文件应包括一份环境和社会影响评估。可能还需要进行一项或多项专门研究。对于其他B类项目，合适的评估文件可局限或集中于某个问题的环境或社会评

---

❶ 第四版赤道原则"原则1：审查和分类"部分，https://equator-principles.com/app/uploads/EP4_Chinese.pdf，访问日期：2022年8月16日。

估,并应用与在分类过程中确定的风险或影响相关的适用风险管理标准。❶ 从这一原则的基本要求看,实行的是根据不同项目类别、不同程度的环境影响来进行差别性评估,较好地平衡了赤道原则要求和程序效率之间的关系。

3. 原则 3：适用的环境和社会标准

第三项原则规定了评估所适用的环境和社会标准。原则要求,应首先符合东道国相关的法律、法规和许可。全球市场千差万别,对环境与人权保护程度也不尽相同,相应的评估既需要灵活应对,也需要坚持底线和最低标准。该原则规定,赤道金融机构的尽职调查将包括：针对全球所有 A 类和 B 类项目,由赤道金融机构审查和确认项目和交易如何满足每个原则。在获得独立环境及社会顾问的意见后（如适用）,赤道金融机构将评估项目是否符合以下适用标准：❷

（1）假如项目位于非指定国家,则应该符合当时适用的国际金融公司环境和社会可持续性绩效标准（绩效标准）,以及世界银行集团环境、健康和安全指南（附件Ⅲ）。

（2）假如项目位于指定国家,则应该在环境和社会问题方面符合东道国相关的法律、法规和许可。赤道金融机构还将评估项目的具体风险,以确定除东道国法律以外,国际金融公司的一个或多个绩效标准是否可以用于指导应对这些风险。

评估的要求是项目整体上符合,或只在合理情况下偏离适用标准。这些标准是最低标准。赤道金融机构可以自己选择适用更高的标准。

4. 原则 4：环境和社会管理系统以及赤道原则行动计划

第四项原则是要求高风险项目的客户实施环境和社会风险管理体系,是充分利用信贷手段影响和推进环境和社会治理的表现,是环境、社会和

---

❶ 第四版赤道原则"原则 2：环境和社会评估"部分,https://equator-principles.com/app/uploads/EP4_Chinese.pdf,访问日期：2022 年 8 月 16 日。

❷ 第四版赤道原则"原则 3：适用的环境和社会标准"部分,https://equator-principles.com/app/uploads/EP4_Chinese.pdf,访问日期：2022 年 8 月 16 日。

治理❶理念的实践。该原则规定，对于每个获评为 A 类和 B 类的项目，赤道金融机构应要求客户开发和 / 或维护一套环境和社会管理体系。此外，客户须准备一份环境和社会管理计划，借以处理评估过程中发现的问题并整合为符合适用标准所需采取的行动。当适用标准不能令赤道金融机构满意时，客户和赤道金融机构将商定一份赤道原则行动计划。赤道原则行动计划旨在概述根据适用标准，距离符合赤道金融机构要求还存有的差距和所需的承诺。❷

5. 原则 5：利益相关者的参与

第五项原则是为利益相关者提供参与机制。根据该原则，对于每个被评定为 A 类和 B 类的项目，赤道金融机构会要求客户证明，其已经采用一种在结构和文化上均合适的方式，持续与受影响社区、工人和其他有关的利益相关方开展了有效的利益相关者参与行动。对受影响社区有潜在重大不利影响的项目，客户将实行通报协商和参与流程。为了促进利益相关者的参与，客户将以当地语言和文化上适当之方式，为受影响社区及其他利益相关者提供与项目的风险和影响相称的评估文件。所有受项目影响的原住民将成为通报协商和参与流程的一部分，并需要符合相关国家法律中赋予原住民的权利和给予的保护，包括国际法中履行东道国义务的法律。国际金融公司绩效标准 7 第 13～17 款详述了特定规定，要求得到受影响的原住民自由、事先和知情的同意。❸

通过对利益相关者的参与机会和过程保障，既能够使环境等相关利益得到保护，也有助于客户项目的安全顺利实施，同样有利于赤道银行贷款的安全和效益。

---

❶ 环境、社会和治理，environmental, social and governance，简称 ESG。

❷ 第四版赤道原则"原则 4：环境和社会管理系统以及赤道原则行动计划"部分，https://equator-principles.com/app/uploads/EP4_Chinese.pdf，访问日期：2022 年 8 月 16 日。

❸ 第四版赤道原则"原则 5：利益相关者的参与"部分，https://equator-principles.com/app/uploads/EP4_Chinese.pdf，访问日期：2022 年 8 月 16 日。

6. 原则6：投诉机制

第六项原则是设立投诉机制，以回应和解决项目中可能出现的异议和纠纷。根据该原则，对于每个被评定为A类和部分视情况而定的B类项目，赤道金融机构会要求客户为受影响的社区和工人设立一套投诉机制，作为环境和社会管理体系的一部分，此举可让客户酌情收集并促进解决对项目的环境和社会绩效的关注和投诉。投诉机制应按照项目风险和影响的比例设立，并能够通过一种易懂并透明的磋商流程，及时解决被关注的问题，该机制在文化上适当、易于使用、无成本并不会对首先提出问题或关注的团体进行报复。投诉机制不应妨碍司法或行政救济的获取。客户会在利益相关者的参与流程期间将该机制告知受影响社区和工人。❶ 投诉机制的设立，使赤道原则更具有包容性和民主性，更有利于目标的有效达成。

7. 原则7：独立审查

第七项原则是独立审查原则，要求在项目融资和与项目关联的公司贷款时对项目的环境和社会风险进行独立审查。根据该原则，对于每个被评定为A类和部分视情况而定的B类项目，将由一名独立环境和社会顾问对评估文件，包括环境和社会管理计划、环境和社会管理体系和利益相关者的参与流程文件，进行一次独立审查，此举旨在协助赤道金融机构的尽职调查工作，并确定项目是否符合赤道原则。该独立环境和社会顾问还将提出或认可一套合适的赤道原则行动计划，该计划能使项目符合赤道原则，或指出有理由偏离适用标准的地方。该顾问必须能够证明在评估与项目有关的环境和社会风险类型及影响方面的专业知识。对于B类项目，若存在由多边或双边金融机构或经济合作和发展组织官方出口信用保险机构开展了尽职调查的情况，赤道金融机构可以考虑将该尽职调查作为参考，以确定是否需要进行独立审查。❷

---

❶ 第四版赤道原则"原则6：投诉机制"部分，https://equator-principles.com/app/uploads/EP4_Chinese.pdf，访问日期：2022年8月16日。

❷ 第四版赤道原则"原则7：独立审查"部分，https://equator-principles.com/app/uploads/EP4_Chinese.pdf，访问日期：2022年8月16日。

独立审查原则十分重要，是确保项目的环境和社会风险得到尽可能客观调查和评估的重要保障机制，有助于赤道金融机构作出科学合理的贷款决策。

8. 原则 8：承诺性条款

第八项原则是承诺性条款，要求在贷款合同中加入有关合规的承诺性条款。该原则规定，对于所有项目，假如客户未能履行其环境和社会承诺性条款，赤道金融机构将与客户协作，采取补救措施，以使项目符合承诺性条款的要求。假如客户未能在议定的宽限期内重新遵守承诺性条款，则赤道金融机构将保留在其认为适当的时候行使补救措施的权利，包括宣布发生违约事件。客户将在融资文件内加入承诺性条款，在所有重要方面遵守东道国一切相关的环境和社会法律、法规和许可。此外，所有 B 类项目的客户将在融资文件内加入以下承诺性条款：❶

（1）在项目兴建和运作期间，在所有重要方面均符合环境和社会管理计划及赤道原则行动计划（如适用）。（2）按与赤道金融机构协议的格式定期提交由内部职员或第三方专家编制的报告（提供报告的频度与影响的严重程度成正比，或按照法律所规定，但每年至少应提交一次），报告应：①符合环境和社会管理计划及赤道原则行动计划（如适用）；②提供有关当地、州和东道国环境和社会法律、法规和许可的合规陈述。（3）按照协议的退役计划在适用和适当情况下退役设备。

随着企业合规在全世界范围内获得认同和重视，赤道原则也把合规特别是环境与社会方面的合规承诺作为企业贷款合同中的重要条款，从而与企业合规制度形成有效衔接，更大程度上避免企业环境和社会风险。

9. 原则 9：独立监测和报告

第九项原则是要求对融资项目的环境与社会相关信息特别是与风险有关的信息要进行独立监测和报告。根据该原则，对于所有 A 类项目和部分

---

❶ 第四版赤道原则"原则 8：承诺性条款"部分，https://equator-principles.com/app/uploads/EP4_Chinese.pdf，访问日期：2022 年 8 月 16 日。

视情况而定的 B 类项目，为了于融资正式生效日和贷款偿还期限内使项目符合赤道原则，赤道金融机构将要求独立监测和报告。监测和报告应由一名独立的环境和社会顾问提供；另外，赤道金融机构将要求客户聘请有资格且经验丰富的外部专家，核实将按照原则 8 的第（2）款要求的频率提交给赤道金融机构的监测信息。根据上述情况，在监测向国家、地区或地方政府、政府各部门和机构提供的与项目关联的公司贷款的具体情况时，赤道金融机构可决定是需要一名独立的环境和社会顾问，还是依靠赤道金融机构的内部监测。此外，若存在由多边或双边金融机构或经济合作和发展组织官方出口信用保险机构开展了监测的情况，赤道金融机构可以考虑将该监测作为参考。❶ 独立监测和报告原则的适用是保证赤道金融机构能够充分了解贷款项目真实、客观的环境和社会相关信息、把握相关风险的重要机制。

10. 原则 10：报告和透明度

第十项原则是对融资客户和赤道金融机构提出的，一方面要求融资客户应当对项目相关信息进行报告，这一点和原则 9 的独立监测和报告要求形成有机互补；另一方面要求赤道金融结构对自身在赤道原则实施方面的情况进行报告。关于客户报告的要求方面，所有 A 类项目和部分视情况而定的 B 类项目都要承担以下报告义务：❷

（1）客户将至少确保环境和社会影响评估的摘要可在线获取，而且其中包括相关的人权和气候变化风险及影响的概要。

（2）对于每年二氧化碳当量排放量超过 10 万公吨的项目，客户将于项目运作阶段每年就温室气体排放水平［范围 1 和范围 2 排放量的总和，以及（如果合适的话）温室气体效率比率］向公众报告。请参考执行要求附件的有关温室气体排放报告的详细要求。

---

❶ 第四版赤道原则"原则 9：独立监测和报告"部分，https://equator-principles.com/app/uploads/EP4_Chinese.pdf，访问日期：2022 年 8 月 16 日。

❷ 第四版赤道原则"原则 10：报告和透明度"部分，https://equator-principles.com/app/uploads/EP4_Chinese.pdf，访问日期：2022 年 8 月 16 日。

（3）赤道金融机构将鼓励客户与全球生物多样性信息网络和相关的国家和全球数据库共享在商业上不敏感的具体项目的生物多样性数据，并使用让这些数据能够在未来的决策和研究应用中被访问和再使用的格式和条件。

为了确保赤道银行等金融机构在自己的业务活动中把赤道原则充分适用、落在实处，本项原则也提出了报告要求，即赤道金融机构每年要向社会公众报告至融资正式生效日时交易的数量及其实施赤道原则的过程和经验，以及在适当考虑保密因素的前提下，按照执行要求附件中详述的最低报告要求对相关业务情况进行报告。通过这些报告，使融资项目和赤道原则的运行实施保持了较大的透明度，起到了很好的监督作用。

（五）免责声明

免责声明是赤道原则对自身性质的一种厘定，将自身定位为一种自愿性规则，避免可能的争议或纠纷。声明指出，赤道原则是金融界中各机构各自发展其内部环境和社会政策、程序和惯例的基准和框架。赤道原则没有对任何法人、公众或个人设定任何权利或责任。金融机构是在没有依靠或求助于国际金融公司、世界银行集团、赤道原则协会或其他赤道原则金融机构的情况下，自愿和独立地采纳与实施赤道原则。假如适用的法律法规与赤道原则（包括保密义务）中提出的要求存在明显冲突，则优先遵守相关东道国的法律法规。❶ 免责声明清晰地划出了赤道原则适用的条件和边界，表明其更多的是一种借助市场化力量来推行的自愿性的行业准则。

（六）附件：执行要求

赤道原则的附件有两个方面，一个是关于执行要求的规定，另一个是关于支持信息的界定、解释和说明，对准确实施赤道原则有着重要的支撑作用，也是赤道原则体系不可或缺的内容。在执行要求附件中，有两个具

---

❶ 第四版赤道原则"免责声明"部分，https://equator-principles.com/app/uploads/EP4_Chinese.pdf，访问日期：2022年8月16日。

体附件，附件 A 是关于气候变化方面的，附件 B 是关于最低报告要求方面的。两个附件的具体内容如下：❶

1. 附件 A：气候变化（替代分析、温室气体排放的定量和报告）

附件 A 对替代性分析、温室气体排放的定量和报告以及气候变化风险评估三个方面做了规定。在替代分析方面，要求对在技术和财务方面可行以及成本效益好的可替代方案进行评估，以便能减少项目在设计、建设和运营期间与项目相关的温室气体排放。在定量和报告方面，要求温室气体排放量的计算应符合温室气体核算体系，以便在项目、组织和司法管辖区之间进行汇总和比较；客户可以使用符合温室气体核算体系的国家报告方法，客户将对范围 1 和范围 2 中的排放进行定量。赤道金融机构还要求客户每年公开报告温室气体排放等级，对于每年二氧化碳排放量超过 10 万公吨的项目，客户将于项目运作阶段就温室气体排放等级（范围 1 和范围 2 排放量的总和）和温室气体效率比（酌情）告知公众。同时鼓励客户对每年排放二氧化碳超过 2.5 万公吨的项目进行公开报告。在气候变化风险评估方面，要求气候变化风险评估应在高层次上解决对项目当前和预期气候风险的认知以及应对的计划、流程与政策等问题。

2. 附件 B：最低报告要求

附件 B 从数据和执行报告与项目融资的项目名称报告（包括相关的再融资和并购融资）两个方面进行最低报告要求。

数据和执行报告是主要的也是实质性的内容要求，具体包括项目融资咨询服务数据、项目融资和与项目关联的公司贷款数据、与项目关联的再融资和与项目关联的并购融资、执行报告等四个部分。赤道金融机构将按照相关部分的报告要求每年向公众公布。数据和执行报告被明确规定为赤道金融机构的责任，应详细说明报告周期，并发布于各赤道金融机构的网站上的单独位置以便用户访问。在项目融资咨询服务数据方面，赤道金融

---

❶ 第四版赤道原则"附件：执行要求"部分，https://equator-principles.com/app/uploads/EP4_Chinese.pdf，访问日期：2022 年 8 月 16 日。

机构应于报告期间对受委托提供项目融资咨询服务的总次数作出报告，总次数按行业和地区划分，并将之与项目融资和与项目关联的公司贷款区分，以单独的题目进行报告。在项目融资和与项目关联的公司贷款数据方面，赤道金融机构应公布报告期间达到融资正式生效日阶段的项目融资交易的总数量和与项目关联的公司贷款的总数量。各产品种类的总数将按分类（A、B或C）划分，然后按行业、地区、国家以及是否实施独立审查等类别进行划分。在与项目关联的再融资和与项目关联的并购融资方面，赤道金融机构应公布在报告期间达到融资正式生效日阶段的再融资和并购融资交易的总数量。各产品种类的总数将按行业、地区、国家进行划分。在执行报告方面，赤道金融机构将对赤道原则的执行情况进行报告，包括了赤道原则审查专家的委任（如职责和人员配备）；赤道原则审查专家各自的任务，业务种类和交易审查流程中的高层管理人员；将赤道原则纳入其信用和风险管理政策和流程。在采纳赤道原则的第一年，赤道金融机构将详细说明所需的内部准备并提供员工培训。第一年后，如有必要，赤道金融机构可能需要提供员工持续培训的详情。

对于项目融资的项目名称报告（包括相关的再融资和并购融资），赤道金融机构将直接向赤道原则协会秘书处提交项目名称数据，旨在将这些信息发布于赤道原则协会网站上。已达到融资正式生效日阶段的项目融资交易被要求报告项目名称，同时鼓励已达到融资正式生效日阶段的与项目关联的公司贷款报告项目名称。当然，这些报告应当不包括相关私人性信息。

（七）附件：支持信息

本部分附件主要是为赤道原则的具体适用提供支持信息，为前面各项原则声明提供支撑，使之更具有实际可操作性。主要包括三个附件，即术语表，示例清单，国际金融公司环境和社会可持续性绩效标准与世界银行集团环境、健康和安全指南。

1. 附件Ⅰ：术语表

附件Ⅰ对包括并购融资、受影响社区、环境和社会评估、气候物理风险、环境和社会影响评估、环境和社会管理计划、赤道原则行动计划、赤道原则审查专家、独立环境和社会顾问、《巴黎协定》以及范围1和2排放量等共52个专门术语，进行了详细而准确的界定和说明，为更好地理解和交流赤道原则的理念、机制和措施等内容要求提供了桥梁支撑。

2. 附件Ⅱ：在环境和社会评估文件中会涵盖的潜在环境和社会问题的示例清单

示例清单通过对环境和社会评估文件中涵盖的潜在环境和社会问题进行列举，总结了评估文件中可以或可能包含的问题，为评估工作提供了清晰的指引。需要说明的是，这份示例清单中的问题并不意味着所有的项目都会涉及，同样也不意味着仅限于这些问题。示例清单列举了以下问题：（1）对基本环境和社会状况的基本面评估；（2）对环境和社会有利而可行的替代方案的考虑；（3）东道国法律和法规、适用的国际条约和协议的规定，包括2015年《巴黎协定》；（4）生物多样性的保护和保全，包括变迁过的栖息地、自然栖息地和关键栖息地中的濒危物种和敏感生态系统，以及受法律保护地区的认定；（5）可持续性管理和使用可再生自然资源，包括通过适当的独立认证系统进行可持续资源管理；（6）危险物质的使用和管理；（7）重大危险源的评估和管理；（8）高效生产，每产出比例因子所消耗的能源总量，能源的输送和使用；（9）污染防治、废物减少和污染控制（废液和气体排放）及废弃物管理；（10）温室气体排放水平和排放强度；（11）用水情况、用水强度、水源；（12）土地覆盖、土地利用实践。

3. 附件Ⅲ：国际金融公司环境和社会可持续性绩效标准及世界银行集团环境、健康和安全指南

该附件由国际金融公司环境和社会可持续标准与世界银行集团环境、健康和安全指南两部分组成，这两部分也正是赤道原则最初形成的基础参考标准。

国际金融公司的可持续绩效标准包括八项具体内容：（1）环境和社会

风险和影响的评估和管理;(2)劳工和工作条件;(3)资源效率和污染预防;(4)社区健康、安全和保障;(5)土地征用和非自愿迁移;(6)生物多样性的保全和可持续自然资源的管理;(7)原住民;(8)文化遗产。

世界银行集团环境、健康和安全指南包括两个部分:(1)一般环境、健康和安全指南,该类指南包含可能适用于所有行业部门的交叉环境、健康和安全问题的信息;(2)行业指南,该类指南包含行业具体影响和绩效指标的信息及行业活动的一般说明。

三、赤道原则中的碳信贷规则

尽管2013年6月修订的第三版赤道原则已经对气候变化问题进行了关注,但是2015年达成的《巴黎协定》以及之后持续谈判形成的相关实施细则,对赤道原则的影响甚至冲击是很大的。因此,最新修订的赤道原则进一步重视气候风险及其应对问题,明确把《巴黎协定》作为遵循依据,增加和丰富了碳信贷规则内容,具体体现在以下几个方面。

(一)序言部分的规定

序言部分就明确了支持《巴黎协定》(2015)的目标,也认可赤道金融机构在提高与气候有关的信息的可用性方面的作用,如气候相关财务信息披露工作组在评估在赤道原则下受资助的项目潜在转型风险和物理风险时的建议。可以说,重视气候变化的理念已经确立起来。

(二)原则部分的规定

气候风险作为环境问题的一部分,当然适用所有的原则规定。对气候变化及相应的碳信贷规则作出专门性或特别性规定的原则主要有三项,即原则1、原则2和原则10。

1. 原则1审查和分类中的规定

该原则明确提出将气候变化有关的风险及影响,作为与人权和生物多样性并列列举的环境和社会风险,来对项目进行分类,充分表明赤道原则对气候问题的高度重视。

2. 原则2 环境和社会评估中的规定

该原则对气候风险进行了专门规定:客户应将在环境和社会影响评估或其他评估中纳入对潜在不利人权影响和气候变化风险的评估,并将这些评估纳入评估文件。气候变化风险评估应与气候相关财务信息披露工作组的风险类别一致。需要进行气候变化风险评估的是:

(1)对所有A类项目,以及合适的B类项目,将包括考虑气候相关财务信息披露工作组定义的相关物理风险。

(2)对所有项目,在所有地区,范围1和范围2的年总二氧化碳排放量预计超过10万公吨,必须考虑相关的转型风险(根据气候相关财务信息披露工作组的定义),并完成旨在评估替代品并减少温室气体的排放的替代分析。

气候变化风险评估的深度和性质将取决于项目类型和风险性质,包括其重要性和严重程度。有关包括替代分析要求在内的气候变化风险评估的概述,请参阅附件A。

3. 原则10 报告和透明度中的规定

该原则在客户报告要求中提出了关于气候变化风险及影响、温室气体排放报告的规定:

(1)客户将至少确保环境和社会影响评估的摘要可在线获取,而且其中包括相关的人权和气候变化风险及影响的概要。

(2)对于每年二氧化碳当量排放量超过10万公吨的项目,客户将于项目运作阶段每年就温室气体排放水平[范围1和范围2排放量的总和,以及(如果合适的话)温室气体效率比率]向公众报告。

(三)附件A的专门性规定

附件A气候变化(替代分析、温室气体排放的定量和报告)是专门规定气候变化问题的附件,一方面说明气候变化问题的复杂性以及在赤道原则中适用的困难性，另一方面足以体现赤道原则对气候变化问题的高度重视。该附件内容十分详细具体，包括了替代性分析、温室气体排放的定量和报告以及气候变化风险评估三大部分，力图尽最大可能促进碳减排。❶

1. 替代分析

替代分析从事前预防的角度出发，要求对在技术和财务方面可行以及成本效益好的可替代方案进行评估，以便能减少项目在设计、建设和运营期间与项目相关的温室气体排放。这一要求与风险预防原则和环境影响评价制度的精神高度契合，可以视之为这一原则和制度的具体体现和适用。具体来说，对于范围1中的排放，分析将努力确定最佳适用环境方案，并将包括考虑使用适用的代用燃料或能源。如果在监管许可流程中需要进行替代分析，该分析将遵循相关流程的方法和时间范围。对处于高碳强度行业的项目，替代分析将包括与其他用于相同产业及国家或地区的可行技术的比较，所选技术可带来一定的能源效率，并可酌情带来一定的温室气体效率比。高碳强度行业指示性地包括但不限于以下各项：石油和天然气、火力发电、水泥和石灰制造业、综合炼钢铁厂、基本金属冶炼和精炼及铸造厂、纸浆厂和潜在的农业。完成替代分析后，客户将通过相应的文件，为在技术和财务方面可行且经济有效的选项提供证明，并论证说明排除所选技术的理由。

2. 定量和报告

定量和报告是对项目温室气体排放的具体监测和充分报告。该部分要求温室气体排放量的计算应符合温室气体核算体系，以便在项目、组织和司法管辖区之间进行汇总和比较。客户可以使用符合温室气体核算体系的国家报告方法。客户应对范围1和范围2中的排放进行定量。赤道金融机构将要求客户每年公开报告温室气体排放等级。对于每年二氧化碳排放量超过10万公吨的项目，客户应于项目运作阶段就温室气体排放等级（范

---

❶ 第四版赤道原则"附件：执行要求"中附件A部分，https://equator-principles.com/app/uploads/EP4_Chinese.pdf，访问日期：2022年8月16日。

围 1 和范围 2 排放量的总和）和温室气体效率比（酌情）告知公众。赤道金融机构鼓励客户对每年排放二氧化碳超过 2.5 万公吨的项目进行公开报告。可视为满足公众告知要求的手段有：东道国监管要求下的报告或环境影响评价，或自愿报告机制，如包括项目级别的排放量的碳信息披露项目。在适当的情况下，赤道金融机构将鼓励客户将替代分析的摘要作为环境和社会影响评估的一部分发布。这些规定要求与《巴黎协定》中关于温室气体的监测报告和透明度要求一致。

3. 气候变化风险评估

气候变化风险评估同样体现了风险预防原则的精神和环境影响评价制度的目标要求。该部分要求气候变化风险评估应在高层次上解决以下问题：

（1）项目运营当前和预期的气候风险（气候相关财务信息披露工作组定义的转型风险和/或物理风险）是什么？

（2）客户是否有适当的计划、流程、政策和系统来管理（减轻、转移、接受或控制）这些风险？

这项评估还应酌情考虑该项目是否符合东道国的国家气候承诺。这些要求也与《巴黎协定》的相关精神和要求有着充分衔接和一致性，从而进一步增强了赤道原则的适用性。

四、赤道原则下碳信贷规则之借鉴

尽管赤道原则将自身定位为一种自愿性的行业规则，并不具有强制约束力；但由于国际社会环境与社会责任要求越来越严格，相关法律规范也越来越完备，为尽可能避免违规风险，赤道原则成为很好的护城河，被越来越多的银行业金融机构所采纳，成了行业性准则，有着极大的影响力。赤道原则经过 20 年的发展，也已经演进成为一套比较完善的制度体系，为环境保护、气候变化应对作出了有益的探索和积极的促进。对于包括我国在内的许多国家的碳信贷发展来说，都有着很好的借鉴意义。

（一）牢固树立应对气候变化的理念

赤道原则序言部分对《巴黎协定》目标的明确支持以及对赤道金融机构在应对气候变化中的重要作用的认可，为在整个赤道原则体系中牢固树立应对气候变化的理念，并将之贯彻始终奠定了深厚的基础。理念是行动的先导，也是规则的灵魂，有了理念上的共识和确信，才能产生好的实践效果。

（二）将项目气候变化风险有效纳入信贷风险评估体系

对融资项目气候变化风险的重视和评估是应对气候变化的重要前提，而将相关风险有效纳入信贷风险评估体系，作为一类重要的信贷风险来进行评估和考量，进而作为贷款发放与否以及如何发放的决策依据，才能真正通过赤道原则来实现应对气候变化、减少碳排放的目标。赤道原则在其原则1和原则2中对此进行了明确的规定，并在附件A中重点而详细地对气候变化风险评估进行了说明，将项目的气候变化风险评估机制建立起来，并将之纳入整个项目的风险评估体系。

（三）构建准确充分和透明的气候变化风险信息披露机制

原则10在客户报告部分提出了关于气候变化风险及影响、温室气体排放报告的相关要求，客户需要将相关的碳排放情况及相应的气候变化风险信息向赤道金融机构、社会公众进行充分的披露，确保相关信息的透明度和可获得性。附件A中第二部分"定量和报告"进一步对如何准确监测项目温室气体排放量等具体情况以及将相关信息进行报告，将之披露给赤道金融机构和社会公众进行详细规定。通过这些措施，赤道原则构建了准确、充分和透明的信息披露机制，为赤道原则的有效实施提供信息保障。

（四）替代性分析应成为重点项目采用的重要程序

对于一些气候变化风险较高、碳排放量较大或者碳排放高强度行业的项目，还应当进行替代性分析。替代性分析可以是赤道金融机构要求客户对项目的设计、建设和运营方面的方案或使用的燃料或能源等进行分析，寻找替代性方案；也可以是气候监管部门基于气候风险控制的考虑，要求客户进行替代性分析，以确定最佳方案、技术、燃料或能源。替代性分析程序能够最大化地避免一些重大失误，尽可能地防范重大气候变化风险的发生。

第三节　我国碳信贷法律制度的改进与完善

从前文分析可知，我国碳信贷实践已然展开，并取得一定进展，相关制度政策已初具雏形，但还存在诸多不足或不尽完善之处。赤道原则经过长期发展演进已经比较成熟，有很多值得借鉴之处。在"双碳"目标下，我国碳信贷法律制度需要尽快发展完善，针对现有问题与不足，充分借鉴赤道原则的相关规则或做法，应当从以下几个方面加以改进和完善。

一、制度理念的革新

（一）树立低碳化发展理念

我国信贷制度理念的革新首先是要树立低碳化发展理念。从赤道原则的发展和实践可以看出，积极应对气候变化、坚持低碳发展理念是制度规则实施的精神指引，具有十分重要的功能和影响。因此，我国碳信贷法律制度应当以"双碳"目标为指引，积极应对气候变化，明确树立低碳化发展理念。根据"双碳"目标的具体要求，低碳化发展理念在2030年前碳达峰阶段应以减少碳排放、实现低碳化转型为目标，而在2060年前碳中和阶段则应更进一步，以碳中和乃至零碳化为目标，来引导或限制信贷资金流向，促进低碳以至零碳经济发展。低碳化发展理念的树立，还应明示性地体现在相关法律制度规范中。

(二)坚持统一协调立法理念

碳信贷制度理念的革新需要坚持统一协调立法理念。从前文对碳信贷制度的问题与不足考察分析可知,现有的政策规定效力位阶低,比较分散和凌乱,缺乏统一与协调。对此,迫切需要在制度立法理念上进行改变。具体来说,应从以下两个方面展开:

一是逐步提高相关规范的立法层次。一方面,要在《中国人民银行法》《商业银行法》《银行业监督管理法》《环境保护法》等主要相关法律中,对碳信贷的理念进行明确规定;另一方面,要将现有的一些规范性文件中的相关规定,在经过充分的尝试探索实践后,上升为规章,加强碳信贷规则的影响力和约束力。

二是进一步加强统一性规范的立法表达。一方面,对现有的关于碳信贷的规定进行有机协调,在保持分散性立法的灵活性和便利性优势的同时,尽可能避免或减少相互之间的矛盾冲突或空白之处;另一方面,整合现有相关规定,形成一部统一的碳信贷规范,开始可以采用规范性文件方式,后面成熟后上升为规章,对各类与碳信贷相关的规定进行统领。

二、业务管理制度的创新

(一)碳信贷产品创新

在已经开展的碳信贷实践中以及初具雏形的碳信贷市场上,碳信贷产品越来越多,但总体上看并不算丰富。特别是与市场需求相比,尤其是考虑到"双碳"目标的提出和实现带来的大量碳资金需求,碳信贷产品种类还比较单一,供给量也比较稀少,高质量的碳信贷产品事实上处于供不应求的状态。因此,碳信贷市场要快速发展,需要加强碳信贷产品的创新,在品质和数量两个维度上加强产品开发设计,适应市场需求,甚至引领市场需求。当然,碳信贷产品的创新也需要符合金融市场规律和气候生态规律，以及满足相关法律制度要求。这样的产品创新才是真正有效的产品供给，真正能够满足市场主体的需求。

（二）碳信贷风险评估一体化构建

碳信贷面临着复杂的多重风险，既有传统的信贷安全风险，也有气候变化方面的风险，很多时候两类风险相互之间也会发生化学反应，衍生出全新的风险内容和形式。因此，碳信贷业务制度需要在风险评估机制上进行创新，一体化构建信贷风险与气候风险的评估机制，重新整合创设与碳相关的贷款审查制度。如何顺利地把气候风险纳入现有风险评估体系，并充分发挥气候风险评估结果在贷款审查和决策中的作用，对于我国现有的信贷风信评估与贷款审查制度来说是一个挑战。在这一方面，应当借鉴赤道原则中的气候风险分类与评估机制的做法。

（三）商业银行治理架构创新

要把碳信贷的理念真正贯穿于整个信贷业务过程，包括贷后管理过程，不仅需要在具体业务制度层面进行创新性改造，更需要在根本性的治理制度层面进行创新性改造。所谓公司治理，是指关于公司组织权力分配和机构设置的顶层制度设计，通过正式和非正式的制度安排来协调公司广泛的利益相关者之间的关系，以保证决策、执行的有效性和合理性，维护并实现公司各方面的利益。❶ 商业银行治理制度特别是治理架构，真正决定着商业银行的经营目标和发展方式，如果在商业银行治理架构中引入和确立碳信贷理念、机制和机构，必然能够保障商业银行重视发展碳信贷，防控气候风险、促进碳减排，实现低碳转型信贷业务发展。当然，涉及核心和根本利益的治理结构创新和改造，需要在《商业银行法》的修改中进行相应规定，留下治理制度改革空间。具体来说，就是在董事会层面设立

---

❶ Bob Tricker, Corporate Governance: Principles, Policies and Practices, London: Oxford University Press, 2009, p.4.

低碳发展战略委员会，在经理层面设立包含气候合规在内的环保合规机构或岗位，在贷款审查机制中明确引入气候变化风险评估内容，等等。

三、宏观调控制度的更新

（一）碳排放配额的宏观调控

对于碳信贷市场来说，宏观调控十分重要，而且不同于传统信贷市场的宏观调控。传统信贷市场的宏观调控只需要针对市场中的信贷资金供求，特别是资金供给进行宏观调控；而碳信贷市场的运行和发展，除信贷资金的宏观调控以外，根据气候变化应对的碳排放总量控制原则，还会间接地受到碳排放配额的发放量的影响。因此，为了促进和保障碳信贷市场的健康发展，还应当根据"双碳"目标要求，制定相应的碳排放配额的总量控制和宏观调控机制。我国目前只是针对电力行业作出了比较明确而具体的碳排放总量控制目标，以此为基础构建了全国统一碳排放权交易市场。但对于"双碳"目标的实现来说，还需要对更多行业进行总量控制方面的分析和配额调控，最终形成对全国所有产业在内的总的碳排放量控制和配额调控机制。通过对碳排放配额进行宏观调控，可以影响碳排放权交易市场和碳信贷市场的发展。同时，根据碳排放权交易市场和碳信贷市场的发展情况和存在的问题，也可以通过对碳排放配额进行或松或紧的调控。碳排放配额的宏观调控主体是气候变化管理部门，即生态环境部。

（二）碳信贷资金的宏观调控

碳信贷市场的宏观调控主体主要是在信贷资金的供求，特别是供给方面。一方面，通过优惠的贷款利率（包括再贷款利率）、较低的法定存款准备金率、较低的再贴现费率等金融宏观调控工具，可以引导信贷资金流向低碳化项目、碳减排项目或固碳增汇项目，支持气候变化应对目标，从而促进碳信贷市场发展，另一方面，通过较高的贷款利率（包括再贷款利率)、较高的法定存款准备金率以及较高的再贴现费率等金融宏观调控工具,反过来引导信贷资金离开高碳化项目,削弱甚至断绝此类项目的资金支持,从而有效遏制碳排放量的增加。碳信贷资金的宏观调控是金融调控,调控主体是中国人民银行。

（三）财政税收的宏观调控

除碳排放配额的宏观调控和信贷资金的宏观调控以外,碳信贷市场的发展还可以通过财政、税收等制度手段进行宏观调控。财政调控主要是财政部门通过给予碳信贷项目以利息补贴,即所谓贴息贷款,来鼓励和支持碳减排等各类低碳转型项目。具体可以通过财政拨款成立专项基金,为金融机构的绿色信贷提供利息补贴,为低碳经济支持力度大的金融机构提供专项奖励基金。❶ 财政调控的对象是各类低碳转型项目和金融机构,同时也促进了碳信贷市场的发展。财政调控的主体是财政部。税收调控则是税务部门通过给予碳信贷业务以优惠税率甚至减免税等税收优惠政策,来鼓励和支持商业银行大力发展碳信贷业务,进行信贷业务的低碳化转型,调控的对象是商业银行。除了通过税收优惠政策措施来调控商业银行转型低碳化信贷业务,还可以通过税收重科措施来调控商业银行离开高碳化信贷业务。税收调控主体是国家税务总局。

四、市场监管制度的维新

金融监管犹如放在金融领域的高端处理器,能够及时发现潜在的金融风险,将其扼杀于萌芽,起到前端的风险控制作用,对于激励金融创新起着重要的保障作用。因此,在鼓励碳金融相关产品创新的同时,既要重视碳金融法律体系的跟进,也要强化创新碳金融监管的手段和制度设计,以

---

❶ 杨星等编著:《碳金融概论》,华南理工大学出版社,2014,第338页。

促进低碳经济发展的同时，保障金融的安全与稳定。❶ 对于碳信贷市场来说，其本身就是一个创新设立和发展的特别市场，金融风险和气候风险汇聚、交织在一起，必然需要进行监管。但对于这样一个特别市场，传统的信贷市场监管制度存在许多不适应的地方，必须在制度理念革新的基础上，进行监管制度的维新，构建起与之相契合的监管制度体系和机制。

（一）构建多维度监管体系

碳信贷市场较之于传统信贷市场，一个显著的差别就是它的复合性和复杂性，不仅有信贷市场的风险问题，还会有气候变化或碳市场的风险问题。这就给市场监管带来了全新的挑战，我们不能仅仅关注信贷方面的问题，还要从多个维度来关注市场风险，采取相应的监督管理措施，构建完备的监管体系。其中，主要也是最为重要的两个方面是气候风险监管和信贷风险监管。

1. 气候风险监管

气候风险监管首先是要预防、发现和识别气候风险，而环境影响评价是最为重要的制度措施。环境影响评价是指对规划和建设项目实施后可能造成的环境影响进行分析、预测和评估，提出预防或减少不良环境影响的对策和措施，进行跟踪监测的方法与制度。环境影响评价属于预测评价，实施这项制度有利于从源头预防和控制环境污染和破坏，是贯彻预防原则的重要制度保障。❷ 目前，我国环境影响评价制度关注的环境风险重点还在环境污染和生态破坏等方面，对气候变化风险关注不够。因此，我们需要加强环境影响评价中的碳环评，从技术和制度层面上强化对气候变化风险的评估和监控。对气候变化风险较大的项目，还应当进行替代性分析，提出替代性方案，最大化地减少气候变化风险。气候风险监管主体是生态环境部门，除碳环评和替代性分析与方案以外，还要加强对重点项目和碳

---

❶ 饶红美、胡国强等编著：《碳金融法律与规制》，华南理工大学出版社，2015，第287—288页。

❷ 李传轩主编：《中国环境法教程》，复旦大学出版社，2021，第102页。

排放主体的碳排放量监测和检查。

2. 信贷风险监管

信贷风险监管主要是针对信贷资金以及整个信贷市场的安全问题进行的。一方面，商业银行在发放贷款时可能会存在审查不严或者未能做到充分的调查，致使贷款发放给存在较大气候风险的项目；或者贷款后的跟踪监测和管理不够，贷款项目出现了新的气候变化风险，甚至出现违反气候监管法律法规、需要承担相应法律责任的问题，这些都会给信贷资金的安全带来风险，甚至变成不良贷款。另一方面，如果市场中碳信贷质量不高，甚至出现不良贷款的比率较高，碳信贷市场的发展将会面临系统性的风险，会危及整个碳信贷市场乃至整个信贷市场的安全，严重的话还会导致金融危机。特别是在碳信贷市场发展的初期，碳信贷业务不规范、商业银行风险防控机制不完善的问题还比较多。因此，必须要加强对信贷风险的监管，确保碳信贷业务质量和信贷资金安全。信贷风险监管主体是中国银行保险监督管理委员会。

（二）创设协调、融合监管机制

复杂的碳信贷市场需要多维度的监管，但多维度监管也存在监管主体不统一、监管对象相分离、监管目标不相同，以及由此带来的市场监管的协调性和一致性不够、无法形成监管合力的困境。例如，气候风险监管主体是生态环境部门，监管的对象主要集中于借款人的气候风险问题，目标主要是气候安全；而信贷风险监管主体是银行保险监督部门，监管的对象主要是商业银行的碳信贷资金和市场的风险问题，目标主要是资金和市场安全。从监管的专业性和实效性要求看，也不可能采取由一个监管主体统一监管，或者只考虑一个监管目标的做法。因此，基于碳信贷市场的特殊性和多维度监管的现实性，需要创设协调、融合的监管机制，建立协同监管沟通交流和监管信息共享机制，在监管措施和目标上互相配合、互相支持，形成监管合力，共同做好碳信贷市场的监管工作，保障碳信贷市场健康快速的发展。

第六章

碳证券法律制度

第一节 碳证券法律制度概述

一、碳证券的基本概念与表现形式

（一）基本概念

本书前面部分已经对碳证券做了初步的界定，明确了碳证券是指募集资金投入和支持有助于碳减排、碳增汇和碳排放权交易等低碳产业项目的有价证券，主要包括低碳企业上市融资、碳债券、碳资产支持证券等。相较于碳信贷通过商业银行来获取资金来说，碳证券是利用证券资本市场来获取资金支持的机制，在气候融资方面同样居于重要地位。从证券的一般概念可知，主要就是股票和债券两种。当然，碳证券的概念还没有一个普遍统一的认识，从内涵和外延上看还处于一个快速发展阶段，但在功能和目标上都是为了应对气候变化募集资金，在表现形式上也已经有了相对稳定的种类。

（二）表现形式

对于股票来说，所谓碳证券是指将通过股权融资募集的资金投入低碳项目，或者投资者对低碳企业进行股权投资获得该公司的股票。延伸开来的话，证券市场上低碳化上市公司的股票也被称为绿色股票或低碳股票。当然，从绿色股票或低碳股票角度上看，相关制度政策并不仅仅是在股票发行和交易阶段要践行低碳理念和遵从低碳法律制度，还会进一步延伸到相对应的上市公司低碳绿色化治理方面，特别是气候风险、碳排放情况等重要信息披露方面。

对于债券来说，所谓碳证券是指将通过债权融资募集的资金投入低碳项目中，或者投资者对低碳企业进行债权投资获得该公司的债券。实践中，支持项目范围更为宽泛的绿色债券和范围聚焦于低碳项目的碳债券是主要的表现形式。具体来看，绿色债券是指募集资金专门用于支持符合规定条件的绿色产业、绿色项目或绿色经济活动，依照法定程序发行并按约定还本付息的有价证券。❶ 碳债券是指发行人为筹集低碳项目资金向投资者发行并承诺按时还本付息，同时将低碳项目产生的碳信用收入与债券利率水平挂钩的有价证券。❷ 在国际社会，气候债券倡议组织提出了气候债券这个概念，但在推出的《气候债券标准》中仍然将之等同于绿色债券。此外，社会责任债券、可持续发展债券也在国际社会上有一定的市场，特别是可持续发展债券，对气候变化应对和碳减排也有着直接或间接的支持促进作用。

---

❶ 绿色债券标准委员会 2022 年 7 月组织制定的《中国绿色债券原则》第 1 条规定，http://www.nafmii.org.cn/ggtz/gg/202207/P020220801631427094313.pdf，访问日期：2022 年 8 月 20 日。

❷ 中国证监会 2022 年 4 月 12 日发布的《中华人民共和国金融行业标准》(JR/T 0244—2022)中"碳金融产品"部分关于"碳债券"的界定。

二、我国碳证券市场的发展现状

应该说我国的碳证券市场始于 2007 年掀起的"绿色金融风暴",但在开始阶段重点主要聚焦于环境污染风险防控和应对方面,对气候变化风险和碳减排问题关注不够。直到绿色金融发展的第二阶段,也即 2015 年以后,随着我国对气候变化问题的重视度不断提高,绿色金融的范围不断拓展,气候变化风险等生态安全问题也成为绿色金融关注和支持解决的方面。我国生态文明体制改革全面启动,构建绿色金融体系的方案正式提出,这也为碳证券市场和制度政策的发展提供了更大的动力和支撑。

在绿色股票市场发展状况方面,我们可以上海证券交易所(以下简称上交所)上市的公司为样本进行观察。从上交所绿色股票市场现状来看,绿色上市企业具有一定基础,但企业总体数量及市值规模还有较大提升空间。截至 2021 年末,上交所共有绿色上市企业 57 家,占上交所全部上市企业数量的 2.81%;绿色上市企业总市值规模约 1.51 万亿元,占上交所上市企业总市值规模的 3.02%。[1]上交所于 2022 年 3 月 1 日发布了《"十四五"期间碳达峰碳中和行动方案》,明确提出要深化绿色股权融资服务,支持绿色低碳产业和符合条件的气候友好型企业上市融资;强化上市公司环境信息披露,引导企业低碳发展;完善绿色指数体系,推动绿色投资产品开发,丰富绿色投资标的,为推进低碳绿色股票市场发展、保障"双碳"目标实现设定了新的行动计划和目标。

相比于绿色股票市场的稳步发展,绿色债券市场的发展则十分迅猛,特别是在 2015 年之后。中国人民银行率先于 2015 年 12 月 15 日发布了《关于在银行间债券市场发行绿色金融债券有关事宜的公告》(中国人民银行公告〔2015〕第 39 号),绿色金融债券市场开始迅速发展。国家发展和改革委员会办公厅紧接着于 2015 年 12 月 31 日发布了《关于印发〈绿色债

---

[1] 中央财经大学绿色金融国际研究院、刘楠、汪洵:《〈上海证券交易所"十四五"期间碳达峰碳中和行动方案〉亮点解读》,https://iigf.cufe.edu.cn/info/1012/4936.htm,访问日期:2022 年 7 月 5 日。

券发行指引〉的通知》（发改办财金〔2015〕3504号），开启了绿色企业债券发展的新局面。2016年3月16日上交所发布了《关于开展绿色公司债券试点的通知》（上证发〔2016〕13号），同年4月22日深圳证券交易所发布了《关于开展绿色公司债券业务试点的通知》（深证上〔2016〕206号），开始了绿色公司债券的试点工作。两个交易所的通知文件是从交易场所和一线监管主体的角度为绿色公司债券发行提供指引，推动了绿色公司债券市场的发展。在两个证券交易所试点的基础上，中国证券监督管理委员会（以下简称中国证监会）于2017年3月2日发布了《关于支持绿色债券发展的指导意见》（中国证券监督管理委员会公告〔2017〕6号），对绿色公司债券市场发展进行规范和指引。

在之后的五六年时间，包括碳债券在内的绿色债券取得飞跃式发展。截至2021年底，中国在境内外市场累计发行贴标绿色债券3270亿美元（约2.1万亿元人民币），其中近2000亿美元（约1.3万亿元人民币）符合气候债券倡议组织（Climate Bonds Initiative，CBI）的绿色定义。2021年，中国在境内外市场发行贴标绿色债券1095亿美元（7063亿元人民币），其中符合气候债券倡议组织绿色定义的发行量为682亿美元（4401亿元人民币），同比增长186%。按符合气候债券倡议组织定义的绿色债券累计发行量及年度发行量计，中国均是全球第二大绿色债券市场。尽管如此，贴标绿色债券在中国总体债券市场的占比只有约1%，仍有巨大的增长空间。[1]2021年，中国绿色债券市场募集的大部分资金（88.3%）投向了可再生能源、低碳交通和低碳建筑领域。其中，用于可再生能源的募集资金增长了3.6倍至413亿美元（2664亿元人民币），占2021年中国绿色债券市场整体募集资金（境内外）的60.6%。募集资金用于可再生能源用途的最大发行交易来自国家开发银行、国家电网和国家电投。低碳交通的募集资金也同比增长了78%至128亿美元（826亿元人民币），占中国整体绿债

---

[1] 气候债券倡议组织、中央国债登记结算有限责任公司中债研发中心：《中国绿色债券市场报告2021》，第2—3页，http://www.climatebonds.net/files/reports/cbi_china_sotm_2021_chi_0.pdf，访问日期：2022年9月20日。

发行量的 18.8%。低碳建筑同比增幅 83% 至 61 亿美元（393 亿元人民币），占中国整体绿债发行量的 8.9%。❶ 认证气候债券，即获得《气候债券标准》认证的绿色债券，按发行量计增长近 4 倍（370%）至 169 亿美元（1088 亿元人民币），涵盖 15 只债券（其中 5 只在岸，10 只离岸）。❷

尤其值得关注的是，我国提出"双碳"目标后碳中和债券被迅速推出并成为绿色债券市场的重要组成部分。碳中和债券是一种全新的绿色债券，由中国银行间市场交易商协会于 2021 年 3 月推出，以更加有力地吸引资金流入低碳领域。碳中和债券的募集资金必须专项用于具有碳减排效益的项目。自 2021 年碳中和创新品种推出以来，市场共发行碳中和债券 200 只，约占总发行只数的 41.32%，发行规模约为 2566.22 亿元，约占总发行规模的 42.26%。❸

在绿色债券市场快速发展的过程中，相关制度规则也越来越成熟和规范，行业性标准也逐渐形成。2021 年发行的大部分绿色债券（按发行金额计 78%）采用了某种形式的外部审查，以确认绿债符合特定的绿色债券框架或标准，为绿色可信度提供独立意见。❹ 外部审查主要包括鉴证、第二方意见、绿色债券评级和认证气候债券。其中，第二方意见和认证气候债券被更多地采用。为促进绿色债券市场高质量发展，2022 年 7 月 29 日绿色债券标准委员会组织全体成员单位制定了《中国绿色债券原则》（绿色债券标准委员会公告〔2022〕第 1 号），经由绿色债券标准委员会第五

---

❶ 气候债券倡议组织、中央国债登记结算有限责任公司中债研发中心：《中国绿色债券市场报告 2021》，第 10 页，http://www.climatebonds.net/files/reports/cbi_china_sotm_2021_chi_0.pdf，访问日期：2022 年 9 月 20 日。

❷ 气候债券倡议组织、中央国债登记结算有限责任公司中债研发中心：《中国绿色债券市场报告 2021》，第 12 页，http://www.climatebonds.net/files/reports/cbi_china_sotm_2021_chi_0.pdf，访问日期：2022 年 9 月 20 日。

❸ 中央财经大学绿色金融国际研究院、刘楠、乔诗楠：《2021 年中国绿色债券年报》，https://iigf.cufe.edu.cn/info/1012/4673.htm，访问日期：2022 年 7 月 5 日。

❹ 气候债券倡议组织、中央国债登记结算有限责任公司中债研发中心：《中国绿色债券市场报告 2021》，第 12 页，http://www.climatebonds.net/files/reports/cbi_china_sotm_2021_chi_0.pdf，访问日期：2022 年 9 月 20 日。

次委员会会议审议通过，并向中国人民银行和中国证券监督管理委员会备案，成为行业性规则，标志着包括碳债券在内的绿色债券市场发展走向成熟。

三、我国碳证券相关制度政策评析

（一）绿色证券制度政策中的相关规定

1.《生态文明体制改革总体方案》中的相关规定

中共中央和国务院于2015年9月发布的《生态文明体制改革总体方案》对我国生态文明建设作出了顶层设计，其中也对绿色债券进行了相应规定。该方案的第八部分"健全环境治理和生态保护市场体系"中第45条规定，"建立绿色金融体系。……加强资本市场相关制度建设，研究设立绿色股票指数和发展相关投资产品，研究银行和企业发行绿色债券，鼓励对绿色信贷资产实行证券化。支持设立各类绿色发展基金，实行市场化运作。建立上市公司环保信息强制性披露机制"。碳证券作为绿色证券的一部分，在该条中被加以规定。该条提出的绿色股票指数和相关投资产品以及环保信息强制性披露机制，对于改进上市公司的环境表现来说十分重要。发行绿色债券也被特别提出，拓宽了在资本市场中的绿色融资渠道。

2.《关于构建绿色金融体系的指导意见》中的相关规定

2016年8月，中国人民银行、财政部、国家发展和改革委员会、环境保护部、银监会、证监会、保监会等七部委联合发布的《关于构建绿色金融体系的指导意见》对绿色证券进行了专门而详细的规定。该意见第三部分"推动证券市场支持绿色投资"中作了如下规定：

一是完善绿色债券的相关规章制度，统一绿色债券界定标准。研究完善各类绿色债券发行的相关业务指引、自律性规则，明确发行绿色债券筹集的资金专门（或主要）用于绿色项目。加强部门间协调，建立和完善我国统一的绿色债券界定标准，明确发行绿色债券的信息披露要求和监管安排等。支持符合条件的机构发行绿色债券和相关产品，提高核准（备案）

效率。

二是采取措施降低绿色债券的融资成本。支持地方和市场机构通过专业化的担保和增信机制支持绿色债券的发行,研究制定有助于降低绿色债券融资成本的其他措施。

三是研究探索绿色债券第三方评估和评级标准。规范第三方认证机构对绿色债券评估的质量要求。鼓励机构投资者在进行投资决策时参考绿色评估报告。鼓励信用评级机构在信用评级过程中专门评估发行人的绿色信用记录、募投项目绿色程度、环境成本对发行人及债项信用等级的影响,并在信用评级报告中进行单独披露。

四是积极支持符合条件的绿色企业上市融资和再融资。在符合发行上市相应法律法规、政策的前提下,积极支持符合条件的绿色企业按照法定程序发行上市。支持已上市绿色企业通过增发等方式进行再融资。

五是支持开发绿色债券指数、绿色股票指数以及相关产品。鼓励相关金融机构以绿色指数为基础开发公募、私募基金等绿色金融产品,满足投资者需要。

六是逐步建立和完善上市公司和发债企业强制性环境信息披露制度。对属于环境保护部门公布的重点排污单位的上市公司,研究制定并严格执行对主要污染物达标排放情况、企业环保设施建设和运行情况以及重大环境事件的具体信息披露要求。加大对伪造环境信息的上市公司和发债企业的惩罚力度。培育第三方专业机构为上市公司和发债企业提供环境信息披露服务的能力。鼓励第三方专业机构参与采集、研究和发布企业环境信息与分析报告。

七是引导各类机构投资者投资绿色金融产品。鼓励养老基金、保险资金等长期资金开展绿色投资,鼓励投资人发布绿色投资责任报告。提升机构投资者对所投资资产涉及的环境风险和碳排放的分析能力,就环境和气候因素对机构投资者(尤其是保险公司)的影响开展压力测试。

可以说,上述规定为我国如何发展绿色证券制度指明了方向,勾画了蓝图,并提出了具体的路径和举措。作为绿色证券中的一部分,碳证券的相关制度政策也是在这一指导意见下开始了相关的实践探索。

3. 《上市公司治理准则》（2018）中的相关规定

2018年9月30日，中国证监会修订通过的《上市公司治理准则》（中国证券监督管理委员会公告〔2018〕29号），对上市公司绿色发展和治理进行了相应的规定。该法第八章"利益相关者、环境保护与社会责任"中第86条规定：上市公司应当积极践行绿色发展理念，将生态环保要求融入发展战略和公司治理过程，主动参与生态文明建设，在污染防治、资源节约、生态保护等方面发挥示范引领作用。这一规定要求对上市公司的环保表现有着很大的促进和约束作用，尽管没有明确提出在碳减排方面的要求，但也有着一定的积极影响。

4. 《上海证券交易所上市公司自律监管指引第1号——规范运作》中的相关规定

2022年1月7日，上海证券交易所发布了《上海证券交易所上市公司自律监管指引第1号——规范运作》（上证发〔2022〕2号），对《上市公司治理准则》中的相关规定予以具体化。在该指引的第八章"社会责任"中对上市公司履行环境保护责任提出了具体要求，对环境信息披露进行了详细规定，对上市公司与环境保护有关的重大事件进行了专门界定，同时对上市公司的环保政策实施检查进行了规定。❶ 同样地，尽管这些规定中并没有特别提出气候变化应对和碳减排的责任、碳排放信息披露等，但也有着一定的促进作用。此外，尽管该指引作为一种规范性文件并不具有法律强制约束力，但基于证券交易所对上市公司的实质性影响力，这些规定实际上发挥着较大的作用。

5. 《关于在银行间债券市场发行绿色金融债券有关事宜的公告》中的相关规定

中国人民银行于2015年12月15日发布的《关于在银行间债券市场

---

❶ 《上海证券交易所上市公司自律监管指引第1号——规范运作》（上证发〔2022〕2号）第8.8、8.9、8.10、8.11条。

发行绿色金融债券有关事宜的公告》和与之配套的《绿色债券支持项目目录》，对绿色金融债券具体规定内容包括以下几个方面：❶

一是规定了绿色金融债券是指金融机构法人依法发行的、募集资金用于支持绿色产业并按约定还本付息的有价证券，绿色产业项目范围可以参考《绿色债券支持项目目录》。

二是对发行机构提出要求，包括具有良好的公司治理机制；最近一年盈利（开发性银行、政策性银行除外）；最近三年没有重大违法违规行为；符合宏观审慎管理要求，金融风险监管指标符合金融监管机构相关规定以及具有完善的绿色产业项目贷款授信、风控、营销等制度规定和成熟的业务团队。

三是规定申请发行需报送的材料，主要包括募集资金拟投资的绿色产业项目类别、项目筛选标准、项目决策程序和环境效益目标以及绿色金融债券募集资金使用计划和管理制度等内容，并要求出具募集资金投向绿色产业项目的承诺函。

四是要求发行人应当在募集说明书承诺的时限内将募集资金用于绿色产业项目，开立专门账户或建立专项台账，对绿色金融债券募集资金的到账、拨付及资金收回加强管理，以及保证资金专款专用，在债券存续期内全部用于绿色产业项目。

该公告对金融机构发行绿色债券进行了规定，支持的项目目录中很大部分都和节能低碳有关，对应对气候变化和促进碳减排有着很大的促进作用。

6.《绿色债券发行指引》中的相关规定

国家发展和改革委员会办公厅于 2015 年 12 月 31 日发布的《绿色债券发行指引》对企业发行绿色债券进行了规定。具体包括以下几个方面的内容：

---

❶ 《关于在银行间债券市场发行绿色金融债券有关事宜的公告》的附件《绿色债券支持项目目录》已经在 2021 年再次被修订，但该公告目前依然有效。

一是规定了适用范围和支持重点，明确了绿色债券的概念和范围，主要列举了节能减排技术改造项目等 12 个种类的重点支持项目。

二是规定了审核要求，对企业申请发行绿色债券给予程序简化、相关条件要求放宽的优惠待遇。

三是规定了相关优惠政策，包括鼓励地方政府通过投资补助、担保补贴、债券贴息、基金注资等多种方式支持绿色债券发行和绿色项目实施，拓宽担保增信渠道，以及推动绿色项目采取"债贷组合"增信方式，鼓励商业银行进行债券和贷款统筹管理等。

该指引中规定的绿色债券是企业发行的，与金融机构发行的绿色金融债券是不一样的。从概念与范围界定和重点支持对象来看，有专门的低碳方面项目，也有与低碳有关的项目，很多都可以被认定为碳债券。

7.《关于支持绿色债券发展的指导意见》中的相关规定

中国证监会于 2017 年 3 月 2 日发布了《关于支持绿色债券发展的指导意见》，对发行绿色公司债券进行规定，主要内容包括以下几个方面：

一是对拟发行绿色公司债券的发行人资格进行规定，除要符合《证券法》《公司法》和《公司债券发行与交易管理办法》规定的公司债券发行条件外，原则上不得属于高污染、高能耗或其他违背国家产业政策导向的行业，并列举了重点支持的范围：长期专注于绿色产业的成熟企业，在绿色产业领域具有领先技术或独特优势的潜力企业，致力于中长期绿色产业发展的政府和社会资本合作项目的企业以及具有投资我国绿色产业项目计划或致力于推动我国绿色产业发展的国际金融组织或跨国公司。

二是规定了程序上的便利性待遇，绿色公司债券申报受理及审核实行"专人对接、专项审核"，适用"即报即审"政策。

三是规定了发行人的信息披露义务，要按照规定或约定真实、准确、完整、及时地披露绿色公司债券相关信息，包括募集说明书应当披露的内容、募集资金使用情况、绿色产业项目进展情况和环境效益等内容。

四是要求发行人应当按照有关规定或约定开立募集资金专项账户，对发行绿色公司债券所募集的资金进行专户管理，确保资金真正用于符合要求的绿色产业项目。受托管理人应当勤勉尽责,对发行人发行绿色公司债券的募集资金使用和专项账户管理情况进行持续督导。

该指导意见中规定的是绿色公司债券发行,与国家发展和改革委员会规定的绿色企业债券、中国人民银行规定的绿色金融债券均有所不同,但在支持绿色低碳发展的目标上是一致的。从绿色公司债券支持项目范围看,主要参考的中国金融学会绿色金融专业委员会编制的《绿色债券支持项目目录》,虽然与绿色企业债券和绿色金融债券不尽一致,但也有很多节能低碳项目,并明确提出了适应气候变化的产业项目。

8.《绿色债券评估认证行为指引(暂行)》中的相关规定

中国人民银行、中国证监会于2017年10月26日联合公布了《绿色债券评估认证行为指引(暂行)》(中国人民银行、中国证券监督管理委员会公告〔2017〕第20号),对绿色金融债券和绿色公司债券以及其他与绿债相关产品应当如何评估认证进行了规范。具体内容主要包括以下几个方面:

一是规定了绿色债券评估认证是指评估认证机构对债券是否符合绿色债券的相关要求,实施评估、审查或认证程序,发表评估、审查或认证结论,并出具报告的过程和行为。同时,界定了绿色债券的范围,包括绿色金融债券、绿色公司债券、绿色债务融资工具、绿色资产支持证券及其他绿色债券产品。

二是规定了评估认证机构的资质条件,包括建立了开展绿色债券评估认证业务所必备的组织架构、工作流程、技术方法、收费标准、质量控制、职业责任保险等相关制度,具有有权部门授予的评级、认证、鉴证、能源、气候或环境领域执业资质,具有相应的会计、审计、金融、能源、气候或环境领域专业人员,以及最近3年或自成立以来不存在违法违规行为和不良诚信记录。

三是要求评估认证机构开展绿色债券评估认证业务应向绿色债券标准委员会备案,并提交相关备案材料。

四是对业务承接进行了规定,对工作态度、专业能力、独立性等提出了要求。

五是对业务实施进行了规定，包括发行前评估需要认证的内容、存续期评估需要认证的内容、评估认证方式和程序等内容。

六是对出具报告进行了规定，包括评估认证报告的内容、不同的结论及其法律后果和信息披露等。

七是对评估认证的监督检查，包括评估认证机构的自我检查、绿色债券标准委员会的自律性监管和债券发行管理部门的政府监管，以及对违法违规行为或情形的自律性处分和行政处罚等。

该指引对绿色金融债券和绿色公司债券的评估认证进行了统一和协调性的规定，对整合绿色债券市场、推进其进一步发展有着重要影响。正是根据该指引的相关规定，以统一相关标准为目标、促进各类绿色债券融合发展以及加强绿色债券自律管理协调机制为宗旨的绿色债券标准委员会才随后得以成立并发挥日益重要的作用。

9.《绿色债券支持项目目录（2021年版）》中的相关规定

中国人民银行、国家发展和改革委员会、证监会于2021年4月2日发布了《绿色债券支持项目目录（2021年版）》（银发〔2021〕96号），具体内容包括以下几个方面：

一是将绿色债券的概念统一界定为将募集资金专门用于支持符合规定条件的绿色产业、绿色项目或绿色经济活动，依照法定程序发行并按约定还本付息的有价证券，包括但不限于绿色金融债券、绿色企业债券、绿色公司债券、绿色债务融资工具和绿色资产支持证券。

二是强调相关单位要以《绿色债券支持项目目录（2021年版）》为基础，结合各自领域绿色发展目标任务和绿色金融体系建设情况，研究制定和落实相关配套支持政策，加强宣传引导，发挥好绿色债券对环境改善、应对气候变化和资源节约高效利用的支持作用，推动经济社会可持续发展和绿色低碳转型。

三是在明确《绿色债券支持项目目录（2021年版）》是对既有各个版本的绿色债券支持项目目录的整合、更新并取代的前提下，提出要做好与《绿色债券支持项目目录（2015年版）》（中国人民银行公告〔2015〕第39号）、《绿色债券发行指引》（发改办财金〔2015〕3504号）的有序衔接工作。

该目录的内容主要包括节能环保、清洁生产、清洁能源、生态环境、基础设施绿色升级、绿色服务等六大类产业项目，其中大多数项目都或多或少与减少碳排放、固碳增汇有关，对"双碳"目标的实现有着直接或间接的促进和保障作用。

10.《中国绿色债券原则》中的相关规定

2022年7月29日，绿色债券标准委员会发布了《中国绿色债券原则》，采用了《绿色债券支持项目目录（2021年版）》中对绿色债券的定义，并适用该项目目录。《中国绿色债券原则》从募集资金用途、项目评估与遴选、募集资金管理和存续期信息披露等四大核心要素方面对绿色债券发行进行了规定，对发行人和相关机构提出了严格要求。主要内容包括以下几个方面：

一是募集资金用途。要求绿色债券的募集资金需100%用于符合规定条件的绿色产业、绿色经济活动等相关的绿色项目。境外发行人绿色项目认定范围也可依据《可持续金融共同分类目录报告——减缓气候变化》《可持续金融分类方案——气候授权法案》等国际绿色产业分类标准。绿色债券募集资金应直接用于绿色项目的建设、运营、收购、补充项目配套营运资金或偿还绿色项目的有息债务。

二是项目评估与遴选。发行人应明确绿色项目具体信息，若暂无具体募投项目的，应明确评估与遴选流程，并在相关文件中进行披露，需考虑的因素包括但不限于：债券绿色项目遴选的分类标准及应符合的技术标准或规范，以及所遴选的绿色项目环境效益测算的标准、方法、依据和重要前提条件；绿色项目遴选的决策流程，该流程包括但不限于流程制定依据、职责划分、具体实施过程；所遴选的绿色项目应合法合规、符合行业政策和相应技术标准或规范，相关手续、备案或法律文件齐全且真实、准确、完整，承诺其中不存在虚假记载、误导性陈述或重大遗漏。建议发行人聘请独立的第三方评估认证机构对绿色债券进行评估认证，就绿色债券是否符合四项核心要素进行说明，出具书面评估认证报告并向投资人公示。鼓励在评估认证结论中披露债券的绿色程度及评价方法。

三是募集资金管理。绿色债券募集资金管理要求包括但不限于：发行人应开立募集资金监管账户或建立专项台账，对绿色债券募集资金到账、拨付及收回实施管理，确保募集资金严格按照发行文件中约定的用途使用，做到全流程可追踪；在不影响募集资金使用计划正常进行的情况下，经公司董事会或内设有权机构批准，发行人可将绿色债券暂时闲置的募集资金进行现金管理，投资于安全性高、流动性好的产品；若出现募集资金用途变更，变更后募集资金仍应在绿色项目范畴内使用。

四是存续期信息披露。绿色债券在存续期应持续做好信息披露工作，披露要求包括但不限于：发行人或资金监管机构应当及时记录、保存和更新募集资金的使用信息，直至募集资金全部投放完毕，并在发生重大事项时及时进行更新。发行人应每年在定期报告或专项报告中披露上一年度募集资金使用情况，内容包括募集资金整体使用情况、绿色项目进展情况、预期或实际环境效益等，并对所披露内容进行详细的分析与展示。相关工作底稿及材料应当在债券存续期届满后继续保存至少两年；鼓励发行人按半年或按季度对绿色债券募集资金使用情况进行披露，半年或季度报告可重点说明报告期内募集资金使用情况，并对期末投放项目余额及数量进行简要分析；鼓励发行人定期向市场披露第三方评估认证机构出具的存续期评估认证报告，对绿色债券支持的绿色项目进展及其实际或预期环境效益等实施持续跟踪评估认证。

《中国绿色债券原则》在募集资金投向绿色项目的比例上提出了100%的严格要求，在项目评估与遴选、资金管理和信息披露上都更加严格规范，被业内高度评价为我国绿色债券市场发展的里程碑，也是我国绿色债

券标准实现国内初步统一、国际接轨的重要标志。❶

（二）碳证券制度政策中的相关规定

1.《中共中央、国务院关于完整准确全面贯彻新发展理念做好碳达峰碳中和工作的意见》中的相关规定

2021年9月22日，《中共中央、国务院关于完整准确全面贯彻新发展理念做好碳达峰碳中和工作的意见》出台，其中第31条"积极发展绿色金融"提出，"支持符合条件的企业上市融资和再融资用于绿色低碳项目建设运营，扩大绿色债券规模"。该意见是我国做好碳达峰碳中和工作的基石性规范，其对碳证券制度手段的规定为进一步专门性规定和运用碳证券制度提供了依据和方向。

2.《关于促进应对气候变化投融资的指导意见》与《气候投融资试点工作方案》中的相关规定

生态环境部、国家发展和改革委员会、中国人民银行、中国银行保险监督管理委员会、中国证券监督管理委员会于2020年10月20日联合发布了《关于促进应对气候变化投融资的指导意见》，为气候投融资提供政策支持。其中第二部分"加快构建气候投融资政策体系"的第二项"强化金融政策支持"提出，"完善金融监管政策，推动金融市场发展，支持和激励各类金融机构开发气候友好型的绿色金融产品。鼓励金融机构结合自身职能定位、发展战略、风险偏好等因素，在风险可控、商业可持续的前提下，对重大气候项目提供有效的金融支持。支持符合条件的气候友好型企业通过资本市场进行融资和再融资"。

为了更好地落实《关于促进应对气候变化投融资的指导意见》的相关规定要求，2021年12月21日，生态环境部等九部门发布了《关于开展气候投融资试点工作的通知》，编制了《气候投融资试点工作方案》，鼓励

---

❶ 胡晓玲、刘楠、中央财经大学绿色金融国际研究院：《〈中国绿色债券原则〉解读》，https://iigf.cufe.edu.cn/info/1012/5636.htm，访问日期：2022年8月20日。

符合条件的试点地方气候友好型企业通过资本市场进行融资和再融资。

3. 碳中和债券

2021年3月18日，中国银行间市场交易商协会下发了《关于明确碳中和债相关机制的通知》，对碳中和债券发行和管理进行了专门规定。主要内容包括以下几个方面：

募集资金用途方面，碳中和债募集资金应全部专项用于清洁能源、清洁交通、可持续建筑、工业低碳改造等绿色项目的建设、运营、收购及偿还绿色项目的有息债务，募投项目应符合《绿色债券支持项目目录》或国际绿色产业分类标准，且聚焦于低碳减排领域。碳中和债募投领域包括但不限于清洁能源类项目、清洁交通类项目、可持续建筑类项目、工业低碳改造类项目以及其他具有碳减排效益的项目。

项目评估与遴选方面，发行人应在发行文件中披露碳中和债募投项目具体信息，确保募集资金用于低碳减排领域。如注册环节暂无具体募投项目的，发行人可在注册文件中披露存量绿色资产情况、在建绿色项目情况、拟投绿色项目类型和领域，以及对应项目类型环境效益的测算方法等内容，且承诺在发行文件中披露以下项目信息：定量测算环境效益，披露测算方法及效果，鼓励披露碳减排计划。

募集资金管理方面，要设立监管账户，做好闲置资金管理，并定期排查募集资金使用情况，关注募集资金使用金额、实际用途，闲置资金管理使用情况等。

存续期信息披露方面，发行人应于每年4月30日前披露上一年度募集资金使用情况、绿色低碳项目进展情况以及募投项目实际或预期产生的碳减排效益等相关内容；于每年8月31日前披露本年度上半年募集资金使用情况、绿色低碳项目进展情况以及募投项目实际或预期产生的碳减排效益等相关内容。

存续期管理方面，发行人应严格按照发行文件约定的用途使用募集资金，加强存续期信息披露管理，提高募集资金使用透明度。存续期管理机构应加强对碳中和债发行人的辅导、监测、排查，督导发行人合规履行存续期各项义务。交易商协会将通过现场或非现场检查的方式加强对碳中和债的存续期管理。

交易商协会作为行业协会制定的碳中和债管理文件属于行业性规则，是自律监管的重要规范，对于目前越来越受到关注的碳中和债券市场的健康发展来说十分及时和必要。

（三）我国碳证券制度政策的问题和不足

从上述对我国碳证券制度政策的梳理分析可以看出，我国已经制定或形成许多制度规则，为碳证券市场的推出和发展提供了支持和规范。但还存在诸多问题与不足，特别是从进一步推进碳证券市场的发展完善、为"双碳"目标实现提供更多资金支持方面来说，还需要高度重视并着力改进。

1. 相关制度规则的效力位阶较低，主要是规范性文件和行业性规定

目前相关制度规则均为各类规范性文件或行业性规定。规范性文件有其相应的优势，如比较灵活，主要通过引导和激励的方式推进市场发展，能够得到市场主体更大程度的接受，特别是在行业和市场发展刚刚起步阶段，能够更好地发挥积极引领和促进作用。行业性规定贴近市场、了解市场主体的情况和需求，可以更好地反映市场主体的意愿和诉求。但是，规范性文件和行业性规定也有其不足之处，那就是强制性不够、约束力不足，无法确立刚性的责任机制，难以发挥法律制度的威慑功能，从而影响明晰确定的市场预期和长期稳定的市场秩序之形成。这对于碳证券市场的长远发展来说毫无疑问是不利的。

2. 市场标准和监管体制差异性大，亟待进一步统一和协调

从前述考察分析情况可以看出，我国与碳相关的四类债券——绿色金融债券、绿色企业债券、绿色公司债券和碳中和债券产生的背景并不完全相同，由此导致所采用的关于市场准入、监管要求、上市交易场所、登记结算机构等规则不尽统一，形成属于同一法律关系的金融产品却分别适用不同法律规则的现象，不仅给市场各方带来法律适用的不便和更高成本，

而且给我国更快更好地发展绿色债券市场造成了不小障碍。❶ 随着绿色债券市场从分散式的各自试点转向统一化的市场融合发展,我们需要对存在较大差异的市场标准部分进行相应的统一,在鼓励特色化发展方向和路径的同时,避免发生制度规则方面的"向下竞争"问题,以及可能带来的金融市场和气候方面的风险。目前《绿色债券支持项目目录(2021年版)》的出台是一个良好的开始,但还需要进一步加强标准的融合统一。同时,四类债券市场的监管主体也不一致,相应的监管体制也不相同。绿色金融债券市场的主要监管主体是中国人民银行,绿色企业债券市场的主要监管主体是国家发展和改革委员会,绿色公司债券市场的监管主体是证监会,而碳中和债券市场更多的是行业性自律监管,在中国人民银行的政府监管之外,中国银行间市场交易商协会发挥着重要的监管作用。可以说,存在监管主体的多元分立和监管机制的多种并列,也存在诸多需要进行协调和统一的问题。

3. 审查和评级制度比较薄弱,需要进一步构建完善

从目前四类涉碳绿色债券的发行管理制度看,应当说都有着一定的审查机制,对债券募集资金的用途、拟投入的项目、资金的使用以及相关信息披露等进行审查和评估,《中国绿色债券原则》也对四方面的核心要素进行了统一规定。但总体来说,在具体审查机制方面还不尽一致,审查要求还不够严格,责任机制没有明确建立。在认证评级方面,《绿色债券评估认证行为指引(暂行)》虽然规定了评估认证的基本要求、评级机构的资质条件和工作流程,但并没有把绿色企业债券的评估认证纳入其中,对评级机构的监管和责任要求也不够完善。从实际情况看,目前绿色债券的评级机构发展不足,公信力也亟待提高。

4. 上市公司治理方面还不健全,应当进行绿色化改造

在绿色股票方面,我国上市公司的低碳环保表现还有待进一步提升。作为我国上市公司绿色环保表现的重要参考内容,《中国上市公司环境责

---

❶ 洪艳蓉:《绿色债券运作机制的国际规则与启示》,《法学》2017年第2期,第132—133页。

任信息披露评价报告（2019）》显示，2019年中国沪深股市上市公司总计3939家，已发布相关环境责任报告、社会责任报告及可持续发展报告的有效样本企业共1006家，占所有上市公司数量的25.54%，比2018年增加了78家。❶ 由此可以看出，上市公司中还有更大部分的公司尚未能建立较为完整的低碳环保信息披露机制。从上市公司的治理结构情况看，能够围绕着低碳绿色发展目标进行相应的调整改革的也极为罕见，反映出大部分上市公司还未建立绿色化的治理和管理机制，公司低碳环保表现仍然不足，无法有力支撑和促进我国"双碳"目标的顺利实现。

第二节　碳证券法律制度的国际经验及借鉴

一、《气候债券标准》的内容及借鉴

气候债券倡议组织是世界上唯一致力于动员最大的资本市场——100万亿美元债券市场，以应对气候变化的组织。该组织成立于2010年，努力推动在向低碳和气候适应型经济快速转型过程中所需要的项目和资产的投资，其战略是开发一个规模大、流动性强的绿色和气候债券市场，降低在发达国家和新兴市场的气候项目资金成本；为分散的领域发展聚集机制；支持想要发展债券市场的政府，并向合作组织提供引领、影响和推动变革所需的工具和知识。❷ 气候债券倡议组织于2011年年底推出了《气候债券标准（1.0版本）》，对气候债券进行认定。随着国际社会对气候问题的日

---

❶ 余璐：《中国上市公司环境责任信息披露评价报告（2019）》发布——上市公司环境责任信息披露情况有所改善 仍有逾七成未公布有效样本》，http：//env.people.com.cn/n1/2020/1118/c1010-31935702.html，访问日期：2021年12月18日。

❷ Climate Bonds Initiative, About us, https://www.climatebonds.net/about, last visited at July 20th, 2022.

益重视，募集资金用于气候变化应对的债券也越来越多，《气候债券标准（2.0 版本）》也于 2015 年 11 月发布。目前最新版的《气候债券标准》是 2019 年 12 月发布的 3.0 版本，对气候债券认定的标准和机制更为成熟和完备，在国际和相关国家国内绿色低碳债券市场中有着十分重要的影响力。

（一）《气候债券标准》的内容

《气候债券标准（3.0 版本）》的主要内容包括四大部分，分别是 A 部分发行前要求，B 部分发行后要求，C 部分合格的项目和资产，以及 D 部分基于气候债券标准的认证。各部分主要内容如下。

1.A 部分发行前要求[*]

该部分对希望获得认证的气候债券以及气候贷款或气候债务工具在发行前应满足的要求进行了规定，以确保发行人在发行认证气候债券、认证气候贷款或认证气候债务工具前已制定适当的内部流程及控制机制，这些内部流程及控制机制也足以保证气候债券、气候贷款或气候债务工具在发行或发放后仍然遵守气候债券标准且资金能按时投放，以及发行人已经提交绿色债券框架文件来证明其债券、贷款或其他债务工具满足了《气候债券标准》的发行前要求。

（1）募集资金用途。募集资金应当用于指定的项目和资产，发行人应将拟与债券有关且可能被评估为合格项目和资产的指定项目和资产归档，创建一个指定项目和资产清单，并在债券存续期内不断更新。债券预计净募集资金不得超过发行人对拟议指定项目和资产的总投资额，或拟议指定项目和资产总公允市场价值中由发行人拥有或投资的比例。指定项目和资产不得作为其他认证气候债券、认证气候贷款、认证气候债务工具、绿色债券、绿色贷款或其他贴标工具（如社会债券或可持续发展目标债券）的指定项目和资产，除非满足特定条件。

---

[*] 气候债券倡议组织：《气候债券标准：3.0 版本》，"A 部分：发行前要求"，第 13—15 页，https://www.climatebonds.net/files/files/%E6%B0%94%E5%80%99%E5%80%BA%E5%88%B8%E6%A0%87%E5%87%863_0_FINAL.pdf，访问日期：2022 年 7 月 22 日。

（2）项目和资产的评估和筛选流程。发行人应制定、记录并维持相应的决策流程来判断指定项目和资产是否合格，包括但不限于该债券的气候相关目标声明，发行人是如何在其与环境可持续相关的总体目标、战略、政策和/或流程中设置该债券的气候相关目标的，发行该债券的理由，评估指定项目和资产是否符合气候债券标准C部分所述资格要求的流程。决策流程还应该包括相关行业标准，在筛选指定项目和资产的过程中参考的任何绿色标准或认证。发行人应对债券相关的所有拟议指定项目和资产进行评估，确保其符合债券目标，并符合气候债券标准C部分的相关行业标准要求。

（3）募集资金管理。发行人应将债券资金管理和投资的制度、政策及流程归档，并向核查机构披露该制度、政策及流程，具体应包括追踪募集资金、管理闲置资金、为指定项目和资产的资金设立专项台账等。

（4）发行前报告。发行人应编制绿色债券框架文件并在发行前或发行时公开披露该文件。绿色债券框架文件应包含（但不仅限于）以下内容：确认绿色债券框架文件中的债券与气候债券标准相一致，可包括关于与其他适用的标准相一致的声明，如欧盟绿色债券标准、东盟绿色债券标准、中国国内的监管条例、日本的绿色债券指引等；概述募集资金的计划用途，以及拟对相关领域或子领域的快速转型，从而推动《巴黎协定》目标之实现所作的贡献；描述决策流程、方法论和前提条件的相关信息，概述闲置资金的管理方法；债券拟投资的指定项目和资产清单及各个指定项目和资产所属的投资领域，若债券的净募集金额中有一部分用于再融资，应披露用于融资及再融资的净募集金额的预估比例，以及哪些指定项目和资产可进行再融资。

2. B部分发行后要求[*]

该部分规定了希望在发行后获得认证的气候债券、气候贷款或气候债

---

[*] 气候债券倡议组织：《气候债券标准：3.0版本》，"B部分：发行后要求"，第16—19页，https://www.climatebonds.net/files/files/%E6%B0%94%E5%80%99%E5%80%BA%E5%88%B8%E6%A0%87%E5%87%863_0_FINAL.pdf，访问日期：2022年7月22日。

务工具在发行后应满足的要求。这是对发行前没有认证，但在发行后希望获得认证的气候债券等给予一个补救的机会。发行人需要编制绿色债券框架文件，并满足《气候债券标准》的所有发行后认证要求。

（1）募集资金用途。债券的净募集资金应投放至指定项目和资产，项目和资产应符合气候债券目标和 C 部分的标准要求。发行人应在债券发行后 24 个月内将净募集资金投放至指定项目和资产，或按要求在发行后报告中披露向指定项目和资产投放资金的时间表。指定项目和资产不得作为其他认证气候债券、认证气候贷款、认证气候债务工具、绿色债券、绿色贷款或其他贴标工具的指定项目和资产，除非满足特定条件。若一部分净募集资金用于再融资，发行人应追踪用于融资及再融资的资金占净募集资金的比重，并列明再融资的指定项目和资产。发行人应按照向核查机构披露的正式内部流程对债券净募集资金进行追踪。净募集资金不得超过发行人拟对指定项目和资产的总投资额或债务，或拟议指定项目和资产总公允市场价值中由发行人拥有或投资的相关比例。

（2）项目和资产的评估和筛选流程。发行人应记录并保有相应的决策流程来判断指定项目和资产是否继续合格。包括但不限于债券的气候相关目标声明，发行人是如何在其与环境可持续相关的总体目标、战略、政策和/或流程中设置该债券的气候相关目标的，发行人发行该债券的理由，评估指定项目和资产是否符合《气候债券标准》C 部分所述资格要求的流程等。

（3）募集资金管理。债券的净募集资金应划拨至子账户，转移至子投资组合，或由发行人以恰当的方式追踪并归档。发行人应按照要求保有专项台账流程，用于管理并说明资金投放至指定项目和资产的情况。

（4）报告。发行人应在债券存续期间每年至少公开一次更新报告，向气候债券标准委员会、债券持有人和公众披露。如有重大变化，发行人应该及时向气候债券标准委员会及债券持有人提交一份更新报告。

3. C 部分合格的项目和资产[*]

该部分主要是确定具体项目和实物资产是否符合《气候债券标准》的规定，是否属于有助于实现低碳和气候适应型经济、与《巴黎协定》目标一致的合格项目及资产。

（1）气候债券分类方案。气候债券分类方案为全球经济主要领域内有助于减缓和适应气候变化的投资机遇提供了概述，用于初步筛选可被纳入和应被排除出气候领域的项目，气候债券倡议组织用该方案审核并判断贴标债券或贷款是否能被纳入其绿色债券清单。发行人指定的项目和资产，应属于气候债券分类方案所列的至少一个投资领域。

（2）行业标准。指定项目和资产应满足相关行业标准文件规定的特定标准。各种行业标准会涉及风能、太阳能、地热能、海洋可再生能源、生物能、低碳建筑、低碳交通及水利基础设施、林业、土地保护和废物处理等领域的项目和资产。

4. D 部分基于气候债券标准的认证[**]

该部分规定了气候债券、贷款和其他债务工具认证的相关规则与流程。气候债券认证流程包括三个阶段，与发行和保有债券、贷款或其他债务工具的一般过程保持一致，方便发行人在对债券、贷款或其他债务工具进行定价和营销时使用气候债券认证标志，也保证了在债券、贷款或其他债务工具发行后以及净募集资金投放后，认证标志仍然真实可信。

（1）发行前认证。对债券发行人的内部流程进行评估和认证，包括项目和资产的筛选、募集资金的内部追踪和资金投放系统等。发行前认证的流程包括由发行人编写绿色债券框架文件及合格项目及资产清单，由授权核查机构验证债券是否符合气候债券标准的发行前要求，并编写核查机构

---

[*] 气候债券倡议组织：《气候债券标准：3.0 版本》，"C 部分：合格的项目和资产"，第 21 页，https://www.climatebonds.net/files/files/%E6%B0%94%E5%80%99%E5%80%BA%E5%88%B8%E6%A0%87%E5%87%863_0_FINAL.pdf，访问日期：2022 年 7 月 22 日。

[**] 气候债券倡议组织：《气候债券标准：3.0 版本》，"D 部分：基于气候债券标准的认证"，第 22—27 页，https://www.climatebonds.net/files/files/%E6%B0%94%E5%80%99%E5%80%BA%E5%88%B8%E6%A0%87%E5%87%863_0_FINAL.pdf，访问日期：2022 年 7 月 22 日。

报告，向气候债券标准秘书处提供认证文件。

（2）发行后认证。气候债券、贷款或其他债务工具发行后的评估及认证，流程包括编写发行后更新报告，由授权核查机构对资料进行验证并编写核查机构报告，向气候债券标准秘书处提供认证文件。

（3）持续认证。保有认证以始终遵守气候债券标准的规定为基础，包括按照规定提交年度报告。持续认证适用于发行后认证授予后至债券到期前这一期间。拥有大量合格项目和资产投资组合以及每年发行多个认证气候债券计划的发行人可以选择计划性认证。计划性认证在认证气候债券、认证气候贷款或认证气候债务工具的发行时间安排及规模方面为高频率发行人提供了更多灵活性。计划性认证可以减轻发行人在认证和发行过程中的核查工作负担。选择计划性认证须接受年度核查。

（二）《气候债券标准》的借鉴

《气候债券标准》形成了一整套关于气候债券发行、募集资源运用和管理、项目运营和认证的标准化流程和制度，为国际气候债券市场发展提供了重要的规则支撑和保障。虽然是一种行业性规则，但其相关制度做法对于我国碳债券市场发展来说有着诸多可借鉴之处。

1. 需要创设一套债券发行、管理和认证的规范化流程

《气候债券标准》根据气候债券的实际特点，创设了包括A、B、C、D四个部分内容的一整套规范流程，对气候债券的发行、项目和资产以及认证进行了系统规定，为气候债券市场的发展提供了明确的指引和清晰的要求。对于一个特殊债券市场的发展来说，一套明确清晰、具有可操作性的规则无疑是最为重要的前提和基础。

2. 建立有机协调的标准体系十分重要

如何判断、筛选合格的项目和资产，除考察募集资金是否专项投入使用以外，更主要的是形成判断和筛选项目和资产的标准体系。《气候债券标准》制定了清晰的分类方案，并协调适用各类行业标准，作为其决定是否同意贴标的实质性和综合性标准依据。这一套标准体系也得到了市场主

体的认可,有着较高的公信力。

3. 认证机制应保持灵活性和开放性

为了吸引尽可能多的市场主体,引导更多的资金进入气候变化应对领域,《气候债券标准》确立了十分灵活和开放的认证机制,不仅对发行前就准备投向气候变化领域、进行气候债券认证的债券项目进行认证;对于已经发行但没有进行认证的债券,继续开放认证程序,只要满足相关标准要求的,仍然可以进行认证并贴标。这一灵活机制不仅可以吸引既有存量债券转向气候债券,而且也对未来发行的债券保持了持续的吸引力,给予其随时转型的机会。这一点对于中长期债券来说十分重要。

4. 充分而透明的信息披露机制是市场发展的有力保障

气候债券市场一个很大的问题就是信息不对称,投资人对资金投向的项目不了解,特别是在气候变化及其应对方面的信息不熟悉不清楚。因此,要吸引投资者购买气候债券,把资金投入气候变化应对领域中的项目,必须要把相关信息充分地披露给投资者,保持项目运行的透明度。《气候债券标准》在信息披露方面确立了很好的机制,不仅要求对募集资金用途、资金管理使用情况进行披露,还要求发行人必须编制并报告内容十分丰富的绿色债券框架文件,以便投资者充分了解相关信息。

二、《绿色债券原则》的内容及借鉴

国际资本市场协会(International Capital Market Association,简称 ICMA)于 2014 年 1 月 31 日发布了《绿色债券原则》(Green Bond Principles,简称 GBP),对市场上绿色债券的发行和融资进行引导、促进和规范。历经 2015 年 3 月、2016 年 6 月、2018 年 6 月和 2021 年 6 月多次修订,目前《绿色债券原则》的最新版本就是 2021 年 6 月修订形成的版本。国际资本市场协会是国际金融界最有影响力的行业协会之一,总部位于英国伦敦,目前拥有分

布于全世界65个国家和地区的600多名成员，包括市场的卖方和买方。❶

（一）《绿色债券原则》的内容

《绿色债券原则》是一套自愿性流程指引，通过明确绿色债券发行流程提高信息透明度与披露水平，提升绿色债券市场发展的诚信度。《绿色债券原则》可供市场广泛使用，为发行人发行可信的绿色债券所涉及的关键要素提供指引；促进必要信息披露，协助投资者评估绿色债券投资对环境产生的积极影响；明确发行关键步骤，协助承销商促成可信交易，维护市场信誉。《绿色债券原则》为发行人提供了清晰的债券发行流程和信息披露框架，以便投资者、银行、承销商、安排行、销售机构及其他各方可据此了解绿色债券的特点。《绿色债券原则》强调发行人向利益相关方披露和报告的四大核心要素和两大重点建议信息必须透明、准确及真实。❷《绿色债券原则》包括四个核心要素，即募集资金用途、项目评估与遴选流程、募集资金管理和报告。此外，还有两个附录。四个核心要素和附录部分的具体内容和要求如下。❸

1. 募集资金用途

在募集资金用途方面，要求应当用于合格绿色项目，且应在债券相关文件中进行合理描述。所有列示的合格绿色项目应具有明确的环境效益，发行人应对其进行评估并在可行的情况下进行量化。如募集资金全部或部分已确定或可能用于再融资，《绿色债券原则》建议发行人提供募集资金用于再融资的预计份额。发行人应尽可能披露拟进行再融资的投资或

---

❶ ICMA, "Membership", https://www.icmagroup.org/membership/, last visited at August 20th, 2022.

❷ 国际资本市场协会：《绿色债券原则》（2021年6月版），https://www.icmagroup.org/assets/documents/Sustainable-finance/Translations/Chinese-GBP2021-06-030821.pdf, 访问日期：2022年5月16日。

❸ 国际资本市场协会：《绿色债券原则》（2021年6月版），https://www.icmagroup.org/assets/documents/Sustainable-finance/Translations/Chinese-GBP2021-06-030821.pdf, 访问日期：2022年5月16日。

项目组合，并披露相关再融资合格绿色项目的历史回溯期。《绿色债券原则》明确了合格绿色项目应有助于实现气候变化减缓、气候变化适应等环境目标，并制定了指示性的项目目录，列示了绿色债券市场最常见的项目类别。

2. 项目评估与遴选流程

在评估与遴选方面，绿色债券发行人应向投资者阐明，合格绿色项目对应上述哪些环境目标，发行人判断项目是否为认可绿色项目类别的评估流程，发行人如何识别和管理与项目相关的社会及环境风险的流程。《绿色债券原则》还鼓励发行人结合其环境可持续管理相关的总体目标、战略、制度和/或流程，阐述上述信息；说明项目与现有一些官方或经市场发展形成的分类标准（如适用）一致性程度的信息，相关评判标准、排除标准（如有），同时披露项目遴选过程中参照的绿色标准或认证结论；针对项目有关的负面社会和/或环境影响所引致的已知重大风险，发行人制定风险缓解措施等有关流程，此类风险缓解措施包括进行清晰中肯的利弊权衡与分析，若发行人评估后认为承担潜在风险执行该项目具有意义，应进行必要监控。

3. 募集资金管理

在募集资金管理方面，绿色债券的募集资金净额或等额资金应记入独立子账户、转入独立投资组合或由发行人通过其他适当途径进行追踪，并经发行人内部正式程序确保用于与合格绿色项目相关的贷款和投资。在绿色债券存续期间，应当根据期间合格绿色项目的投放情况对募集资金净余额进行追踪和定期分配调整。发行人应当使投资者知悉净闲置资金的临时投资方向规划。《绿色债券原则》提倡高透明度，建议发行人引入外部审计师或第三方机构对绿色债券募集资金内部追踪方法和分配情况进行复核，为募集资金管理提供支持。

4. 报告

在债券相关信息报告方面，发行人应当记录、保存和每年更新募集资金的使用信息，直至募集资金全部投放完毕，并在发生重大事项时及时进行更新。年度报告内容应包括绿色债券募集资金投放的项目清单，以及项目简要说明、获配资金金额和预期效益。

透明度在披露项目预期和/或实际实现的效益方面至关重要。《绿色债券原则》提出了重点建议和外部评审的要求。重点建议方面主要是发行人应在其绿色债券框架或法律文件中说明其绿色债券或绿色债券发行计划与《绿色债券原则》四个核心要素（募集资金用途、项目评估与遴选流程、募集资金管理和报告）的一致性。外部评审方面，《绿色债券原则》强烈建议发行人在发行前委任外部评审机构确认其绿色债券或绿色债券计划及/或框架遵循上述四个核心要素。债券存续期间，强烈建议发行人通过聘请外部审计师或其他第三方机构对发行人募集资金管理进行复核，包括验证绿色债券募集资金分配的内部追踪情况以及募集资金是否分配至合格绿色项目。

5. 附录

附录1是绿色债券类型，主要列出了四种，包括标准绿色债券、绿色收益债券、绿色项目债券以及绿色资产支持证券。

附录2是《原则》，主要是《绿色债券原则》之外还需要参考的相关原则，包括《社会责任债券原则》《可持续发展债券指引》和《可持续发展挂钩债券原则》及后续发布的其他相关原则或指引。这些原则是一系列自愿性原则框架，其目标和愿景是推动全球债务资本市场为环境和社会可持续性提供融资发挥作用。

（二）《绿色债券原则》的借鉴

1. 形成了一套规范完整的规则体系

《绿色债券原则》经过多年的发展实践，根据市场状况和绿色发展需求而不断修订和更新，已经形成一套规范完整的规则体系，得到了市场主体的充分认可，塑造了稳定、有效的市场秩序，支撑着国际绿色债券市场不断发展壮大。这套规则体系包括了四大核心要素和两个附录，内容翔实，覆盖了绿色债券整个生命周期，对于我国绿色债券制度规则的构建来说具有很强的借鉴意义。

2. 绿色债券种类比较丰富

《绿色债券原则》规定了四类绿色债券，种类较为丰富，既增加了投资者的选择空间，也为绿色项目提供了更多的融资机会，对于绿色债券市场的快速发展来说十分重要。我国的绿色债券市场发展刚刚起步、绿色债券产品的种类还比较单一，因此可以充分借鉴和引入新的绿色债券产品，丰富产品的内容和功能，进一步扩大市场规模，为低碳绿色发展提供更多资金支持。

3. 外部审查机制比较健全

为了最大化地向投资者负责，《绿色债券原则》设定了严格的报告义务，在高度重视透明度要求的同时，特别提出了对外部评审的要求。外部评审要求贯穿了债券发行前和存续期间，要求的机构是外部审计师或第三方机构，评审内容也涵盖了方方面面。正是这样一种严格、独立、完备的外部评审机制的存在，使投资者能够对债券质量有着充分的信任，从而增强市场信心，促进市场快速健康发展。

4. 综合辅助适用多维度的原则指引

《绿色债券原则》的又一个特点是不局限于自身的内容要求，而是以开放的立场，对其他与之相关的原则进行综合考虑，并加以辅助适用，形成了一个多维度的原则体系。这样一方面可以丰富和完善自身的规则体系，另一方面能够扩展自身的市场影响力，吸引更多的投资者参与和更多的融资项目上市。

三、《负责任投资原则》的内容及借鉴

联合国负责任投资原则组织（The United Nations-supported Principles for Responsible Investment，UN PRI）于2006年正式成立，这一组织最初是在2005年初由时任联合国秘书长科菲·阿塔·安南（Kofi Atta Annan）邀请了一批世界上最大的机构投资者，组织制定了《负责任投资原则》。来

自12个国家机构的20人投资者小组得到了来自投资行业、政府间组织和民间社会的70人专家小组的支持。❶除了获得联合国的支持外，负责任投资原则组织还与联合国环境规划署融资倡议和联合国全球契约建立了伙伴关系，获得了多方面的支持和帮助。联合国《负责任投资原则》一经推出，就产生了很大的影响，截至2022年第四季度，签署主体已经达到5319家。《负责任投资原则》也经历了不断修订和更新的过程，最近的几次修订是2018年、2019年和2021年。

负责任投资有时也被称为责任投资，根据最新版《负责任投资原则》（2021），负责任投资被界定为：将环境、社会和治理因素纳入投资决策和积极所有权的投资策略和实践。考虑环境、社会和治理问题的投资方法很多，与之对应的术语也很多，例如可持续投资、道德投资和影响力投资。❷

（一）《负责任投资原则》的内容*

1.将环境、社会和治理问题纳入投资分析和决策过程

具体可采取的行动包括在投资政策声明中阐明环境、社会和治理问题；支持开发环境、社会和治理相关工具、指标，开展环境、社会和治理相关分析；评估内部投资管理人纳入环境、社会和治理问题的能力；评估外部投资管理人纳入环境、社会和治理问题的能力；要求投资服务提供商（如财务分析师、顾问、经纪商、研究公司和评级公司）将环境、社会和治理因素纳入持续研究和分析；鼓励开展有关该主题的学术研究和其他研究；主张投资专业人士开展环境、社会和治理培训等。

---

❶ About the PRI, https://www.unpri.org/about-us/about-the-pri, last visited at May 26th, 2022.

❷ UNPRI, "Principles for Responsible Investment", 2021, p.4, https://www.unpri.org/download?ac=10948, last visited at May 26th, 2022.

* UNPRI, "Principles for Responsible Investment", 2021, p.7, https://www.unpri.org/download?ac=10948, last visited at May 26th, 2022.

2. 成为积极的所有者，将环境、社会和治理问题纳入所有权政策和实践

具体可采取的行动包括制定并披露符合《负责任投资原则》的积极所有权政策；行使投票权，若投票权"外包"，则监督对投票权政策的遵守情况；培养直接参与或"外包"参与的能力；参与制定相关政策、规则和标准，如促进、保护股东权利；提交符合长期环境、社会和治理考量的股东决议；与公司交流环境、社会和治理问题；参加合作参与倡议；要求投资管理人开展并报告环境、社会和治理相关参与活动等。

3. 寻求被投资实体对环境、社会和治理相关问题进行合理披露

具体可采取的行动包括要求使用全球报告倡议等工具对环境、社会和治理问题进行标准报告；要求将环境、社会和治理问题融入年度财务报告；要求公司提供有关采纳/遵守相关规范、标准、行为准则或国际倡议（如联合国全球契约）的信息；支持促进环境、社会和治理披露的股东倡议和决议等。

4. 推动投资业广泛采纳并贯彻落实《负责任投资原则》

具体可采取的行动包括将《负责任投资原则》相关要求纳入征求建议书；相应调整投资委托授权、监督流程、绩效指标和激励结构（如在适当情况下，确保投资管理流程着眼长期）；向投资服务提供商传达环境、社会和治理要求；对于未达到环境、社会和治理要求的服务提供商，重新考虑合作关系；支持开发环境、社会和治理整合基准衡量工具；支持制定促进执行《负责任投资原则》的监管政策等。

5. 齐心协力提高《负责任投资原则》的实施效果

具体可采取的行动包括支持/参加网络和信息平台，共享工具、集中资源并将投资者报告用作学习材料；共同应对新问题；发起或支持适当的合作倡议等。

6. 报告《负责任投资原则》的实施情况和进展

具体可采取的行动包括披露将环境、社会和治理问题融入投资实践的方法；披露积极所有权活动（表决、参与和/或政策对话）；披露服务提

供商需要就《负责任投资原则》采取哪些行动；与受益人就环境、社会和治理问题和《负责任投资原则》进行沟通；采用"遵守或解释"的方法报告《负责任投资原则》相关进展和/或成就；尝试确定《负责任投资原则》的影响；利用报告提高广大利益相关者群体的负责任投资意识。

（二）《负责任投资原则》的借鉴

《负责任投资原则》的提出和实践，对国际、国内投资市场以及被投资的公司治理都产生了很大的影响。尤其是其提出的环境、社会和治理因素，以及由此形成的投资理念与实施策略，对低碳绿色股票市场有着十分积极和重大的促进作用。

1. 提出了环境、社会和治理因素并要求关注相关问题

《负责任投资原则》创新性地提出了环境、社会和治理因素，认为环境、社会和治理三个方面的因素对于投资的公司或项目的运营来说十分重要，对于投资的安全和收益以及生态环境等社会公共利益有着重大影响。因此，只有对这三个方面要素进行充分关注，并根据其表现来作出投资决策，才是一种对自然、对社会也是对自身负责任的投资。其中提出的"负责任"，所要承负的责任是一种社会责任，包括环境、社会、利益相关者等方面。

2. 借助于环境、社会和治理目标重塑投资理念

在提出环境、社会和治理因素后，借助于对被投资项目或公司在环境、社会和治理方面表现的目标要求，《负责任投资原则》改变了传统投资理念，不再简单以投资经济回报为唯一目标和决策标准，而是要综合考察经济回报、环保表现和社会影响等诸多方面因素。在这一原则影响下，市场投资理念开始转向低碳环保、服务社会和促进治理等方面的价值追求，股东价值得到了更多的认可和实践，一种全新的绿色、和谐发展理念逐渐形成，有力地支撑和促进了绿色投资市场的发展。

3. 积极提升公司绿色治理表现

《负责任投资原则》对环境、社会和治理因素的密切关注，对被投资

公司有着直接而有力的影响，对整个市场中的公司治理水平特别是绿色治理水平的提高也产生了积极的促进作用。一方面，为了获得负责任投资者的青睐，得到更多的融资机会和资金支持，公司往往会主动或被动地提升自身的环保表现、社会形象和治理水平。另一方面，当负责任投资者投资公司后，也会以所有者即股东身份参与公司治理，利用股东权利、通过股东会或股东大会来影响公司的经营决策，使之转向绿色环保，积极承担社会责任。

4. 着重加强环境、社会和治理信息披露机制

信息不对称和信息偏在问题是投资风险的重要根源之一，也是投资失败的重要问题所在。因此，信息披露是投资者进行正确决策的重要前提，受到投资者高度关注。《负责任投资原则》对环境、社会和治理信息的披露机制十分重视，第3部分"寻求被投资实体对环境、社会和治理相关问题进行合理披露"和第6部分"报告《负责任投资原则》的实施情况和进展"都是对环境、社会和治理信息披露方面的规定，构建了较为完备的信息披露机制。

第三节　我国碳证券法律制度的构建与完善

通过前述对我国碳证券制度政策的考察分析，可以看出目前存在的问题与不足，特别是与碳证券市场健康快速发展的要求不相对应，迫切需要进一步构建相关制度规则，完善整个碳证券法律制度体系。国际碳证券市场中形成的《气候债券标准》《绿色债券原则》《负责任投资原则》等，无论是其制定的内容，还是实践中的相关做法经验，均值得我们在构建和完善碳证券法律制度时进行相应的参考和借鉴。

一、碳证券法律制度的制定与完善

（一）提高制度规范的法律效力位阶

大量行业规则、规范性文件对碳证券制度进行了规定，但缺乏法律规范，无法满足碳证券市场不断深入发展的法治化要求。将相关规范上升为法律规范，加强法律责任要求，是碳证券制度发展完善的首要方向。未来应调整法律约束条件，在环境保护法律中强化商事主体的环境保护义务，在经济法律制度中倡导商事主体承担更多的社会责任，在行政刑事法律中完善对"染绿""漂绿"等违法违规行为的制裁。[1]在"双碳"目标推进实施过程中，相关法律规范的制定或修改是必然要求，也是重要议程内容。碳证券制度的发展完善应充分利用这一背景形势或者说契机，在法律、行政法规、部门规章等规范层面上进行相应的立法表达，从而为碳证券市场发展提供法制支撑。当然，在法律规范层面上对碳证券进行规定并不意味着就不需要规范性文件和行业性规则等规范形式，而是应当合理利用不同效力位阶的规范形式，兼采不同规范形式的优势，从不同层次上对碳证券制度进行相应规定，形成有机协调的规范体系。

（二）丰富和完善制度规范的内容构成

在提高规范的效力位阶的基础上，还要对规范内容进行改进和完善。一方面，继续优化对碳证券市场的积极鼓励、引导和支持制度，在现有金融支持规范的基础上，逐步引入财政、税收等方面的优惠措施，进一步加大对碳证券的发行主体、投资主体和交易服务主体的多方面支持力度；另一方面，确立相应的法律责任，强化对碳证券市场及相关主体的监管、约束和责任要求，逐步建立严格、完善的法律责任体系。只要激励和引导的市场是不成熟的市场，要形成规范的市场秩序、达到稳定的市场预期就离

---

[1] 洪艳蓉：《论碳达峰碳中和背景下的绿色债券发展模式》，《法律科学》2022年第2期，第136页。

不开强制性的法律责任机制。惩罚和制裁固然不是法律制度的首要和根本目标，但具有必要的威慑意义，以及违法救济的公正意义。从一定意义上来说，只有很好地确立或形成了激励与约束、权利义务和责任均衡协调的法律制度体系，才能够真正有效地规范和促进碳证券市场的运行和发展。

二、碳证券相关标准的整合统一

建立和适用统一的标准体系是碳证券市场走向成熟、持续发展的重要基础和保障。我国碳证券产品推出时间不长，相关的标准比较多，但还不成熟，也未形成统一的标准体系。从碳证券市场特别是碳债券市场的未来发展要求看，应当以"国内统一、国际接轨"为导向，加快推动我国绿色债券标准的统一及与国际标准的趋同，不断提高募集资金使用绿化率，探索形式绿与实质绿的有机结合，真正实现从棕色向浅绿、中绿、深绿的转变。❶

（一）国内碳证券标准的整合统一

目前，国内碳证券标准的差异性带来的问题已经受到关注和重视，协调、整合和统一工作正在进行，初步的进展是中国人民银行、中国证监会和国家发展和改革委员会在各自推出或适用的绿色债券支持项目目录的基础上，整合形成了统一的《绿色债券支持项目目录（2021年版）》。但这显然还是不够的，除项目的标准统一以外，还要对募集资金用途、募集资金使用管理以及信息披露等方面的标准要求进行整合与统一。例如，在募集资金用途方面，专门用于绿色项目的要求还是一个模糊的概念，不同的债券种类要求也不尽一致，从绿色企业债券的50%、绿色公司债券的70%到绿色金融债券以及《中国绿色债券原则》中要求的100%不等。而在募

---

❶ 洪艳蓉：《论碳达峰碳中和背景下的绿色债券发展模式》，《法律科学》2022年第2期，第134—135页。

集资金使用管理和信息披露方面,绿色金融债券、绿色企业债券和绿色公司债券等所适用的标准要求也不尽相同。《中国绿色债券原则》的制定出台是在努力形成一个统一的标准体系,但鉴于其行业性规定的性质,无法形成统一的强制性要求。因此,还需要监管部门对相关标准进行整合,形成一个统一的标准体系。具体方式是,可以在《中国绿色债券原则》的基础上进行制定,也可以通过相应的立法形式,例如,出台调整和规范碳证券市场发展的规章,赋予该原则以相应的法律规范性质和地位。

(二)国内碳证券标准与国际碳证券标准的协调一致

碳证券市场具有国内市场与国际市场的密切关联性,在发展目标和运行机理上也具有相通性和一致性。一方面,国际碳证券市场已经形成较为成熟的标准体系,包括气候债券标准、绿色债券标准以及负责任投资标准,对我国的碳证券标准有着积极的参考和借鉴意义,我们应当加以学习来完善国内碳证券标准体系。另一方面,国内碳证券市场的标准也要与国际碳证券市场标准协调一致,这样不仅有利于国内发行的绿色低碳债券或股票得到国际投资者的青睐认可,吸引国际资金进入国内低碳环保项目;还有利于国内低碳环保项目或公司直接到国际碳证券市场发行股票和债券,吸引国际资本市场的投资,从而充分利用国内和国际两个市场,最大化地吸引国际和国内资金进入低碳环保领域,有力促进我国"双碳"目标的实现和绿色发展的深刻转型。目前,我国发行的不少绿色债券还因为没有达到相关的标准要求,不能被国际市场认证和贴标,无法更有效地吸引国际投资者。《中国绿色债券原则》的制定和相关规则也已经尽可能与国际碳债券标准和规则相一致,环境、社会和治理要求也开始被我国上海证券交易所和深圳证券交易所重视并逐步吸纳到上市公司治理准则中。但是,我们仍然迫切需要在更高效力位阶的法律规范层面、更为全面深入地进行协调,保持一致,更好地实现国内国际两个市场的互动交流。

三、碳证券评估认证与评级制度的有效构建

客观公正的评估认证与评级制度是碳证券市场健康快速发展的基石，评估认证与评级能够为投资者提供充分、透明的信息，大大减少交易成本，帮助投资者有效作出科学合理的决策。我国碳证券评估认证与评级主要是针对碳债券，目前还需要进一步规范化，相关机制还不够健全，第三方机构发展还比较落后，亟待有效构建和培育发展。

（一）外部审核与评估认证

从时间阶段上看，碳证券的审核与评估认证主要包括发行前和存续期两个阶段，当然国际气候债券市场中的审核与评估认证还包括了发行后这一灵活形式和阶段；从审核主体看，主要包括内部自我审核、第三方审核与评估认证和监管部门的审核与评估认证等三个方面。目前需要加快构建和完善的主要有三个部分：一是引入发行后评估认证这一灵活形式，为那些发行前没有进行评估认证，但发行后希望把资金转向投资低碳环保项目的债券提供补充进入绿色债券市场的机会，以更多地吸纳资金进入气候变化应对领域。二是在《绿色债券评估认证行为指引（暂行）》《绿色债券评估认证机构市场化评议操作细则（试行）》及配套文件的基础上进一步完善评估认证规则，把包括绿色企业债券在内的所有类型的绿色债券纳入适用范围，加强对第三方评估认证机构的支持、规范和自律监管。三是**强化监管部门的审核与监管制度**，在引入和完善建立第三方评估认证制度的基础上，监管部门应当逐渐退出直接审核与评估认证工作职能，这也是符合《证券法》规定的注册制理念。与此同时，监管部门应当加强对碳证券发行主体的内部自我审核、第三方审核与评估认证的监管工作，与绿色债券标准委员会等承负的行业自律监管一起发挥作用，形成一整套由自我审核、第三方评估认证、行业自律监管和政府部门监管等内容有机构成的制度体系。

（二）评级制度

如果说审核与评估认证是解决确定债券是否为低碳绿色债券的机制，评级则是在此基础上对债券的信用等进行评价并确定等级。评级主要考虑的因素包括债券主体因素和债券项目因素，而第三方评估认证的情况和结果更是重点关注的因素和依据。目前，碳债券的评级制度还未真正建立，缺乏行业性规则，现有的评级方法也都是相关评级机构自行尝试建立的。而且，目前评级机构也不发达，许多著名的评级机构如穆迪等，所推出的绿色债券评估标准也并不是真正意义上的完整的评级办法，更多还是一种评估认证规则。❶因此，我们应当围绕碳债券评级，加速建立健全评级标准与方法，在评级体系的设计上，建议结合具体绿色因素对政府、银行和企业评级的相应影响，确定评价指标和相应的权重；促进第三方评级机构的综合评级系统的建立，建构主要评级、债券信用评级和绿色评级的综合体系，逐步推进绿色评级系统的建设。❷其中特别需要重视的是，既要做好传统的信用评级，也要做好全新的绿色低碳评级，如此才能真正反映碳债券的真实质量。与此同时，我们也要构建对碳债券评级机构和评级市场的自律监管和政府监管，确保评级真正客观公正，有效降低交易成本，为投资者提供有价值的决策参考，真正发挥促进碳债券市场发展的功能。

四、信息披露制度的进一步加强

公开性是证券法律制度中的重要原则，透明度要求也是碳证券法律制度中的重要内容。在碳证券市场实践中，投资者最为关注的就是信息披露问题，只有充分掌握足够的、真实的信息，才能作出科学合理的投资决策并持续对所投资的公司或项目进行关注和监督，以有效保障其投资利益。

---

❶ 穆迪：《穆迪绿色债券评估简介》，https://www.moodys.com/sites/products/ProductAttachments/China_MIS_Green%20Bonds_Assessment_Overview.PDF，访问日期：2022年8月15日。

❷ 唐方方、徐永胜主编：《碳金融：理论与实践》，武汉大学出版社，2019，第399页。

对于全新的、正处于快速发展阶段的碳证券市场来说，如何进一步加强和完善信息披露制度是十分重要的议题和目标任务。

（一）加强信息报告制度

信息披露需要通过一定的形式来呈现，并通过一定的机制来保障和完成。无论是碳股票还是碳债券，相关信息披露一般都是通过各类报告或公告的方式来进行，其中比较固定的是各类报告，如年报、半年报、季报等。对于碳股票来说，基于公司治理的监管要求必须要按期披露年报、半年报和季报，以及对一些重要、突发事件信息进行临时公告，相关机制比较成熟。但对于碳债券来说，还没有制定或形成成熟的报告和公告制度。有的碳债券只要求披露和报送年报，有的扩大到半年报，但在季报和公告方面还没有明确、统一的要求，还需要予以加强构建。特别是在公告方面，需要予以高度重视和细致安排，确保投资者、监管部门、中介服务机构以及社会公众能够及时了解相关信息。

除碳证券发行人的信息报告以外，信息披露的主体和形式还有第三方的评估认证报告和评级报告等，主要适用于碳债券领域。第三方评估认证报告具体又包括发行前第三方评估认证报告、发行后第三方评估认证报告和存续期第三方评估认证报告，这些报告中的信息十分丰富，除不适宜公开的商业秘密以外，也应当通过合适的形式及时向投资者、监管部门和社会公众报送和公开。评级机构经过审核、评估给出的评级报告，也应当以适当的方式向投资者、监管部门和社会公众进行公开。

（二）完善信息披露内容

信息披露制度的核心和重点是如何确定披露内容的范围和边界。对于碳证券市场来说，需要披露的信息种类和内容更加复杂多样。不仅包括资金投入、使用和收益等金融信息，还包括披露资金投向的公司项目的碳排放、能源消耗和环境影响低碳环保信息。

就目前碳证券的信息披露情况看，内容上还比较有限。一方面，披露内容主要限于所谓的"重大事项",而对于"重大事项"的理解和认定也比较保守,可以说披露范围和边界都比较狭窄,还有许多内容以涉及"商业秘密"等为由拒绝公开。另一方面,在低碳环保信息的披露上还没有形成明确、统一的内容目录,而且相关信息数据的口径和标准也不尽统一,信息来源也比较有限,有赖于专业技术机构和低碳环保主管部门的提供和支持。因此,我们首先需要根据碳证券的特点和实际对"重大事项"进行合理界定,特别是低碳环保方面的重大事项,厘定信息披露的内容范围。其次,要制定和完善碳排放等气候环保信息的测量、统计方法和口径,统一信息标准和形式。最后,要明确相关信息来源主体的信息供给和支持义务与责任。

五、公司绿色治理制度的创新发展

绿色股票市场的发展对股票载体——在各个市场层面上市的公司的要求越来越高,特别是环境、社会和治理的负责任投资原则的影响日益扩大,对上市公司的治理产生了很大影响。上市公司迫切需要在公司治理理念、治理结构以及相关制度方面进行绿色化创新发展。

(一)治理理念的低碳化绿色化革新

治理理念是一个公司特别是公众公司治理的精神体现和价值取向,决定着公司治理的结构与制度构造。公司治理理念最为核心的方面就是公司运营的宗旨。长期以来,公司运营的宗旨都是股东利益至上,以公司盈利最大化为目标,公司治理也呈现出股东(大)会中心主义的特点。然而,现代公司面临的社会环境越来越复杂,公司特别是公众公司的社会影响越来越大,不能仅仅考虑股东利益,还需要关注员工、社区、债权人等利益相关者的利益。由此,利益相关者理论和公司社会责任理论被提出和被运用于实践。

随着环境问题日益重要,学者将企业社会责任进一步定义为:企业采用的一种策略,将社会和环境问题融入企业运营,并在盈利的基础上与股东和/或利益相关者进行互动。❶ 包括环境责任在内的企业社会责任理论对公司治理理念产生了很大影响,需要在治理层面引入环境目标考虑。而且,即使仅从经济角度来看,现代公司治理也应认识到,要实现股东价值最大化,就需要对公司机会和风险进行多维度的关注,并对周围商业环境中的各种政治、监管、社会经济和环境因素作出反应。❷ 因此,在应对气候变化、实现"双碳"目标的时代性背景下,我们需要对上市公司治理理念进行革新,积极引入低碳绿色发展目标,确立绿色治理理念。环境、社会和治理理念也是公司治理理念绿色化的重要体现。

(二)治理结构的绿色化创新

公司治理理念实现低碳化绿色化革新后,还需要在公司治理结构和具体制度中加以贯彻体现,如此方能保障公司发展的低碳绿色转型。根据上市公司治理结构和相关制度构成,我们需要在股东(大)会、董事会、监事会和经理层等结构方面进行绿色化革新。

具体来说,在股东(大)会层面,可以积极引入负责任投资者作为战略性股东,塑造"开明股东"的形象和氛围,追求公司的绿色、高质量发展。在董事会层面,设立可持续发展委员会,由负责战略发展和企业环境合规的执行董事、具有低碳环保相关知识和经验背景的独立董事组成,引导和保障董事会发展战略和重要事项决策的绿色化。在监事会层面,一方面要选任至少一名具有低碳环保相关知识和经验背景的人员进入监事会,另一方面要从气候环境合规角度来对公司运营进行监督。在经理层面,应当设立环保合规总监(environmental compliance director,ECD),可以由具

---

❶ Nakamura, Masao, and Sven Tommi Rebien, "Corporate social responsibility and Corporate Governance: Japanese Firms and Selective Adaptation", U.B.C. Law Review, vol. 45, no. 3, October 2012, p. 732.

❷ Horrigan, Bryan, "21st Century Corporate Social Responsibility Trends – An Emerging Comparative Body of Law and Regulation of Corporate Responsibility, Governance, and Sustainability", Macquarie Journal of Business Law, vol.4, 2007, p.99.

有环保知识背景的合规总监（compliance director，CD）兼任，也可以为合规总监配备环保合规助手，从而保障公司经营管理层面也能够有效贯彻落实低碳绿色发展的理念和目标。此外，信息披露制度是上市公司治理的关键制度，也需要进行绿色化改造。尽管目前信息披露的范围已经逐渐扩大到环保信息领域，但对于气候变化应对和碳排放等方面的信息披露还不够充分，还需要对此进行必要扩展。同时，鉴于气候信息更加专业和复杂，也应在披露质量上进行提高，确保提供的信息能够为投资者和社会公众有效、便捷地获得和理解。

六、市场监管机制的协调构建

碳证券市场是一个庞大而复杂的市场，既有证券市场的内容和特点，也有碳市场的要素和特点。对这一特殊市场的监管显然也比较复杂，牵涉面很广，涉及多个监管主体，也有不同的监管机制和手段。因此，要实现对碳证券市场的有效监管，需要结合碳市场的特殊情况，有效衔接相关监管事项，协调相关监管主体，整合构建相关监管机制，真正形成监管合力。

（一）金融监管与气候监管之间的协调衔接

碳证券市场的复杂性之一就是不仅有证券金融风险，还会涉及气候风险，很多时候两类风险还会叠加形成更大更复杂的混合风险。例如，突发的气候风险以及由此带来的碳交易市场风险、碳法律政策风险等，会给碳证券的收益带来冲击，引发金融风险；或者突发的金融风险，会严重影响气候融资，导致气候领域投资产生断崖式下跌，从而对气候变化应对产生极大的冲击。如果同时发生了气候风险和金融风险，会对整个社会产生巨大的冲击和影响，还可能发生重大的社会危机甚至动荡。

因此，要做好碳证券市场的监管，一方面，要加强金融监管，防控金融风险；另一方面，要加强气候监管，防控气候风险。在此基础上，我们更要把金融监管和气候监管进行有效协调和衔接，以避免发生金融风险与气候风险的叠加，以至于发生社会性重大危机。

（二）各类监管主体之间的协调整合

碳证券市场的复杂性之二是涉及多个监管主体，每个监管主体都有自己的监管范围、监管目标和监管方式手段。具体来说，主要的监管主体分别是中国证监会、中国人民银行、国家发展和改革委员会、生态环境部等，对应着碳证券市场的各个部分和气候生态事项的相应监管职能。然而，碳证券市场中金融风险与气候风险的高度关联性以及各类风险的叠加性，要求应当对其进行一体化监管。这就需要对各类监管主体加以协调与整合。具体来说，应当从以下两个阶段展开：

第一阶段是碳证券市场发展的初始时期，即从现在到2025年，在不改变多监管主体的情况下，着重于建立各监管主体之间的协调监管机制，包括监管事项的无缝衔接和有效分工，监管信息网络的共享共联，以及特殊或重大事项的联合监管等。在机构支撑上，应当建立一个协调监管委员会，定期进行碳证券市场监管动态的研讨交流与协调。

第二阶段是碳证券市场发展的成熟时期，即2026年之后，应当对监管主体进行适当的整合，尽可能消除多个监管主体带来的协调成本高、效率低的问题。较为可行的方案是，坚持中国证监会作为金融监管主体，中国人民银行、国家发展和改革委员会的相关金融监管职能划归中国证监会行使，这也是碳证券市场进一步统一融合的要求。同时，碳证券市场相关的气候监管由生态环境部负责，国家发展和改革委员会的气候相关监管职能进一步划归由生态环境部行使。在此基础上，中国证监会与生态环境部之间依然要建立协调监管机制，加强监管信息的一体化网络建设，设立协调监管委员会，定期进行监管动态和重大事项的交流协调与联合监管。

（三）政府监管与自律监管之间的协调配合

碳证券市场的复杂性之三是行业性自律监管占据重要地位，一定程度上填补着政府监管比较薄弱的部分。这一点与传统证券市场还是很不一样的。传统证券市场已经比较成熟，政府监管较为充分和完善，行业自律监管虽然也存在，但处于辅助性和补充性地位，两者之间已经形成较为稳定的配合关系。但碳证券市场目前仍处于初始发展阶段，政府监管还不够成熟和完备，包括发行标准、信息披露程度等方面更多还是依赖于行业性规则，绿色债券标准委员会、银行间市场交易商协会等行业性机构在发挥着重要、某种意义上甚至是主要的监管作用。在这一现实背景下，碳证券市场的良好监管需要对政府监管与自律监管进行协调，使之相互配合，形成高效的监管体系。

具体来说，首先要充分尊重基于碳证券市场发展特殊背景而形成的行业性自律监管机制，继续发挥绿色债券标准委员会、银行间市场交易商协会等行业性机构的自律监管作用。其次要进一步完善和发挥政府监管职能，在整合市场、统一标准、引导激励和强化约束等方面要有更为完备的制度规范，肩负起更大的监管职责。最后要对政府监管与自律监管进行有机协调，尽可能充分发挥两者的优势，相互弥补对方的劣势，实现无缝衔接、高效配合，形成更加科学合理的监管机制。

第七章

碳保险法律制度

第一节　碳保险法律制度概述

保险业是金融行业的重要组成部分，保险也是十分重要的金融产品和金融机制。保险虽然并不能直接为企业提供资金支持，但可以通过对企业风险的管控和转嫁来解决企业可能面临的资金损失风险，相当于间接为企业提供了资金安排和金融安全。在此基础上，通过购买保险，提供了管控和转嫁风险的保障，企业可以获得更好的融资机会和融资待遇。此外，保险资金运作具有更为直接的金融功能，当然这已经属于投融资领域，超出了保险领域。党的二十大报告提出了"积极稳妥推进碳达峰碳中和"要求，其实，保险机制是最为符合这一要求的制度机制之一。保险，一方面，可以加快和促进低碳化转型发展；另一方面，能够对企业转型中遭受的风险损失进行转嫁和承负，保障其稳健运营。因此，在发展低碳经济、实现"双碳"目标过程中，保险业扮演着重要角色，保险对气候风险的管理和防控、低碳经济发展的促进和保障具有十分重要的作用。我们同样需要构建碳保险法律制度，引导、规范、促进和保障碳保险市场发展。

一、碳保险的基本概念

关于碳保险的概念认知，目前还不够成熟，也缺乏一个权威的、具有共识性的界定。尽管2022年4月中国证监会制定发布的金融行业标准《碳金融产品》（JR/T 0244—2022）将碳保险界定为降低碳资产开发或交易过程中的违约风险而开发的保险产品。但从功能性角度看，能够发挥积极应对气候变化、促进碳减排碳增汇和保障低碳经济发展的相关保险产品，也常常被纳入碳保险的范围。正是在这个意义上，碳保险也经常被纳入绿色保险的范围。

与碳保险相关的概念中，气候保险、绿色保险和可持续保险也经常被提及和使用。气候保险是指为实现"双碳"目标提供的风险管理支持的保险，这是一种广义的更符合实际的气候保险定义，既包括巨灾保险、天气风险，也包括为绿色能源、绿色交通、绿色建筑、绿色技术等领域实现减碳目标而提供风险保障的保险。[1] 应当说，气候保险是与碳保险最为接近的一个概念，都是以应对气候变化为目标而设计的保险产品和开展的保险活动，这一点上与绿色保险和可持续保险是不一样的。但是，两者也有不同。例如，气候保险的定义并没有明确包括碳排放权交易的相关保险，而碳保险也没有明确包括巨灾保险。绿色保险的范围更为宽泛，只要是有助于绿色环保目标实现的保险都可以纳入其中。可持续保险的范围则最为广泛，不仅包括绿色保险产品，还包括那些管理和保障社会性风险和治理风险的产品，即以环境、社会和治理相关风险为管理和保障的对象。当然，这些概念都还处于一个变动和发展的过程，也会随着气候变化应对和低碳经济的深入发展而演进变化。我们对碳保险的概念认识和界定也应当保持

---

[1] 蓝虹、马福良、陈雨萌、王思阳：《气候保险概念的拓展及作用机理分析》，《新金融》2022年第5期，第38页。

一种开放和发展的态度和立场。

实践中的碳保险种类越来越丰富，根据被保对象的不同，可以将碳保险产品划分为三类：一是针对碳金融活动中交易买方所承担风险的产品，主要涵盖《京都议定书》相关项目风险和碳信用价格波动，具体包括清洁发展机制支付风险保险、碳减排交易担保和碳信用保险；二是针对碳金融活动中交易卖方所承担风险的产品，主要提供减排项目风险管理保障和企业信用担保，具体包括碳交易信用保险、碳排放信用担保、碳损失保险和森林碳汇保险；三是针对除上述交付风险以外的其他风险的产品，如碳捕获保险等。❶ 当然，在更宽泛意义上，气候变化巨灾风险、清洁能源和节能减碳相关保险也可以被看作碳保险的一种。

二、碳保险的重要功能

气候变化已经并将续持对整个地球、人类社会、企业组织以及家庭和个人等所有主体产生深远影响。保险业和风险管理行业可以通过支持客户实现净零碳转型、将风险知识与投资决策相结合以及与客户合作降低风险和提高气候适应能力，引领向低碳、有弹性的未来过渡。如果不这样做，可能会导致责任风险的大幅增加，以及威胁未来几年可保性的人身风险的增加。在灾难或气候冲击发生后，保险公司是确保以低碳和气候适应方式重建基础设施的重要参与者。❷ 综合分析、评判可知，碳保险机制的创设以及碳保险市场的发展，对于应对气候变化问题、促进低碳经济发展，从而促进"双碳"目标实现来说，具有十分重要的功能。具体包括以下几个方面：

---

❶ 周洲、钱妍玲：《碳保险产品发展概况及对策研究》，《金融纵横》2022 年第 7 期，第 87—89 页。

❷ Swenja Surminski, "Climate Change and the Insurance Industry: Managing Risk in a Risky Time", https://gjia.georgetown.edu/2020/06/09/climate-change-and-the-insurance-industry-managing-risk-in-a-risky-time/, last visited at July 20th, 2022.

一是能够有效分散和转嫁气候相关风险损失。碳保险的保障对象就是因为气候问题所带来的各种风险损失,即保险公司基于大数法则和保险精算而设计保险机制以实际承担被保险主体的气候相关风险损失,使之免于或减少因气候相关风险损失带来的冲击和不利影响,从而保持持续经营的能力。通过保险机制来保障被保险主体的经济安全,保障经济稳定运行,这也是保险最基本的功能的体现。

二是能够有力促进气候风险防控管理。作为气候风险损失的承保主体,保险公司有充分的动力和有效的措施来干预和影响被保险人的风险防控管理行为。对于已经投保的减碳项目,管理者在项目实施过程中有预防措施不足和疏于管理的倾向,增加风险发生的概率。保险机构为防止道德风险,通常在投保项目实施过程中进行严格监督,对发生的风险事件,如果是因为企业自身疏于风险防范,风险管理未达到保险合约要求时承包机构不予赔付。通过这种反馈机制,保险机构能够督促低碳项目管理者提高警惕,加强预防,降低风险事件发生的概率。[1] 同时,保险公司还可以根据投保企业的气候风险防控情况实行差别化保险费率。对气候风险防控管理情况较好的投保企业,适用较低的保险费率,反之则适用较高的保险费率。通过这种经济性调节机制,引导和约束投保企业的气候风险防控管理行为。

三是能够充分提供气候变化应对资金。碳保险产品销售带来的业务收入是一笔巨大的资金,这些保险资金如何管理运作对于投融资市场来说有着重大影响。事实上,保险资金管理机构历来是投资市场中的重要主体。这些保险资金可以用来投入气候变化应对项目,满足气候融资需求,在投资端发挥促进"双碳"目标实现的积极作用。

---

[1] 蓝虹、马福良、陈雨萌、王思阳:《气候保险概念的拓展及作用机理分析》,《新金融》2022年第5期,第39页。

三、我国碳保险市场的发展现状

在碳金融相关市场中，相对于碳信贷市场和碳证券市场来说，碳保险市场的发展较晚，也最为缓慢。从绿色保险市场的发展状况看，目前发展比较成熟的是环境污染责任保险，从作为自愿性商业保险试点到作为强制性保险试点，再到在部分行业中成为强制性保险，环境污染责任保险在我国逐渐发展起来。但是，环境污染责任保险主要针对的是环境污染风险损失，并不适用于气候风险。我国发展相对较早、能够应对和适应气候变化风险的保险是与天气气象有关的巨灾保险、森林资源开发利用的森林保险，但这些保险依然不是严格意义上的专门性碳保险。真正符合碳保险的严格定义、能够有力保障和促进"双碳"目标实现的碳保险产品是2016年才出现的。

2016年11月，全国首单"碳保险"落地湖北。华新水泥集团与平安保险签署全国首个碳保险产品意向认购协议，平安保险将为华新集团在湖北省内的13家分（子）公司量身定制产品，标志着碳交易相关保险开启新时代。"碳保险"是平安保险为碳排放权交易企业量身打造的一系列保险产品的总称，是企业风险管理及碳资产管理的一种重要手段，为企业在减排中由于意外情况而未能完成减排目标提供保障。[1]

2021年5月，全国首单林业碳汇指数保险在福建省龙岩市新罗区试点落地，为新罗区提供2000万元碳汇损失风险保障。林业碳汇指数保险以碳汇损失计量为补偿依据，将因火灾、冻灾、泥石流、山体滑坡等合同约定灾因造成的森林固碳量损失指数化，当损失达到保险合同约定的标准时，视为保险事故发生，保险公司按照约定标准进行赔偿。[2]

2021年5月25日，中国人民保险集团股份有限公司与福建南平市顺

---

[1] 吴文娟、张熙：《全国首单"碳保险"落地湖北》，https://www.hubei.gov.cn/hbfb/hbzz/201611/t20161119_1632412.shtml，访问日期：2021年12月20日。

[2] 王永珍、曾晋华：《全国首单林业碳汇指数保险落地》，https://new.qq.com/rain/a/20210507A010R500，访问日期：2022年2月16日。

昌县国有林场签订了全国首单"碳汇保"商业性林业碳汇价格保险协议。此前不久，中国人民保险集团股份有限公司与该林场签下全国首单"碳汇贷"银行贷款型森林火灾保险。❶2022 年 9 月，中国人民财产保险股份有限公司签发国内首单自愿减排项目监测期间减排量损失保险（简称碳抵消保险），与华信保险经纪有限公司合作，为中国华电集团有限公司下属的某清洁能源发电企业提供碳资产风险保障。❷

从我国碳保险市场总体发展情况可以看出，市场刚刚进入快速发展阶段。各类碳保险产品和机制创新不断出现，巨灾保险和森林保险等传统保险也正在新的"双碳"背景下与时俱进、着力更新，积极回应并服务低碳化转型的市场需求。在这样一个虽然刚刚开始但势头迅猛、速度惊人的发展阶段，碳保险市场还处于一个粗放式发展状况，迫切需要专门的政策法律予以扶持、引导和规范。

四、我国碳保险相关制度政策评析

我国碳保险相关的制度政策相对较少，《保险法》中对碳保险乃至绿色保险都没有相应的规定，《农业保险条例》和仅有的几个规范性文件中也很少有相关规定内容。下面通过对既有规范文本进行分析，了解和评价目前我国碳保险相关制度规定情况。

（一）《农业保险条例》中的相关规定

于 2012 年 11 月 12 日出台并于 2016 年 2 月 6 日修订的《农业保险条例》，从农业生产和发展的角度对森林保险、天气自然灾害保险进行了一定的规范。该条例第 2 条对农业保险进行了界定："本条例所称农业保险，

---

❶ 佚名：《开创"碳汇+保险"服务新模式 服务绿色环保》，https://new.qq.com/rain/a/20210528A04QLG00，访问日期：2022 年 8 月 16 日。

❷ 佚名：《人保财险签发全国首单"碳抵消保险"》，https://property.picc.com/cx_gywm/zxzx/xwsd/202209/t20220909_51153.html，访问日期：2022 年 9 月 12 日。

是指保险机构根据农业保险合同，对被保险人在种植业、林业、畜牧业和渔业生产中因保险标的遭受约定的自然灾害、意外事故、疫病、疾病等保险事故所造成的财产损失，承担赔偿保险金责任的保险活动。"该条例第4条对监督管理机构进行了界定："国务院保险监督管理机构对农业保险业务实施监督管理。国务院财政、农业、林业、发展改革、税务、民政等有关部门按照各自的职责，负责农业保险推进、管理的相关工作。财政、保险监督管理、国土资源、农业、林业、气象等有关部门、机构应当建立农业保险相关信息的共享机制。"从这两条规定的内容看，虽然涉及与气候变化应对相关联的森林资源的生产经营，以及会对农业生产带来损害的气象灾害，但相关农业保险只是发挥一些被动性、适应性作用，并没有针对气候变化风险从减碳增汇角度进行相应的规定安排。

（二）《生态文明体制改革总体方案》中的相关规定

2015年9月，中共中央、国务院印发的《生态文明体制改革总体方案》明确要求"完善对节能低碳、生态环保项目的各类担保机制，加大风险补偿力度。在环境高风险领域建立环境污染强制责任保险制度"。由于明确提出了建立环境污染强制责任保险制度，因而这一保险制度取得了较快发展。但环境污染责任保险主要针对的是环境污染问题，与气候变化风险并不一致。碳保险发展在该方案中并没有直接依据，只能以"完善对节能低碳、生态环保项目的各类担保机制"这部分规定作为间接依据，把保险机制也视为一种宽泛意义上的担保机制，但显然该方案对碳保险的创新发展支持有限。

（三）《关于构建绿色金融体系的指导意见》中的相关规定

2016年8月，中国人民银行、财政部、国家发展和改革委员会、环境保护部、银监会、证监会、保监会等七部委联合发布了《关于构建绿色金融体系的指导意见》，对发展绿色保险进行了专门规定。该指导意见第五部分"发展绿色保险"第23条规定："鼓励和支持保险机构创新绿色保险产品和服务。建立完善与气候变化相关的巨灾保险制度。鼓励保险机构研发环保技术装备保险、针对低碳环保类消费品的产品质量安全责任保险、船舶污染损害责任保险、森林保险和农牧业灾害保险等产品。积极推动保险机构参与养殖业环境污染风险管理，建立农业保险理赔与病死牲畜无害化处理联动机制。"从上述规定内容可以看出，应对气候变化开始成为绿色保险产品和服务创新的重要目标方向，建立完善与气候变化相关的巨灾保险制度、开发针对低碳环保类消费品的产品质量安全责任保险以及森林保险都是重要的方向举措，都是与应对气候变化、碳减排碳增汇直接或间接关联的，可以视为宽泛意义上的碳保险机制。但是，直接与碳交易、碳排放和碳减排损失相关的保险还没有被提及，一定程度上影响了这些可能更具有碳保险属性的保险产品创新和发展。

（四）《银行业保险业绿色金融指引》中的相关规定

2022年6月1日中国银保监会发布了《银行业保险业绿色金融指引》，这一规范性文件对绿色保险发展进行了规定，其中也有关于低碳经济方面的内容，对碳保险发展提供了一定支撑。该指引中与碳保险有着一定关联的规定主要有以下几个方面：

第3条规定："银行保险机构应当完整、准确、全面贯彻新发展理念，从战略高度推进绿色金融，加大对绿色、低碳、循环经济的支持，防范环境、社会和治理风险，提升自身的环境、社会和治理表现，促进经济社会发展全面绿色转型。"该条规定明确了保险机构的低碳目标，提出了环境、社会和治理方面的风险防控与表现要求，从理念和目标层面提供了发展碳保险的基本依据。

第4条规定："银行保险机构应当有效识别、监测、防控业务活动中的环境、社会和治理风险，重点关注客户（融资方）及其主要承包商、供应商因公司治理缺陷和管理不到位而在建设、生产、经营活动中可能给环境、社会带来的危害及引发的风险，将环境、社会、治理要求纳入管理流程和全面风险管理体系，强化信息披露和与利益相关者的交流互动，完善相关政策制度和流程管理。"该条规定对保险机构在管理流程和风险防控中引入环境、社会和治理要求进行了规定,对保险机构更好地防控和管理自身以及客户的环境风险提出了要求。这对于包括碳保险在内的绿色保险业务的创新和经营来说,有着重要的指导意义。

第13条规定:"保险机构应当根据有关法律法规,结合自身经营范围积极开展环境保护、气候变化、绿色产业和技术等领域的保险保障业务以及服务创新,开发相关风险管理方法、技术和工具,为相关领域的生产经营者提供风险管理和服务,推动保险客户提高环境、社会和治理风险管理意识,根据合同约定开展事故预防和风险隐患排查。"该条规定更进一步提出了保险机构应当开展气候变化领域的保险业务创新,为发展碳保险提供了明确而直接的指引依据。同时,还要求保险机构充分发挥风险管理优势,不仅仅是分散风险、提供风险损失保障,还应当积极预防、提前干预,与保险客户共同管控风险。

除上述三条规定以外,该指引还对设立绿色保险特色分支机构、建立有效的绿色金融考核评价体系和奖惩机制、构建协调监管机制以及推动建立健全信息共享机制等进行了规定,为碳保险市场的发展和监管提供了指引和保障。

(五)我国碳保险制度政策存在的问题与不足

1.《保险法》与《农业保险条例》的不足

尽管保险机制一直被认为是解决环境问题、加强生态保护的重要制度手段,发展低碳绿色经济、实现绿色发展也一直是我国的重要发展战略,但作为保险领域中的基本法——《保险法》中并没有对之进行相应的回应和规定。现行《保险法》是2015年修正的,尚未能把绿色发展、"双碳"目标等崭新的理念目标确立和体现出来,这也必然会给碳保险等绿色保险的发展带来不利影响,也无法充分发挥保险机制对绿色发展、"双碳"目标实现的重要作用。

同样地,《农业保险条例》中虽然对与气候变化相关的天气灾害保险、森林保险作出了一些规定，但并没有明确把积极应对气候变化、减碳增汇作为宗旨和目标，只是从保障农业生产和发展的稳健运行这一目标规范和促进这两类保险产品服务的创新和发展。这就必然会限制这两类保险在应对气候变化方面的积极作用。

2. 现有规范效力位阶不高，专门性规定缺失

目前真正与碳保险相关的制度规范中，《关于构建绿色金融体系的指导意见》和《银行业保险业绿色金融指引》都属于规范性文件，效力位阶较低，当然这也与碳保险的发展仍处于初始阶段密切相关。在初始发展阶段，碳保险的产品服务和种类处于一个不断探索的过程，先通过制定一些灵活性更强的规范性文件而不是规章、法规或法律来引导和规范碳保险市场的发展，无疑是更为妥适的。但要推动碳保险产品服务和市场持续深入发展，还是需要建立比较规范、完善的制度体系，仅靠一些规范性文件是无法确立和支撑的，而是需要在规章及以上的法律规范中予以规定和确立。

此外，目前还没有专门规定碳保险的法律规范文件，已有的规范文件要么是从绿色金融层面进行规定，绿色保险、碳保险只是其中一个部分；要么是从农业保险层面进行规定，保险产品的绿色低碳属性和功能并未得到充分重视。唯一的绿色保险方面的专门性规定，也是环境污染责任保险方面的。在一定程度上，当前碳保险市场的发展之所以较之碳信贷和碳证券市场的发展更为迟缓，就在于国家和政府对碳保险市场的重视度还不够，还没有制定专门性的碳保险方面的制度规范。

3. 保险公司治理体系和管理制度中未能充分确立和贯彻低碳发展理念

尽管我国越来越多的保险公司开始了碳保险产品服务的探索尝试，但总体来看，在公司治理层面还没有对如何积极应对气候变化风险影响、发展碳保险、实行低碳化发展给予足够的重视，未能充分确立起低碳发展理

念。尽管中国平安保险（集团）股份有限公司❶和中国太平洋保险（集团）股份有限公司❷等保险公司为加入联合国可持续保险原则组织而尝试建立了可持续发展治理架构或环境、社会和治理管理体系，但大部分公司在这方面还有很长的路要走，需要在国内保险公司治理规则方面进行规定、提出要求。在此基础上，还需要把低碳发展理念和战略贯穿到管理制度特别是产品开发服务和风险管理中，而目前这方面的激励引导制度、规范约束制度都不够完备，无法有效促进和支持保险公司的低碳化发展。

4. 碳保险监管制度比较薄弱，有机协调的监管体系尚未建立

气候变化问题给保险业带来的风险和冲击已经引起保险机构和保险监管部门的关注，国际保险监督官协会（International Association of Insurance Supervisors，IAIS）也联合可持续保险论坛（Sustainable Insurance Forum，SIF）发布了对气候风险问题进行特别关注和监管的规范文件，提出了相应的监管规则要求，规范文件对碳保险监管也同样适用。但我国在碳保险监管方面还比较薄弱，一方面，对保险业和保险公司面临的气候风险及其应对如何进行监管，还没有被充分重视，也没有形成有效的监管机制；另一方面，专门以气候相关风险损失为承保风险的碳保险产品已经进入市场，但相关监管措施和机制还没有创立。然而，碳保险市场的风险十分复杂，既有气候领域的风险，又有保险领域的风险，以及可能发生的叠加风险，不仅需要进行监管，而且需要保险监管部门和气候监管部门进行联合监管。目前，保险监管部门在环境污染保险市场的监管方面与生态环境部门已建立一定的合作机制，但在碳保险市场监管方面还没有进行充分的沟通交流，尚未能建立有机协调的监管体系，对碳保险市场健康发展的规范和保障作用没有充分发挥。

---

❶ 中国平安：《可持续发展组织架构》，https://www.pingan.cn/sustainability/management/orgstructure.shtml，访问日期：2022 年 9 月 12 日。

❷ 中国太平洋保险：《ESG 理念与管理》，http: //www.cpic.com.cn/about Us/shzr2/esggl/，访问日期：2022 年 9 月 12 日。

第二节　碳保险法律制度的国际经验及借鉴

碳保险相对于其他碳金融领域，发展较为缓慢，相关产品也比较分散，尚未形成一个主旨鲜明、统一的市场或领域。不仅国内市场发展不足，国际市场发展也并不充分。天气的不可预知性为保险业带来许多商机，但一般保险公司在气候变化领域面对的最根本的问题是无法估计不同天气事件发生的概率。很显然为这种风险定价的历史记录很不充分。[1] 客观上，气候风险监测和防控的特殊困难阻碍了碳保险的快速发展。但是，随着气候相关科学技术多年来的持续进步，以及国际社会应对气候变化进程的加快，运用保险机制来应对气候变化的尝试逐渐丰富起来。

一、部分发达国家的碳保险产品创新发展及借鉴

（一）部分发达国家的碳保险产品创新发展

在应对气候变化的呼声越来越强烈的背景下，部分发达国家的一些世界著名的、实力雄厚的保险机构先后推出了各类碳保险产品，开启了碳保险市场发展的进程。

2007年，瑞士再保险公司（Swiss Re）推出了碳交付担保保险，以补偿碳减排行业的碳信用额。美国国际集团（American International Group, AIG）于2008年推出了碳信用交付保险，帮助企业解决技术性能风险、信用风险、政治风险和定价风险，以解决由符合《京都议定书》条件的项目产生的合规工具的交付风险。澳大利亚承保机构斯蒂伍斯·艾格纽

---

[1] 索尼亚·拉巴特、罗德尼·R.怀特：《环境金融：环境风险评估与金融产品指南》，孙冬译，北京大学出版社，2014，第93页。

（Steeves Agnew）于 2009 年首次推出碳损失保险，保障因森林大火、雷击、冰雹、飞机坠毁或暴风雨而导致森林无法实现已核证减排量所产生的风险，一旦森林碳汇持有者受损，保险公司根据投保者的要求为其提供等量的经核证的减排量。安联保险公司（Allianz）在 2018 年也推出了类似的碳损失保险，覆盖澳大利亚人工林面临的由自然现象引发的火灾、冰雹和风暴以及由人类引发的火灾造成的损失，林业管理人员可以通过将碳汇价值计入人工林每公顷的价值的方式来确保碳损失风险。[1]

（二）相关经验与借鉴

上述发达国家的相关保险产品创新发展，有的是在传统的森林保险和巨灾保险的基础上，因应气候变化应对需要而改造推出的，有的则是根据企业碳减排义务履行中的风险而全新创设出来的。相对于碳信贷和碳证券主要从积极正面角度来促进目标企业或项目的减碳增汇目标的实现，碳保险更多的是从消极负面角度来管理和转嫁目标企业或项目的气候变化风险和减碳增汇信用风险。因此，碳保险市场面临的不确定风险更大，受到技术、管理等方面的条件约束更多，即便在发达国家对此也比较谨慎，需要充分考虑保险业的承受能力，还在不断探索。发达国家的碳保险产品创新路径为我国碳保险产品发展提供了经验借鉴，其谨慎、渐进的发展方式也值得我们参考学习。同时我们也应看到，发达国家碳保险市场的发展也是刚刚起步，我国与之相比差距并不大，在这一全新赛道上，我国也完全可以在学习借鉴的基础上，充分发挥我国市场大、转型快、共识高等独有优势条件，不断创新发展并实现超越。当然，这需要我们加强碳保险制度的创新和发展。

---

[1] 杨勇、汪玥、汪丽：《碳保险的发展、实践及启示》，《金融纵横》2022 年第 3 期，第 73—75 页。

二、联合国《可持续保险原则》及借鉴

（一）联合国《可持续保险原则》的提出与发展

在国际社会层面，联合国《可持续保险原则》（Principles for Sustainable Insurance，PSI）的提出有力地促进了包括碳保险在内的可持续保险的发展。《可持续保险原则》是由联合国环境规划署金融倡议组织于2012年6月在巴西里约热内卢召开的联合国可持续发展大会上发布的，是保险业应对环境、社会和治理风险和机遇的全球框架。联合国《可持续保险原则》是联合国与保险业之间最大的合作倡议。❶ 截至2022年，联合国《可持续保险原则》已稳步发展到全球229个成员，具体由132家签署公司（约占全球保费量的33%，共约15万亿美元）和97家支持机构组成。❷ 无论是从成员数量还是从成员保费占全球总保费的比例来看，《可持续保险原则》都得到了很大的实施，对国际保险业的可持续转向产生了重大影响。

《可持续保险原则》也对我国保险业产生了一定影响，截至2022年已有3家中国保险公司加入《可持续保险原则》倡议成为组织的成员，承诺适用和践行《可持续保险原则》。第一家加入的是中国平安保险（集团）股份有限公司，于2020年3月加入。第二家加入的是友邦保险集团有限公司，于2021年5月加入。友邦保险虽然有着强大而复杂的外资背景，但创立于中国、主要市场业务重心也在中国，从法律上和市场业务上都属于典型的中国保险公司。第三家则是中国太平洋保险（集团）股份有限公司，于2021年11月加入。

《可持续保险原则》主要包括四项核心原则，重点关注与保险业务相关的环境、社会和治理问题，形成了一套规则要求。该原则的四项核心原

---

❶ United Nations Environment Programme, "Principles for Sustainable Insurance", https://www.unepfi.org/insurance/insurance/, last visited at July 18th, 2022.

❷ United Nations Environment Programme, "Signatory Companies", https://www.unepfi.org/insurance/insurance/signatory-companies/, last visited at July 18th, 2022.

则主要内容如下。❶

1. 原则1：将与保险业务相关的环境、社会和治理议题融入决策过程

该原则要求保险公司在公司战略、风险管理及承保、产品及服务开发、理赔管理、销售与营销以及投资管理等层面体现对环境、社会和治理议题的关注和解决。

在公司战略层面，主要要求在董事会和管理层制定公司战略，以识别、评估、管理和监控企业经营中的环境、社会和治理议题；就公司战略相关的环境、社会和治理议题与股东进行对话；将环境、社会和治理议题整合到招聘、培训和员工参与计划中。

在风险管理及承保层面，主要要求建立识别和评估投资组合环境、社会和治理议题的流程，认识到公司交易中潜在的环境、社会和治理问题的相关后果；将环境、社会和治理议题整合到风险管理、承保和资本充足性的决策过程中，包括研究、模型、分析、工具和指标。

在产品及服务开发层面，主要要求开发能降低风险、对环境、社会和治理议题有积极影响和提升风险管理的产品和服务；制定或支持有关风险、保险和环境、社会和治理议题的普及计划。

在理赔管理层面，主要要求在任何时候都要快速、公正、审慎和透明地回应客户，确保理赔过程能被清楚地解释和理解；将环境、社会和治理议题整合到补偿、重置和其他理赔服务中。

在销售和营销层面，主要要求就产品和服务相关的环境、社会和治理议题对销售和营销人员进行培训，并负责地将关键信息整合到战略和活动中；确保产品和服务的覆盖范围、收益和成本与环境、社会和治理相关且能被清楚地解释和理解。

在投资管理层面，主要要求将环境、社会和治理议题整合到投资决策和股东行动中（如实施《负责任投资原则》）。

---

❶ United Nations Environment Programme, "The Principles", https://www.unepfi.org/insurance/insurance/the-principles/, last visited at July 18th, 2022.

2. 原则2：与客户和业务伙伴共同努力，提升对环境、社会和治理议题的认识，管理相关风险和寻求解决方案

该原则要求保险公司从客户和供应商与保险人、再保险人及中介两个方面来采取行动、共同努力。

在客户和供应商方面，应就管理环境、社会和治理议题的好处以及公司对环境、社会和治理议题的期望和要求与客户和供应商沟通；为客户和供应商提供相关信息和工具，协助其管理环境、社会和治理议题；将环境、社会和治理议题整合到供应商的招标及甄选程序中；鼓励客户和供应商披露环境、社会和治理议题，并使用相关的披露或报告框架。

在保险人、再保险人及中介方面，应推广《可持续保险原则》的采纳，支持将环境、社会和治理议题纳入保险行业的专业教育和道德标准。

3. 原则3：与政府、监管机构和其他关键利益相关方合作，推动全社会在环境、社会和治理主题上的广泛行动

该原则首先要求保险公司与政府、监管机构和其他政策制定者进行合作，具体包括支持能够降低风险、创新和提升环境、社会和治理议题管理的审慎政策、监管和法律框架；与政府和监管机构合作，制定综合风险管理方法和风险转移解决方案。

与此同时，要求保险公司与其他关键利益相关主体开展合作，包括与跨政府机构和非政府组织合作，通过提供风险管理和风险转移专业知识来支持可持续发展；与商业和行业协会合作，更好地理解和管理跨行业和地区的环境、社会和治理议题；与学术界和科学界合作，促进保险业务背景下环境、社会和治理议题的研究和教育项目；以及与媒体合作，以提高社会公众对环境、社会和治理议题和良好风险管理的认知。

4. 原则4：在定期披露原则实施进展中展现问责机制和透明度

根据该原则，保险公司应当评估、测量和监控公司在环境、社会和治理议题管理方面的进展，并主动定期公开披露相关信息；运用相关的信息披露或报告框架；与客户、监管机构、评级机构和其他利益相关方沟通，对原则实施进展相关信息的披露价值达成共识。

（二）对《可持续保险原则》的借鉴

《可持续保险原则》对国际保险业的可持续转向发挥了重大推动作用，虽然其并没有对碳保险进行专门聚焦，而是将之涵括在可持续保险范围中，但其所提出的四项核心原则对于我国碳保险的创新和发展来说依然有着很大的参考借鉴价值。

1. 应当将可持续理念贯彻到保险公司治理与管理的全过程

《可持续保险原则》不仅要求在经营管理层面上关注环境、社会和治理问题，贯彻可持续性要求，而且十分重视把可持续性议题融入公司战略，将之上升到公司治理层面，在根本理念上确立可持续目标和方向。通过从治理到管理，一体化践行可持续原则，才能真正有效实现保险公司和保险业的可持续发展。这一点可谓保险业和保险公司实现可持续发展、发展好碳保险等可持续保险业务的根本路径。

2. 应当重视保险公司与政府监管部门、利益相关者等多元主体的沟通合作

环境、社会和治理等各类风险十分复杂，对这些风险进行识别、管理并找到有效控制和降低的解决方案，不是仅靠保险公司自身就可以完成的，必须与政府监管部门、客户、利益相关主体之间进行充分高效的沟通、交流与合作，充分掌握相关信息，各方共同协作应对。《可持续保险原则》对此高度重视，原则2和原则3都是对此进行规范和要求的内容。对我国可持续保险特别是碳保险制度的发展来说，具有重要的参考价值。

3. 应当加强可持续保险信息披露机制和问责机制

为保证保险业务发展方向的可持续性，《可持续保险原则》规定了较为严格的信息披露机制，要求定期公开披露相关信息给客户、监管机构、评级机构和其他利益相关方。充分的信息披露既可以对客户的可持续表现起到督促和推进作用，更可以对保险公司形成监督和约束，特别是来自监管机构和评级机构的监督和评价。在此基础上形成的问责机制，主要是保险公司内部的自我问责，同时监管机构和评级机制的监督和评价一定意

上也是一种问责，共同形成了内外结合的问责体系。信息披露加问责机制的建立，有力地保障了可持续保险业务的发展方向和成效，这也十分值得学习借鉴。

三、国际保险业气候相关风险监管规则及借鉴

（一）国际保险业气候相关风险监管规则的提出

国际保险监督官协会是负责制定和协助实施国际保险业相关原则、标准和指南以及保险部门监督支撑材料的全球标准制定机构。该机构成立于1994年，由来自200多个司法管辖区的保险监督官组成的自愿会员组织，占全球保险费的97%。其愿景和使命是促进对保险业的有效和全球一致的监督，以发展和维持公平、安全和稳定的保险市场，以造福和保护投保人，为全球金融稳定作出贡献。[1] 国际保险监督官协会还于2017年创立了可持续保险论坛，关注和应对保险业的可持续性问题。

为更好地支持成员方保险监管机构识别、监测和评估气候变化风险对保险业的相关影响，防控相关风险，保持金融稳定，国际保险监督官协会于2017年与其所创设的可持续保险论坛建立了合作关系，共同把气候变化风险和可持续发展确立为战略重点。2018年7月，可持续保险论坛和国际保险监督官协会联合发布了一份关于气候变化对保险行业风险的问题文件（《2018问题文件》）。作为后续行动，可持续保险论坛和国际保险监督官协会于2020年2月发布了关于气候相关财务披露特别工作组建议执行情况的第二份问题文件（《2020问题文件》）。2021年5月24日，国际保险监督官协会与可持续保险论坛又联合发布了《关于保险业气候相关风险监管的应用文件》。从长期来看，该文件作为首个由全球保险业标准制定机构发布的保险业气候风险监管框架工具文件，将对全球保险公司与监管

---

[1] International Association of Insurance Supervisors, "What we do", https://www.iaisweb.org/about-the-iais/what-we-do/, last visited at July 26th, 2022.

机构防范气候风险可能引发的系统性风险产生重要影响。

（二）国际保险业气候相关风险监管规则的主要内容

国际保险业气候相关风险监管规则主要体现在《关于保险业气候相关风险监管的应用文件》中。该文件在第一部分"总体介绍"中对背景目标、国际保险监督官协会与可持续保险论坛的协同工作进行了介绍，接着提出保险监管的比例原则，监管者可以灵活地调整其监管要求的实施和保险监管的应用。最后，重点确立了保险监管的五大方面内容，即监督审查和报告、保险公司治理、风险管理（包括情景分析和压力测试）、保险投资和信息披露，这也是保险业经营与监管的重要核心原则。❶

第二部分内容是监管者的角色定位，要求监管机构应确定与气候相关的风险与其监管目标的相关性，并指出近年来一些监管机构扩大了他们的目标，将可持续性纳入其中。同时，列出了制定与气候相关的风险的监督做法需要考虑的先决条件和资源，提供了将气候风险嵌入监管者的组织中的三种方式：一是内部网络方式，建立内部网络等灵活结构，促进知识共享，提高协调能力。这种结构通常涉及来自不同部门的工作人员，气候风险只是他们职责的一部分，因此资源密集度最低。二是中心辐射式方式，在每个相关部门设立一个专职应对气候相关风险的中心团队，以及一名或多名联系人，以促进反馈循环和信息在监管部门的传送。三是专门部门方式，创建一个专门部门协调所有部门与气候和/或可持续性相关的问题。在监督审查和报告方面，规定了监管机构在气候相关风险方面的信息收集、共享与合作，以及监督反馈与跟踪。❷

第三部分内容是对保险公司治理的监管，对保险公司气候风险治理提

---

❶ IAIS and SIF, "Application Paper on the Supervision of Climate-related Risks in the Insurance Sector", pp.6-8, https://www.iaisweb.org/uploads/2022/01/210525-Application-Paper-on-the-Supervision-of-Climate-related-Risks-in-the-Insurance-Sector.pdf, last visited at July 28th, 2022.

❷ IAIS and SIF, "Application Paper on the Supervision of Climate-related Risks in the Insurance Sector", pp.9-13, https://www.iaisweb.org/uploads/2022/01/210525-Application-Paper-on-the-Supervision-of-Climate-related-Risks-in-the-Insurance-Sector.pdf, last visited at July 28th, 2022.

出了建议和要求,包括合理分配风险监督和管理职责,设立气候风险委员会或首席气候风险官等,在经营目标和战略中纳入气候风险评估,董事会和高级管理人员都要关注理解气候风险,并将应对工作与薪酬机制挂钩。❶

第四部分内容是对保险公司的风险管理和内部控制的监管,要求保险公司将气候相关风险纳入风险管理体系范围,内部控制职能应识别、衡量和报告保险公司的风险,评估保险公司的风险管理和内部控制的有效性,并从合规和精算两个维度对气候风险进行管理控制。同时,要充分发挥内部审计功能,内部审计部门应审查风险管理过程,以确保其充分和有效。此外,还应将气候相关风险纳入外包决策。❷

第五部分内容是对保险公司的偿付能力风险管理进行监管,在承保政策、承保评估中考虑气候相关风险,使用外部评级或开发自己的风险评估方法,监测承保的气候相关风险敞口,将气候风险纳入偿付能力评估,并进行压力测试和情景分析。这一过程应包括对物理、过渡和责任风险的评估。物理风险的评估包括使用巨灾模型,确定可能导致资不抵债的气候相关风险情景;过渡风险的评估包括增加碳税、更严格的环境法规和低碳经济将如何影响资产和技术准备金;责任风险评估包括社会、诉讼和司法环境的潜在变化带来的风险。❸

第六部分内容是对保险公司投资的监管,分析了物理风险和过渡风险等与气候有关的投资风险,要求保险公司进行资产负债管理,投资于安全和可用的资产,并借助外部信用评级等方式对投资风险进行评估。同时发挥投资对气候变化的影响,引入环境、社会和治理理念进行可持续投

---

❶ IAIS and SIF, "Application Paper on the Supervision of Climate-related Risks in the Insurance Sector", pp.14-16, https://www.iaisweb.org/uploads/2022/01/210525-Application-Paper-on-the-Supervision-of-Climate-related-Risks-in-the-Insurance-Sector.pdf, last visited at July 28th, 2022.

❷ IAIS and SIF, "Application Paper on the Supervision of Climate-related Risks in the Insurance Sector", pp.16-19, https://www.iaisweb.org/uploads/2022/01/210525-Application-Paper-on-the-Supervision-of-Climate-related-Risks-in-the-Insurance-Sector.pdf, last visited at July 28th, 2022.

❸ IAIS and SIF, "Application Paper on the Supervision of Climate-related Risks in the Insurance Sector", pp.21-25, https://www.iaisweb.org/uploads/2022/01/210525-Application-Paper-on-the-Supervision-of-Climate-related-Risks-in-the-Insurance-Sector.pdf, last visited at July 28th, 2022.

资，以及通过行使投资股东的投票权来影响和促进被投资公司的可持续性表现。❶

第七部分内容是对保险公司信息披露的监管，对气候风险引入强制披露制度，要求保险公司应当全面、及时披露。信息披露内容上，一般要求披露包括气候风险概况、受影响的程度，用于评估气候变化带来的风险和机会的衡量标准以及如何在整个组织内设置、跟踪和奖励这些衡量标准，用于管理气候变化风险的目标和在目标方面的表现等。除此之外，还需要对公司简介、公司治理框架、保险风险敞口、金融投资和其他投资等方面的情况进行披露。严格而详细的信息披露要求，可以使监管部门和利益相关主体能够更充分地了解保险公司的气候风险状况，从而作出及时有效的监管。

（三）国际保险业气候相关风险监管规则的借鉴

国际保险监督官协会对保险业气候相关风险监管的重视富有前瞻性，其与可持续保险论坛组织在《关于保险业气候相关风险监管的应用文件》中集中提出的相关制度规则，对于各国保险监管机构来说具有重要参照意义，可以结合自身保险业发展实际进行相应的借鉴引入。其中，尤其值得关注和借鉴的有以下几个方面。

1.对保险业气候相关风险监管应秉持比例原则

气候相关风险是十分复杂多样甚至多变的，在保险业、保险公司业务经营中的存在和呈现也是多样的，对一般保险业务和碳保险业务的影响也是不同的。因此，监管部门应当秉持比例原则，采取的监管措施与实际存在的气候相关风险成比例，既不能过度监管，也不能监管不足。一定意义上，这也符合保险监管的成本收益相平衡的目标。这一原则对于包括碳保险和一般保险在内的气候相关风险监管制度的科学建构来说，具有重要指

---

❶ IAIS and SIF, "Application Paper on the Supervision of Climate-related Risks in the Insurance Sector", pp.31-33, https://www.iaisweb.org/uploads/2022/01/210525-Application-Paper-on-the-Supervision-of-Climate-related-Risks-in-the-Insurance-Sector.pdf, last visited at July 28th, 2022.

导作用。

2. 保险业气候相关风险监管应建立专门性监管组织

鉴于气候相关风险的特殊性、技术性和专业性，依靠既有的保险监管组织和机制是很难做到有针对性、有效监管的。《关于保险业气候相关风险监管的应用文件》提出了要创建一个全新的、专门性监管组织，并提供了三种建议方案供各会员国保险监管机构参考适用。对于各会员国保险业气候风险监管的组织建设来说十分方便、实用，能根据自己的实际情况找到合适的方案选择。

3. 监管范围应当涵盖保险公司运行发展的全过程

气候相关风险不是某个环节或局部的风险，而是一种整体性、系统性的风险，保险公司需要从公司治理到业务管理再到偿付能力管理进行应对和防控。进一步延伸，保险资金投资运用也需要防控气候相关风险，以保障保险公司的安全运营。因此，对保险公司气候相关风险管理控制情况的监督，需要涵盖保险公司运行发展的全过程。《关于保险业气候相关风险监管的应用文件》的第三到第六部分的内容规定，就是对保险公司运行全过程的监管要求。对于各会员国保险监管机构来说，这一思路和做法都是值得认真学习并在监管工作中积极适用的。

4. 保险公司信息披露是监管的特别重点

气候相关风险信息无论是对保险公司还是保险监管机构，都是至关重要的。因此，气候相关风险信息应当予以充分披露，才能更好地去管理和控制风险。对于监管机构来说，保险公司是如何管理和控制气候相关风险的，也是十分重要的信息，是作出相应监管决策、采取相应监管措施的重要依据。基于此，《关于保险业气候相关风险监管的应用文件》最后部分特别规定了对保险公司信息披露的监管，强制要求保险公司对气候相关信息进行披露。不仅如此，还要求保险公司对公司简介、公司治理框架、保险风险敞口、金融投资和其他投资等方面的情况也要进行相应披露。这对各会员国气候相关保险的监管制度构建和完善具有重要启示意义。

第三节　我国碳保险法律制度的构建与完善

在气候变化问题的国际和国内应对不断深入的进程中，与气候风险相关的保险市场正面临着历史性的机遇与挑战，我国保险业也是如此。一方面，保险机制将在气候变化应对、气候治理和"双碳"目标实现中发挥重要作用，碳保险等相关产品服务的市场需求正在迅速扩大，发展前景良好。我们需要积极进行制度创新，促进碳保险市场的健康快速发展。另一方面，保险业也面临着气候相关风险的冲击和影响，需要我们及时回应，通过发展低碳保险产品、推进保险公司气候风险治理与管理创新以及加强监管制度构建等来实现保险业的可持续发展。

一、碳保险法律制度的制定与完善

针对现有碳保险法律制度立法存在的问题与不足，发展碳保险市场最为重要的任务之一就是修改完善相关立法，提供法律依据和制度支撑。

首先是要对《保险法》进行修改，要充分确立和体现绿色、低碳发展理念，建议在总则部分设立绿色、低碳发展条款。具体来说，可以通过修改、扩展第4条的内容来实现。《保险法》第4条规定，"从事保险活动必须遵守法律、行政法规，尊重社会公德，不得损害社会公共利益"。可以在该条中增加绿色发展条款，即"从事保险活动必须遵守法律、行政法规，尊重社会公德，不得损害社会公共利益。保险活动应当有利于节约资源能源、保护生态环境，促进社会经济绿色、低碳发展"。只要在保险领域中的基本法中进行了相应规定，保险业的绿色低碳发展、碳保险市场的健康快速发展就会获得充分的依据和支撑。

其次是修改《农业保险条例》，要把2012年以来形成的气候变化应对理念和"双碳"目标要求纳入其中。尽管《农业保险条例》的主要立法目的并非应对气候变化，但鉴于农业活动受到气候相关风险影响很大，相当部分的农业保险产品都会涉及气候相关风险的控制管理和损失承担，因此，应当重视气候相关风险问题，积极应对气候变化，才能最终保障农业生产的安全运行，实现可持续发展。具体而言，可以在该条例第1条中植入气候变化应对理念和绿色低碳发展目标。将第1条"为了规范农业保险活动，保护农业保险活动当事人的合法权益，提高农业生产抗风险能力，促进农业保险事业健康发展，根据《中华人民共和国保险法》、《中华人民共和国农业法》等法律，制定本条例"修改为："为了规范农业保险活动，保护农业保险活动当事人的合法权益，提高农业生产抗风险能力，实现农业生产绿色、低碳发展，促进农业保险事业健康发展，根据《中华人民共和国保险法》、《中华人民共和国农业法》等法律，制定本条例。"

最后是制定专门的碳保险法律规范。只有制定专门性规定，才能真正引导和促进碳保险市场的发展。这一点在环境污染责任保险市场的发展上已经得到印证。当然，碳保险不是强制险，无须像环境污染责任保险那样进行两轮、较长时期的试点。当下，碳保险刚刚开始探索发展，专门立法可以采用规范性文件的形式，由中国银行保险监督管理委员会制定出台碳保险业务发展指引，引导、鼓励、支持和规范碳保险市场发展。经过3年左右的发展实践后，再总结碳保险市场发展的经验教训，将之升格为部门规章碳保险业务管理办法，在继续加大对碳保险发展的鼓励和支持的基础上，进一步加强碳保险的规范管理。

二、碳保险产品服务创新的支持机制

我国碳保险市场发展刚刚启动，近两年才开始有一些保险产品开发出来进入市场，在前面发展现状的考察中可以看到，使用的都是"首单"这样的描述。这个市场显然还不够成熟，产品还不够丰富，需要在制度政策上给予支持和鼓励，有力推进产品服务的开发创新。相对于已有的环境污染责任保险来说，碳保险的范围更为宽泛，种类也更为丰富多样，只要给予充分的支持政策，在大力推进碳达峰碳中和相关工作的背景下，必将获得快速发展。

首先，应在保险监管层面上大力支持碳保险产品服务的开发创新。一方面对碳保险产品的保险条款和保险费率的监管方面给予支持，优化审批或备案流程，提高监管效率；另一方面，在开设分支机构特别是绿色低碳保险业务为主的特色分支机构方面，监管部门对积极开展碳保险产品服务开发创新的保险公司给予特别支持。

其次，应在税收、金融层面上积极支持碳保险产品服务的发展。一是对碳保险相关业务，可以在增值税和企业所得税征收上给予一定的优惠税率，减轻税收成本，从而鼓励保险公司积极发展碳保险业务。二是对碳保险业务发展较好的保险公司给予金融方面的扶持，包括保险企业上市进行股权融资、发行债券进行债权融资等方面，予以优先考虑、进行鼓励支持。

最后，积极推进碳保险产品与服务标准的整合统一。在鼓励保险公司开展碳保险产品不断尝试创新的同时，为促进这一细分行业和市场的规范和成熟，还需要形成一个有行业共识、统一规范的产品服务标准。这既有利于投保主体更为便捷地比较和选择碳保险产品，也能够在整体上降低碳保险产品开发和服务的成本，实现碳保险行业的规模经济效益。

三、保险公司气候风险治理与管理的制度创新

作为碳保险发展的核心主体，保险公司需要在治理层面充分认识到应对气候风险、发展低碳保险的重要意义，牢固树立低碳发展理念，并在管理制度体系中予以贯彻落实。实际上，包括物理风险、转型风险和相关责任风险在内的气候相关风险对保险业的影响已经越来越大。但保险公司在应对气候相关风险方面还没有真正做好充分准备。例如，气候变化导致的诉讼风险，截至2019年，气候变化诉讼案件已在全球至少28个国家出现，

其中大多数案件在美国。诉讼越来越被视为影响公共和私营部门行为的政策工具，但保险业内部围绕这一威胁存在脱节——气候变化诉讼策略尚未纳入保险公司战略，跨司法管辖区和业务的风险也没有被评估到为投资决策提供投入的程度。❶ 作为气候相关风险应对的积极一面，大力发展碳保险的意识不足，加强气候风险治理和管理的理念还比较薄弱。因此，对保险公司的气候风险治理与管理制度应当加大创新力度，尽快创建和完善。具体来说，主要从以下两个方面展开。

一是在保险公司治理层面确立低碳化可持续发展理念，加强气候相关风险防控和发展碳保险业务。治理理念和机制决定着保险公司的发展方向，只有在治理层面上形成低碳理念，才能真正转向低碳化可持续发展，也才能积极有力地推进碳保险业务发展。治理理念还需要体现在治理结构上，并以结构来保障实施。因此，我们需要借鉴联合国《可持续保险原则》的规定，在保险公司的董事会层面建立绿色低碳、可持续发展部门，例如，设立环境、社会和治理委员会，督促和影响董事会决策，把气候风险治理议题、碳保险发展议题纳入董事会决策。

二是在保险公司管理制度中贯彻落实低碳化可持续发展理念。这方面联合国《可持续保险原则》有着十分全面具体的规定，尽管环境、社会和治理议题比较宏大，并不局限于气候风险问题，但其思路和方法值得我们学习参考。在风险管理及承保层面，碳保险及相关保险产品要建立识别和评估气候相关风险的流程；在产品及服务开发层面，开发能降低气候相关风险和提升风险管理的产品和服务；在理赔管理层面，要建立快速高效、公正透明的理赔机制；在销售和营销层面，要对销售和营销人员进行气候相关风险意识和专业知识培训，这也是降低相关风险的重要环节和机制。

---

❶ Swenja Surminski, "Climate Change and the Insurance Industry: Managing Risk in a Risky Time", https://gjia.georgetown.edu/2020/06/09/climate-change-and-the-insurance-industry-managing-risk-in-a-risky-time/, last visited at July 20th, 2022.

四、碳保险相关市场监管体系的协调

虽然我国的碳保险市场刚刚启动,甚至还没有形成一定的规模,但这一特定市场有着特殊的风险问题。存在气候相关风险与金融保险风险双重风险,高度不确定的气候相关风险对碳保险业带来的严峻挑战,以及与金融保险风险可能形成的叠加效应,要求我们比一般保险市场更加重视风险监管问题,尽早构建起专业高效的监管体系。

首先,碳保险相关市场监管应当坚持比例原则。监管部门应当根据市场和保险公司存在的具体风险情况,采取合比例、相适应的监管力度和监管措施,避免过度监管和监管不足,在保持市场主体活力、效率的同时,做好风险防控和安全保障。当然,这对监管机构的要求比较高,需要充分了解掌握市场信息,合理分析判断风险状况,灵活作出妥适决策。这也需要监管机构加强与包括保险公司、保险中介服务机构以及行业协会等各类主体之间的沟通交流,进行合作型监管。

其次,碳保险市场监管应当建立专门机构来进行针对性和专业化监管。这方面我们可以参考国际保险业气候相关风险监管规则建议的三种方案。根据我国碳保险市场发展情况以及保险监管实际状况,第一种内部网络方式效果比较有限,只能在一定程度上增强对碳保险的关注度和进行特别监管的意识,并不能在实质上采取特别监管措施。第三种创立一个专门部门的方式也不适合目前我国碳保险等气候相关保险的初级发展阶段,应该说是从目前到未来较长一段时间比如 3~5 年,市场的发展都无法达到需要一个专门性部门来监管的程度和阶段。因此,我们当前应当选择适用第二种方式,即中心辐射方式,在我国银行保险监督管理委员会下面的财险部(再保部)中设立一个专职应对气候相关风险、监管碳保险市场的中心团队,以及在人身险部、中介部、财会部(偿付能力部)、消保局和法规部等相关部门设立一名联系人,以传送、反馈和共同分析研判气候相关风险情况等监管信息,最终共同做出监管决策。

再其次,应当根据碳保险风险特点实行双重监管与协调监管。碳保险的风险特点最显著的就是既有保险本身的相关风险，也有气候相关风险，两者还会产生叠加效应。因此，从监管角度来说，需要对保险风险和气候相关风险实行双重监管，而不能只关注和监管保险风险。但是，保险风险和气候相关风险的监管主体并非同一个机构。保险风险的监管主体是银行保险监督管理委员会，而气候相关风险的监管主体则主要是生态环境部。由于保险风险和气候相关风险密切关联、相互叠加，必然需要两个监管主体之间进行密切合作、无缝衔接，进行协调监管，共享监管信息。

最后，要加强信息披露制度建设和监管要求。信息不对称、信息偏在问题在保险领域中十分严重，气候相关信息的专业性和复杂性更是加剧了碳保险领域中的信息困境，增加了直接或潜在的相关风险。信息的正确、充分和及时地公开是解决这一问题的重要手段，信息披露制度具有十分重要的价值，是保证透明度的前提和基础，对保险公司、利益相关主体以及监管部门都十分重要。正如美国著名大法官路易斯·布兰代斯（Louis D. Brandeis）曾经说的："公开应当被推荐为消除社会和企业弊病的补救方法。阳光是最好的消毒剂，灯光是最有效的警察。"[1]正是基于上述考虑，联合国《可持续保险原则》针对信息披露设立了专门原则来进行规范和要求，国际保险业气候相关风险监管规则也把保险公司信息披露作为监管的重点，强制要求保险公司对气候相关信息进行披露，我国保险监管部门也应当予以学习借鉴。一方面，应当要求保险公司建立完备的信息披露制度，全面、充分和及时地披露保险和气候两方面的相关风险信息，以及保险公司如何应对和管理这些风险的举措、机制和实际表现等信息；另一方面，保险监管部门应当对保险公司信息披露制度建设和实际表现情况进行监管，对制度建设及制度运行表现不好甚至出现严重问题、导致严重后果的，追究相应的法律责任。

---

[1] Louis D. Brandeis, Other People's Money and How the Bankers Use It, Frederick A. Stokes Company, New York, 1914, p.92.

参考文献

一、中文专著类

1. 习近平.高举中国特色社会主义伟大旗帜 为全面建设社会主义现代化国家而团结奋斗：在中国共产党第二十次全国代表大会上的报告［M］.北京：人民出版社，2022：51-52.

2. 威廉·诺德豪斯.绿色经济学［M］.李志青，李传轩，李瑾，译.北京：中信出版集团股份有限公司，2022：283.

3. 欧阳杉，伃澎，罗宇清，等.绿色经济背景下的碳金融研究［M］.北京：法律出版社，2018：57.

4. 马玉荣.碳金融与碳市场：基于英国与美国比较视角［M］.北京：红旗出版社，2016：3-4.

5. 李阳.低碳经济框架下碳金融体系构建之路径设计与政策安排［M］.北京：经济科学出版社，2014：18.

6. 王遥.碳金融：全球视野与中国布局［M］.北京：中国经济出版社，2010：29-30.

7. 索尼亚·拉巴特，罗德尼·R.怀特.碳金融：碳减排良方还是金融陷阱［M］.王震，王宇，等译.北京：石油工业出版社，2010：3.

8. 杨星等.碳金融概论［M］.广州：华南理工大学出版社，2014：1-2，338.

9. 杜莉.低碳经济时代的碳金融机制与制度研究［M］.北京：中国社会科学出版社，2014：导论部分，1.

10. 刘倩，王遥，林宇威.支撑中国低碳经济发展的碳金融机制研究［M］.大连：东北财经大学出版社，2017：13-18.

11. 陈惠珍.中国碳排放权交易监管法律制度研究［M］.北京：社会科学文献出版社，2017：11.

12. 李传轩.生态经济法：理念革命与制度创新［M］.北京：知识产权出版社，2012：241，281.

13. 韩良.国际温室气体排放权交易法律问题研究［M］.北京：中国法制出版社，2009：53.

14. 李传轩，肖磊，邓炜，等.气候变化与环境法：理论与实践［M］.北京：法律出版社，2011：89.

15. 熊焰.低碳之路：重新定义世界和我们的生活［M］.北京：中国经济出版社，2010：198.

16. 孟早明，葛兴安，等.中国碳排放权交易实务［M］.北京：化学工业出版社，2017：53.

17. 邓海峰.排污权：一种基于私法语境下的解读［M］.北京：北京大学出版社，2008：81.

18. 周珂.生态环境法论［M］.北京：法律出版社，2001：88.

19. 曹明德，刘明明，崔金星，等.中国碳排放交易法律制度研究［M］.北京：中国政法大学出版社，2016：270.

20. 王济干，吴凤平，张婕，等.中国碳排放初始权和谐配置方法研究［M］.北京：科学出版社，2022：22.

21. 刘航.中国碳排放权交易市场：框架设计及制度安排［M］.成都：四川大学出版社，2018：19.

22. 杨晴.碳金融：国际发展与中国创新［M］.北京：中国金融出版社，2020：19，69.

23. 韩利琳.企业环境责任法律问题研究：以低碳经济为视角［M］.北京：法律出版社，2013：22.
24. 陈贻建.气候正义论：气候变化法律中的正义原理和制度构建［M］.北京：中国政法大学出版社，2014：57.
25. 张维迎.经济学原理［M］.西安：西北大学出版社，2015：302.
26. 詹姆斯·M.布坎南.公共物品的需求与供给［M］.马珺，译.2版.上海：上海人民出版社，2017：1.
27. 李传轩.生态文明视野下绿色金融法律制度研究［M］.北京：知识产权出版社，2019：65-66，75，90.
28. 理查德·桑德尔.衍生品不是坏孩子：金融期货和环境创新的传奇［M］.陈晗，宾晖，译.北京：东方出版社，2013：478.
29. 赵峥，袁祥飞，于晓龙.绿色发展与绿色金融：理论、政策与案例［M］.北京：经济管理出版社，2017：62.
30. 马骏.中国绿色金融发展与案例研究［M］.北京：中国金融出版社，2016：9.
31. 饶红美，胡国强，等.碳金融法律与规制［M］.广州：华南理工大学出版社，2015：287-288.
32. 唐方方，徐永胜.碳金融：理论与实践［M］.武汉：武汉大学出版社，2019：399.
33. 索尼亚·拉巴特，罗德尼·R.怀特.环境金融：环境风险评估与金融产品指南［M］.孙冬，译.北京：北京大学出版社，2014：93.

二、中文教材类

1. 朱家贤.环境金融法学［M］.北京：北京师范大学出版社，2013：26.
2. 李传轩.中国环境法教程［M］.上海：复旦大学出版社，2021：80，102.

三、中文论文类

1. 张梓太.论气候变化立法之演进：适应性立法之视角［J］.中国地质大学学报，2010（1）：72-73.

2. 曹明德.完善中国气候变化适应性立法的思考［J］.中州学刊，2018（8）：56-57.

3. 张梓太，张乾红.论中国对气候变化之适应性立法［J］.环球法律评论，2008（5）：59.

4. 罗丽.日本应对气候变化立法研究［J］.法学论坛，2010（5）：108-109.

5. 田丹宇，王琪，祝子睿.欧洲应对气候变化立法状况及其经验借鉴［J］.环境保护，2021（20）：69.

6. 王遥，崔莹，洪睿晨.气候融资国际国内进展及对中国的政策建议［J］.环境保护，2019（24）：11.

7. 巴曙松，杨春波，姚舜达.中国绿色金融研究进展述评［J］.金融发展研究，2018（6）：4.

8. 冷罗生.构建中国碳排放权交易机制的法律政策思考［J］.中国地质大学学报，2010（2）：20.

9. 骆华，赵永刚，费方域.国际碳排放权交易机制比较研究与启示［J］.经济体制改革，2012（2）：154.

10. 庄贵阳.欧盟温室气体排放贸易机制及其对中国的启示［J］.欧洲研究，2006（3）：73.

11. 张晓涛，李雪.国际碳交易市场的特征及我国碳交易市场建设［J］.中国经贸导刊，2010（3）：24.

12. 邓海峰.海洋环境容量的物权化及其权利构成［J］.政法论坛，2013（2）：135.

13. 崔建远.准物权的理论问题［J］.中国法学，2003（3）：80.

14. 王社坤.环境权构造论［J］.清华法治论衡，2011（1）：370.

15. 方新军. 权利客体的概念及层次［J］. 法学研究，2010（2）：36.

16. 林旭霞. 林业碳汇权利客体研究［J］. 中国法学，2013（2）：75.

17. 史云贵，刘晓燕. 绿色治理：概念内涵、研究现状与未来展望［J］. 兰州大学学报（社会科学版），2019（3）：9.

18. 李维安，张耀伟. 新时代公司的绿色责任理念与践行路径［J］. 董事会，2018（12）：21.

19. 李维安，徐建，姜广省. 绿色治理准则：实现人与自然的包容性发展［J］. 南开管理评论，2017（5）：25.

20. 王元聪，陈辉. 从绿色发展到绿色治理：观念嬗变、转型理据与策略甄选［J］. 四川大学学报（哲学社会科学版），2019（3）：50.

21. 李传轩. 绿色治理视角下企业环境刑事合规制度的构建［J］. 法学，2022（3）：170.

22. 洪艳蓉. 绿色债券运作机制的国际规则与启示［J］. 法学，2017（2）：132-133.

23. 洪艳蓉. 论碳达峰碳中和背景下的绿色债券发展模式［J］. 法律科学（西北政法大学学报），2022（2）：134-136.

24. 蓝虹，马福良，陈雨萌，王思阳. 气候保险概念的拓展及作用机理分析［J］. 新金融，2022（5）：38-39.

25. 周洲，钱妍玲. 碳保险产品发展概况及对策研究［J］. 金融纵横，2022（7）：87-89.

26. 杨勇，汪玥，汪丽. 碳保险的发展、实践及启示［J］. 金融纵横，2022（3）：73-75.

四、中文其他类

1. 政府间气候变化专门委员会. 气候变化2007：综合报告［R/OL］.（2008-06-04）［2021-12-16］. https://www.ipcc.ch/site/assets/uploads/2018/02/ar4_syr_cn.pdf.

2. 世界气象组织,联合国环境规划署,政府间气候变化专门委员会.气候变化:政府间气候变化专门委员会1990年和1992年的评估[R/OL].[2021-12-01].https://www.ipcc.ch/site/assets/uploads/2018/02/ipcc_90_92_assessments_far_full_report_zh.pdf.

3. 政府间气候变化专门委员会.IPCC第二次评估报告 气候变化1995[R/OL].[2021-12-5].https://www.ipcc.ch/site/assets/uploads/2018/05/2nd-assessment-cn.pdf.

4. 世界银行,Robert T. Watson,核心写作组.气候变化2001:综合报告[R/OL].[2021-12-10].https://www.ipcc.ch/site/assets/uploads/2018/08/TAR_syrfull_zh.pdf.

5. 核心撰写组,Rajendra K. Pachauri,Leo Meyer.气候变化2014:综合报告[R/OL].[2021-12-20].https://www.ipcc.ch/site/assets/uploads/2018/02/SYR_AR5_FINAL_full_zh.pdf.

6. 解振华.国务院关于应对气候变化工作情况的报告[R/OL].[2021-12-26].http://www.npc.gov.cn/zgrdw/npc/xinwen/syxw/2009-08/25/content_1515283.htm.

7. 王金南.一场广泛而深刻的经济社会变革[N].人民日报,2021-06-03(014).

8. 习近平.在第七十五届联合国大会一般性辩论上的讲话[N].人民日报,2020-09-23(003).

9. 孟扬.国内首单碳排放权抵押融资业务落地 浦发银行以银碳创新深化绿色金融[EB/OL].[2022-05-15].https://www.financialnews.com.cn/yh/xw/201502/t20150226_71390.html.

10. 吴文娟,张熙.全国首单"碳保险"落地湖北[EB/OL].[2022-05-16].https://www.hubei.gov.cn/hbfb/hbzz/201611/t20161119_1632412.shtml.

11. 胡杨低碳.中国绿色保险的发展[EB/OL].[2022-05-16].https://news.bjx.com.cn/html/20211103/1185596.shtml.

12. 姚均芳.兴业银行落地2000万元"碳汇贷"碳金融再添新品类

[EB/OL].[2022-05-16].http://www.xinhuanet.com/2021-03/18/c_1127227119.htm.

13. 佚名.人民银行推出碳减排支持工具[EB/OL].[2022-06-18].http://www.gov.cn/xinwen/2021-11/08/content_5649848.htm.

14. 佚名.中国邮政储蓄银行碳减排贷款信息披露（2021年7月—12月）[EB/OL].[2022-06-18].https://www.psbc.com/cn/gyyc/zygg/202202/t20220215_165022.html.

15. 佚名.中国银行碳减排贷款信息披露（2022年第二季度）[EB/OL].[2022-08-16].https://www.boc.cn/cbservice/bi2/202208/t20220815_21622805.html.

16. 佚名."碳中和"元年下的绿色金融：绿色信贷余额15.9万亿、绿色债券存量1.16万亿[EB/OL].[2022-06-18].http://www.21jingji.com/article/20220224/c32223e5cf0cfbf98b83743577f1c35a.html.

17. 佚名.银行业助力实体经济低碳转型 加大绿色信贷投放力度[EB/OL].[2022-08-10].http://henan.china.com.cn/finance/2022-08/05/content_42060776.htm.

18. 第四版赤道原则[EB/OL].[2022-08-16].https://equator-principles.com/app/uploads/EP4_Chinese.pdf.

19. 中央财经大学绿色金融国际研究院,刘楠,汪洵.《上海证券交易所"十四五"期间碳达峰碳中和行动方案》亮点解读[EB/OL].[2022-07-05].https://iigf.cufe.edu.cn/info/1012/4936.htm.

20. 中央财经大学绿色金融国际研究院,刘楠,乔诗楠.2021年中国绿色债券年报[R/OL].[2022-07-07-05].https://iigf.cufe.edu.cn/info/1012/4673.htm.

21. 胡晓玲,刘楠,中央财经大学绿色金融国际研究院《中国绿色债券原则》解读[EB/OL].[2022-08-20].https://iigf.cufe.edu.cn/info/1012/5636.htm.

22. 余璐.《中国上市公司环境责任信息披露评价报告（2019）》发布[EB/OL].[2021-12-18].http://env.people.com.cn/n1/2020/1118/c1010-

31935702.html.

23. 气候债券倡议组织. 气候债券标准：3.0 版本［EB/OL］.［2022−07−22］. https：//www.climatebonds.net/files/files/%E6%B0%94%E5%80%99%E5%80%BA%E5%88%B8%E6%A0%87%E5%87%863_0_FINAL.pdf.

24. 穆迪. 穆迪绿色债券评估简介［EB/OL］.［2022−08−15］. https：//www.moodys.com/sites/products/ProductAttachments/China_MIS_Green%20Bonds_Assessment_Overview.PDF.

25. 王永珍，曾晋华. 全国首单林业碳汇指数保险落地［EB/OL］.［2022−02−16］. https：//new.qq.com/rain/a/20210507A010R500.

26. 佚名. 开创"碳汇+保险"服务新模式 服务绿色环保［EB/OL］.［2022−08−16］. https：//new.qq.com/rain/a/20210528A04QLG00.

27. 佚名. 人保财险签发全国首单"碳抵消保险"［EB/OL］.［2022−09−12］. https：//property.picc.com/cx_gywm/zxzx/xwsd/202209/t20220909_51153.html.

五、英文著作类

1. DALES J H. Pollution, property & prices: an essay in policy-making and economics［M］. Cheltenham: Edward Elgar Publishing Limited, 2002: 93-94.

2. FREESTONE D, STRECK C. Legal aspects of implementing the KYOTO Protocol Mechanisms: making KYOTO work［M］. New York: Oxford University Press, 2005: 417-418.

3. BRANDEIS L D. Other people's money: and how the bankers use it［M］. New York: Frederick A. Stokes Company, 1914: 92.

4. WALLART N. The political economy of environmental taxes［M］. Cheltenham: Edward Elgar Publishing Limited, 1999: 9.

5. TRICKER B. Corporate governance: principles, policies and practices［M］.

London: Oxford University Press, 2009: 4.

六、英文论文类

1. SCHOLTENS B, DAM L. Banking on the equator: are banks that adopted the equator principles different from non-adopters [J]. World Development, 2007, 35 (8): 1307–1328.

2. BUTTON J, Carbon: commodity or currency? The case for an international carbon market based on the currency mode [J]. Harvard Environmental Law Review, 2008, 32 (2): 575.

3. REICH C. The new property after 25 years [J]. University of San Francisco Law Review 1990 (24): 223-225.

4. KRAVCHENKO S. Right to carbon or right to life: human rights approaches to climate change [J]. Vermont Journal of Environmental Law, 2008 (9).

5. CARROLL A B. Corportate social responsibility: evolution of a definition construct [J]. Business and Society, 1999, 38 (3): 269.

6. CARROLL A B. A three-dimensional conceptual model of corporate social performance [J]. Academy of Management Review, 1999 (4): 497-505.

7. SAMUELSON P A. The pure theory of public expenditures [J]. The Review of Economics and Statistics, 1954 (36): 387-389.

8. NAKAMURA M, REBIEN S T. Corporate social responsibility and corporate governance: Japanese firms and selective adaptation [J]. U.B.C. Law Review, 2012, 45 (3): 732.

9. HORRIGAN B T. 21st century corporate social responsibility trends – an emerging comparative body of law and regulation of corporate responsibility, governance, and sustainability [J]. Macquarie Journal of Business Law, 2007 (4): 99.

七、英文其他类

1. IPCC. Climate change 2021: the physical science basis［R/OL］.［2022-05-16］. https://www.ipcc.ch/report/ar6/wg1/downloads/report/IPCC_AR6_WGI_Chapter02.pdf.

2. The Climate Change Act 2008（2050 Target Amendment）Order 2019［EB/OL］.［2022-01-12］. https://www.legislation.gov.uk/uksi/2019/1056/article/2/made.

3. UNFCCC. Introduction to climate finance［EB/OL］.［2022-01-20］. https://unfccc.int/topics/climate-finance/the-big-picture/introduction-to-climate-finance.

4. SALAZAR J. Environmental finance: linking two world［C］. Presented at a Workshop on Financial Innovations for Biodiversity Bratislava, Slovakia, 1998: 2-18.

5. Our energy future – creating a low carbon economy［EB/OL］.［2022-01-26］. https://fire.pppl.gov/uk_energy_whitepaper_feb03.pdf.

6. EUROPEAN COMMISSION. Proposal for a directive of the european parliament and of the council amending directive 2003/87/EC so as to improve and extend the greenhouse gas emission allowance trading system of the community, SEC（2008）85［EB/OL］.［2022-05-21］. https://op.europa.eu/en/publication-detail/-/publication/812d988d-f62e-4b42-b8f7-c5abfc6b9b20/language-en.

7. THE EUROPEAN COMMUNITIES. EU action against climate exchange——the EU emissions trading: an Open System Promoting Global Innovation［EB/OL］.［2022-05-21］. https://ec.europa.eu/environment/pdfs/2007/pub-2007-015-en.pdf.

8. IETA. Greenhouse gas market 2008: piecing together a comprehensive international agreement for a truly global carbon market［EB/OL］,［2022-

05-21]. https://www.ieta.org/resources/Resources/GHG_Report/2008ghgreport_final.pdf.

9. THE UNITED NATIONS. The paris agreement [EB/OL].[2022-05-25]. https://www.un.org/en/climatechange/paris-agreement.

10. THE UNITED NATIONS. Glasgow climate pact [EB/OL].[2022-05-26]. https://unfccc.int/sites/default/files/resource/cma2021_L16_adv.pdf.

11. Elements of RGGI [EB/OL].[2022-05-29]. https://www.rggi.org/program-overview-and-design/elements.

12. The Regional greenhouse gas initiative [EB/OL].[2022-05-29]. https://www.rggi.org/sites/default/files/Uploads/Fact%20Sheets/RGGI_101_Factsheet.pdf.

13. Understanding national emissions trading [EB/OL].[2022-06-10]. https://www.dehst.de/EN/national-emissions-trading/understanding-national-emissions-trading/understanding-nehs_node.html.

14. UK GOVERNMENT. UK emissions trading scheme markets [EB/OL]. [2022-06-20]. https://www.gov.uk/government/publications/uk-emissions-trading-scheme-markets/uk-emissions-trading-scheme-markets.

15. Carbon Rights Act 2003 [EB/OL].[2022-03-26]. http://www.austlii.edu.au/au/legis/wa/consol_act/cra2003143/.

16. GREEN CLIMATE FUND. About GCF [EB/OL].[2022-06-28]. https://www.greenclimate.fund/about#key-features.

17. GREEN CLIMATE FUND. Private sector facility [EB/OL].[2022-06-28]. https://www.greenclimate.fund/sectors/private#private-sector-facility.

18. GLOBAL ENVIRONMENT FACILITY. Who we are [EB/OL].[2022-06-28]. https://www.thegef.org/who-we-are.

19. GLOBAL ENVIRONMENT FACILITY. Special climate change fund – SCCF [EB/OL].[2022-06-28]. https://www.thegef.org/what-we-do/topics/special-climate-change-fund-sccf, last visit at June 28th, 2022.

20. GLOBAL ENVIRONMENT FACILITY. Least developed countries fund－LDCF［EB/OL］.［2022-06-28］. https：//www.thegef.org/what-we-do/topics/least-developed-countries-fund-ldcf, last visit at June 28th, 2022.

21. EQUATOR PRINCIPLES. About the equator principles［EB/OL］.［2022-06-30］. https：//equator-principles.com/about-the-equator-principles/.

22. IPCC. Climate change 2022：mitigation of climate change［EB/OL］.［2022-06-16］. https：//report.ipcc.ch/ar6wg3/pdf/IPCC_AR6_WGIII_FinalDraft_Chapter15.pdf.

23. Members & Reporting［EB/OL］.［2022-08-16］. https：//equator-principles.com/members-reporting/.

24. EQUATOR PRINCIPLES. About the equator principles［EB/OL］.［2022-08-16］. https：//equator-principles.com/about-the-equator-principles/.

25. CLIMATE BONDS INITIATIVE. About us［EB/OL］.［2022-07-20］. https：//www.climatebonds.net/about.

26. UNPRI. Principles for responsible investment brochure, 2021［EB/OL］.［2022-05-26］. https：//www.unpri.org/download?ac=10948.

27. SURMINSKI S. Climate change and the insurance industry：managing risk in a risky time［EB/OL］.［2022-07-20］. https：//gjia.georgetown.edu/2020/06/09/climate-change-and-the-insurance-industry-managing-risk-in-a-risky-time/.

28. UNIED NATIONS ENVIRONMENT PROGRAMME. Principles for sustainable insurance［EB/OL］.［2022-07-18］. https：//www.unepfi.org/insurance/insurance/.

29. IAIS AND SIF. Application Paper on the Supervision of Climate-related Risks in the Insurance Sector［EB/OL］.［2022-07-28］. https：//www.iaisweb.org/uploads/2022/01/210525-Application-Paper-on-the-Supervision-of-Climate-related-Risks-in-the-Insurance-Sector.pdf.

后　记

终于到了写后记的时候了。于我而言，这可能是写作一本书过程中最快乐的时刻。我相信一定有很多同人也有类似的感受。此时此刻，既有历尽千辛万苦、终于完成任务的解放感、成就感，即便所完成的作品并非尽善尽美、达致初始之预期；也有回首来时路，碳金融制度逐渐从角落变成风口的欣慰感；还有展望更前方、碳金融制度必将全面蓬勃发展的期待感，于是本书的不足、缺憾之处也将成为下一步研究的始点。

事实上，这篇后记在这本书还没正式开始动笔前就已经形成一半了，因为这是一个"还债"的产品，而且还的是多笔债务，三年来，我一直怀着一种愧疚而感恩的心情在写作，很多要说的话在这个过程中已经形成。第一笔债务源自我十年前在哥伦比亚大学法学院访学。当时，我以"应对气候变化的绿色金融法律制度研究"为研究计划，用一年又一个月的时间听了多门相关课程，也参加了很多气候变化法律中心（Sabin Center for Climate Change Law）的学术活动。最受启发的是气候变化法律中心主任迈克尔·杰拉德（Michael Gerrard）教授讲授的气候变化法课程，正是在这门课的学习中我深入了解了气候金融制度政策问题。无论在气候变化法领域还是金融法领域，这在当时并不是一个特别热门的领域，甚至是冷门。但我对此兴趣盎然，也立下志愿：一定要进行深入研究并产出成果，然而一直拖延至今。第二笔债务源自我多年前主持的一个上海市哲学社会科学"中青班"专项课题"应对气候变化的低碳金融法律制度研究",尽管也发表了一些相关性论文、撰写了一篇研究报告,但并没有真正完成当初的目标——出版一本专著。幸好这个专项课题结项时间要求十分宽裕,对喜欢"慢慢"研究(其实就是拖延,不管什么原因)的人来说比较友好,以至于我还有机会还债。第三笔债务则来自我三年前完成的一本书《生态文明视野下绿色金融法律制度研究》。当时,碳金融法律制度就已经列在该书的提纲里,是其中的内容构成部分——最后一章。但是写到最后,还是觉得碳金融法律制度虽然属于绿色金融法律制度的一部分,但有着很大的特殊性和相对独立性,内容十分丰富但尚未得以充分发展,真正深入研究的话,一章两三万字的篇幅是远远不够的。加上对碳金融制度问题的思考已经有很长时间,相关问题的研究也早就超越了绿色金融法律制度这个框架,因此决定不将碳金融法律制度部分放进去,而是进一步深入展开研究,形成一部新的作品。这一考虑和决定也得到了《生态文明视野下绿色金融法律制度研究》一书的责任编辑——知识产权出版社雷春丽老师的理解和支持。现在终于把这三笔债务还上,内心愧疚不安的同时,更多的是要感谢迈克尔·杰拉德教授的教导启发、上海市哲学社会科学规划办公室的宽松条件以及雷春丽老师的理解支持。

  本书自 2019 年底动笔,其后经历了很多重大事件——意料之中和意料之外的都有,好的和坏的也都有。其中最为重大的有两件,影响还是比较深远的,至少对这本书所研究的主题和作者而言是如此。

  其一是我国"双碳"目标的提出。这是意料之中的,因为作为负责任大国,我国肯定会积极践行《巴黎协定》之精神和要求。但目标提出后立刻迅速蓬勃开展的波澜壮阔的推进实施行动,则算是意料之外的。因为想把最新的发展动向呈现出来,这使得本书的内容在写作过程中就要不断更新,尤其是 2022 年以来就更新了两次。然而,在写作"碳基金与碳金融衍生品法律制度"这部分内容时,尽管已经收集了较多的中外文资料,也形成了基本的思路和大纲,但从实际内容看确实比较单薄。特别是碳金融衍生品，毫无疑问，其未来发展前景广阔，但现阶段，无论国外还是国内都没有太大的进展。从国内情况看，需要等碳排放权交易市场发展相对成熟后才会引入碳期货、碳期权、碳远期、碳掉期等衍生产品，而这估计还需要 2～3 年的时间。如果对碳基金和碳金融衍生品法律制度进行研究，可能只能对相关概念进行介绍，对未来可能之发展进行展望，很难如前面碳信贷、碳证券和碳保险一样从法学角度展开较为丰富的实质性问题研究。因此，我毅然决定这部分不在本书中展开论述了，只在前面第四章第三节"碳金融法律制度的内容框架"部分进行简单介绍。但这并不意味着就放弃了对这部分内容的研究，我希望在碳基金和碳金融衍生品市场真正启动，有了一定发展，市场中相关问题开始出现后再继续开展研究。同时，基于这部分内容的实务性更强、法学层面上的理论性相对较弱（这并不影响其重要性和进行研究的必要性），我计划邀请实务界的专家一起合作研究。

其二是新型冠状病毒感染疫情突发，使我措手不及，几乎所有预期都被改变，这是意料之外的"黑天鹅"事件。我至今还清楚记得，疫情从武汉刚发生时，我因为熬夜着凉，发烧、咳嗽十分严重，甚至造成了肺部炎症。当时，我陪同王志强院长一起同一家律师事务所负责人谈合作与捐赠事宜，咳嗽十分剧烈，王院长还笑着对该律所负责人说，放心，他没去过武汉。那时我们对武汉发生的疫情将带来的严重影响完全料想不到，还以很轻松乐观的心态来看待，以为不过又是一种新的流感而已，没想到后来会演变成一场旷日持久、席卷全球的疫情。此后我的身体一直不太好，咳嗽久治不愈，严重影响了写作进程。这其实是我八九年来一直处于高负荷工作压力之下身体缺乏锻炼的必然结果，也是自己不再年轻的自然反映。疫情影响下我们无法再借助家政人员把繁重的家务"外包"一部分出去，而是由我和爱人自己全部承担，对本就不堪家务重负的我们来说，这无疑是雪上加霜。与此同时，工作上的压力却在倍增。教师可能是疫情期间工作量不降反增的少数职业之一。我爱人也是大学教师，我们两个人都需要以在线的方式来给学生上课、关心和指导学生，这远比线下方式的工作量要大得多。还有孩子也需要上网课，需要大人帮助、陪伴。此外，我个人还承担着包括疫情防控在内的大量公共服务工作，任务繁重且压力巨大。很显然，我们家是一个十分脆弱的组织，无法承受任何意外。本来在2019年开始重新专注投入的科研工作，也难以避免地受到极大影响。毕竟，科研工作时间是最容易也最先被牺牲的。偶尔空暇时，又开始反思自己过去这八年的得失对错。这期间或主动或被动，自己同时扮演着越来越多的角色：教书育人的老师，致力于学术研究的科研工作者，服务学院学校的党政工作者，学术等社会领域兼职工作者，两个年幼孩子的父亲，两位古稀老人的儿子，撑起家庭半边天的丈夫……尽管自己很努力也很辛苦，但似乎都没能做到最好，每一个角色扮演都有不少问题和不足。特别是科研部分，落下了太多。也许正如一首歌中所唱的，"总以为彩虹就在眼前，我却在风雨中越走越远"。虽然前方并非海市蜃楼，但总怀疑自己是否迷失了太久，困在周围社会编织的牢笼里挣扎不动。开始被焦虑、烦躁、阴郁这些前所未有的负面情绪所缠绕，甚至"幽怨"地调侃自己：如果苦难是一笔财富，我已经富可敌国了。2022年上半年的疫情封控期间，自己经过历史地、比较理性地分析和思考，终于豁然开朗，明确并坚定了自己未来的努力方向和道路选择。虽然已经快到44周岁了，但只要明确方向、努力前行，不晚。而且，孩子的长大独立也会给我越来越多的空间和时间去找回自我、实现自我。还是要感谢这段已经八年多、漫长的、还没有结束的艰难岁月，给我磨炼、赋我韧性、催我成熟，增加了人生厚度和色彩，虽然这并不是我喜欢的人生剧本。

最后是一些感谢的话，虽然唠叨但十分必要。特别是对于一向不愿意也不善于在言词上表达谢意的我而言，更有必要借此机会，以更为正式的方式，来表达内心蓄积已久、一直涌动不已的感激之情：

感谢我的老师张梓太教授和师母俞心慧女士。感谢你们一直以来的关心、教诲和提携。尤其是最近这三四年来，在我最艰难困苦的时候，你们总是给我以各方面的帮助和支持；在我最犹豫彷徨的时候，你们也总是以智者的智慧和长者的慈爱给我以宝贵的指点和温暖的鼓励，使我感到自己

后　记

是何其幸运和幸福，尤其是在当下这个时代。

感谢我的父亲母亲。三年疫情期间，更多是你们在关心我，而我却因为疫情或工作无法抽身多回去看望、照顾已至耄耋之年的你们。经济上你们自给自足，生活上你们自己照顾自己，我为你们所做的实在是太少。尽管已经成为父亲的我，也知道父母对子女是不求回报的，但是同样知道父母心中是多么希望子女能常回来看看。

感谢小学二年级的豆豆（李崇实）和幼儿园大班的麦子（李唯实），你们一天天长大，越来越不依赖我了。在骑着电瓶车带你们出去四处兜风护眼时，我们都立下了未来十年的小目标：豆豆要去哈佛清华，麦子要去耶鲁北大，爸爸要"改革开放"再出发。梦想总是要有的，让我们一起去努力，万一实现了呢！

感谢我的爱人——孩子的妈妈。你为我们这个家庭付出了太多、牺牲了太多。八年多来一直处在紧绷到极限的子女养育、家庭事务和单位工作的压力之下，含辛茹苦、栉风沐雨，因而我们也有着越来越多的抱怨和争吵。但余生漫长，这些年的不容易终究会过去，却不会被忘记。努力向前看，阳光总在风雨后，幸福就在不远处。

李传轩

2022 年 12 月 8 日午夜于新江湾城